BIBLIOTHEQUE

PUBLIQUE

D'ORLÉANS.

Ce Livre se trouve à la Bibliothèque d'Orléans, et chez les principaux Libraires du Royaume.

MANUSCRITS
DE LA
BIBLIOTHEQUE D'ORLÉANS,
OU
NOTICES

SUR LEUR ANCIENNETÉ, LEURS AUTEURS, LES OBJETS QU'ON Y A TRAITÉS, LE CARACTÈRE DE LEUR ÉCRITURE, L'INDICATION DE CEUX A QUI ILS ONT APPARTENU, etc.,

PRÉCÉDÉES

De NOTES historiques sur les anciennes Bibliothèques d'Orléans, et en particulier sur celle de la Ville ;

PAR A. SEPTIER,

Bibliothécaire d'Orléans, Chanoine honoraire de la Cathédrale, et Membre titulaire de la Société des sciences, arts et belles-lettres de la même ville.

A ORLÉANS,

De l'imprimerie de ROUZEAU-MONTAUT, Imprimeur du ROI, de la Mairie, etc.

1820.

A MONSIEUR

LE COMTE DE ROCHEPLATTE,

MAIRE D'ORLÉANS,

CHEVALIER DE L'ORDRE ROYAL DE LA LÉGION-D'HONNEUR.

Monsieur le Maire,

Vous m'avez accordé ce qui m'étoit nécessaire pour terminer un travail dont j'ose vous offrir l'hommage : il paroîtra sous vos auspices, et votre nom placé à la tête du Catalogue des Manuscrits de la Bibliothèque publique de la ville d'Orléans rendra plus agréable pour moi le souvenir d'une étude longue et pénible.

Votre caractère connu, Monsieur le Comte, impose silence à ma reconnoissance : la postérité, plus heureuse, louera l'Administrateur qui sans cesse occupé d'embellissemens et d'établissemens utiles, trouve sa récompense dans l'amour de ses Administrés.

Je suis avec un profond respect,

Monsieur le Maire,

Votre très-humble et obéissant serviteur,

Septier.

RAPPORT

De la COMMISSION *nommée à l'effet d'examiner le Catalogue des Manuscrits de la Bibliothèque publique d'Orléans.*

LA COMMISSION nommée par M. le Comte DE ROCHEPLATTE, Maire d'Orléans, à l'effet d'émettre son opinion sur le Catalogue des Manuscrits de la bibliothèque publique de la même ville, rédigé par le Bibliothécaire, M. l'Abbé SEPTIER, Chanoine honoraire de l'Eglise d'Orléans, a lu et examiné attentivement ce catalogue.

Le soin que M. le Bibliothécaire a apporté à sa composition, a rendu bien facile à la Commission la partie de sa tâche qui consistoit à indiquer les corrections dont l'ouvrage pouvoit lui paroître susceptible.

Les observations auxquelles l'examen de ce catalogue a pu donner lieu ont été appréciées par M. le Bibliothécaire lui-même, qui s'est empressé de faire subir à son travail les légères modifications qui lui ont été proposées.

M. le Maire d'Orléans a désiré en outre que la Commission, en exprimant son opinion sur l'ouvrage, indiquât si elle pensoit qu'il fût utile de le rendre public par la voie de l'impression.

La Commission, unanime dans toutes les résolutions qu'offre son rapport, pense que M. l'Abbé Septier a acquis des droits à la reconnoissance des Orléanais par l'excellent travail auquel il a consacré tant de veilles.

Le catalogue des manuscrits de la bibliothèque publique d'Orléans a paru à la Commisssion réunir les différens mérites propres à ce genre de composition.

Ces manuscrits sont en assez grand nombre, et aucun d'eux n'a été omis dans le catalogue.

Tous sont classés dans un ordre méthodique propre à faciliter les recherches.

La description détaillée de ceux des manuscrits qui présentent un grand intérêt, est parfaitement soignée.

La Notice historique sur les bibliothèques de l'Orléanais, qui sert d'introduction au catalogue, et les notes biographiques et critiques dont l'ouvrage est semé, ne sont pas un de ses moindres ornemens : elles prouvent que l'auteur joint aux connoissances du bibliographe celles du savant et du littérateur.

La publicité d'un tel catalogue doit donc être désirée par tous les Orléanais qui savent apprécier les richesses littéraires que leur offre le bel établissement qu'ils possèdent. Répandre la connoissance de ce que ce dépôt contient de plus précieux, c'est encourager le goût des bonnes études, beaucoup plus répandu qu'on ne semble le croire, dans une ville à laquelle on ne rend pas assez de justice à cet égard, peut-être parce qu'on ne s'est pas encore assez occupé de faire connoître son histoire sous le rapport des sciences, des arts et des lettres.

Mais l'utilité de l'impression d'un semblable catalogue est de nature à franchir les limites de la ville qui possède les manuscrits dont il présente l'intéressante description.

RAPPORT.

Si dans toutes les bibliothèques publiques où se trouvent des manuscrits, on s'occupe d'en rédiger ou d'en publier les catalogues, leur réunion formera un nouvel inventaire complet de nos possessions en ce genre, et l'existence d'ouvrages uniques et jusqu'ici ignorés sera connue de la France entière. Il est généralement avoué que le lien qui unit les savans, les littérateurs et les artistes de tous les pays établit entre des individus qui ne se sont jamais connus ce sentiment de bienveillance mutuelle, ce besoin de communications, ce désir et cette facilité de correspondance qui bravent les distances et les font évanouir. Ainsi, que par-tout où il existe des manuscrits le catalogue en soit rendu public, et alors les écrivains les plus éloignés du lieu où ils sont déposés pourront profiter de tout ce qu'ils leur offriront de secours pour traiter et approfondir les sujets dont ils s'occupent : ainsi les villes qui, comme Lyon et Orléans, seront les premières à publier le catalogue raisonné de leurs manuscrits, en méritant bien de l'Europe savante, donneront un exemple qui ne tardera pas à avoir de nombreux imitateurs.

Mue par ces considérations, la Commission invite M. le Maire à réaliser le projet que son amour pour les lettres lui a fait concevoir. L'utilité de la mesure ne permet aucun regret sur les sacrifices à faire : d'ailleurs la certitude du débit d'un ouvrage que rechercheront avec empressement les bibliographes instruits, doit faire naître l'espoir de rentrer bientôt dans une partie des avances que nécessitera l'impression du catalogue.

La Commission croit devoir ajouter qu'elle considère cette publication comme pierre d'attente d'un plus vaste édifice dont elle ne doute pas que M. le Maire n'ait conçu le plan, mais ajourné la confection à une époque où la situation financière de la ville qu'il gouverne à la satisfaction de toutes les classes de citoyens, lui laissera plus de latitude pour exécuter les vues de bien public qui ont constamment caractérisé son administration.

Le catalogue si justement estimé de la bibliothèque publique d'Orléans par Dom Fabre manque dans le commerce : d'ailleurs il est devenu insuffisant, à raison des divers accroissemens que cet établissement a reçus. M. l'Abbé Septier a terminé celui des livres imprimés dont cette bibliothèque est composée dans son état actuel : il est à désirer que dès que les circonstances le permettront ce catalogue des livres imprimés soit aussi publié dans le format qui sera adopté pour celui des manuscrits, qui alors en deviendra le complément. Ce catalogue ainsi complété offrira un grand intérêt, si M. l'Abbé Septier veut bien consacrer aux notes dont il enrichira son nouveau travail, le soin et les recherches qui distinguent si éminemment l'ouvrage qui a été soumis à l'examen de la Commission.

Le présent rapport a été fait et arrêté dans la salle de la bibliothèque publique d'Orléans, le vingt-sept août mil huit cent dix-neuf.

Signé MIRON DE L'ESPINAY, LANDRÉ DU ROCHAY, DE LA PLACE DE MONTEVRAY, LE COMTE DE TRISTAN et VANDEBERGUE DE VILLIERS.

Pour copie conforme : *Le Maire d'Orléans,*
LE COMTE DE ROCHEPLATTE.

DES ANCIENNES BIBLIOTHEQUES
DE L'ORLÉANAIS ET D'ORLÉANS,
ET EN PARTICULIER DE CELLE DE LA VILLE.

LA belle situation d'Orléans sur les rives de la Loire, et la fertilité de son territoire, y créèrent dès son origine un grand commerce : celui-ci y apporta des richesses, et cette antique cité étoit devenue un entrepôt considérable des denrées coloniales.

De vastes monastères s'élevèrent sur les bords de ce fleuve. Un de nos concitoyens, instruit et laborieux, décédé en 1817 (*a*), s'est occupé pendant plusieurs années de l'histoire de l'Orléanais ; il a recueilli tous les faits historiques relatifs à ces établissemens célèbres, où l'on conserva la connoissance des ouvrages de l'antiquité et les ressources du savoir : nous nous bornerons donc à parler des manuscrits déposés dans la bibliothèque publique d'Orléans, et dont nous devons la plus grande partie aux Religieux qui, dans les premiers siècles de leur réunion, s'occupoient à les transcrire.

Bibliothèque de Fleury, ou Saint-Benoît-sur-Loire.

Parmi ces établissemens religieux, un des plus cé-

(*a*) M. l'Abbé PATAUD, Chanoine honoraire de la cathédrale d'Orléans. Il a légué tous ses manuscrits à la bibliothèque de la ville.

lèbres fut l'abbaye de Fleury, ou de Saint-Benoît-sur-Loire, fondée au commencement du septième siècle. La bibliothèque de ce monastère étoit une des plus riches en anciens manuscrits. L'occupation des Religieux, avant l'invention de l'imprimerie, étoit de transcrire des ouvrages, soit pour leur utilité particulière, soit pour se procurer les choses dont ils avoient besoin, par la vente qu'ils en faisoient.

A la fin du dixième siècle l'abbaye de Fleury-sur-Loire devint célèbre par son école sous la direction du moine Abbon. Cette école avoit une si grande réputation, que si l'on en croit les historiens qui en ont parlé, le nombre des écoliers qui la fréquentoient alloit presque à cinq mille. Chaque élève faisoit présent à son professeur de deux manuscrits, soit à titre de reconnoissance, soit à titre d'indemnité. Cette bibliothèque dut s'accroître successivement jusqu'au milieu du seizième siècle. A cette époque le prétexte de la Religion armant les Français contre les Français, occasionna les plus grands ravages : les monastères furent les premiers exposés à la fureur des Calvinistes, qui, sans égard pour les richesses littéraires, brûlèrent ou dissipèrent la plupart des manuscrits.

Tel fut le sort de Fleury-sur-Loire, lorsqu'Odet de Coligny, Cardinal de Châtillon, Evêque de Beauvais, qui avoit embrassé les erreurs de Calvin, fit dévaster ce monastère, dont il étoit Abbé (*b*). Pierre Daniel,

---

(*b*) Pierre DANIEL fit imprimer en 1564 une comédie intitulée *Aulularia Plauti*. Il accompagna de notes cet ouvrage, qu'il avoit

Avocat à Orléans, et Bailli de la justice de cette abbaye, en enleva une grande partie : les Religieux en sauvèrent un petit nombre, et les autres furent brûlés ou dissipés par les Calvinistes.

A la mort de Pierre Daniel, Jacques Bongars (c) et Paul Petau, savans Orléanais, achetèrent et partagèrent entre eux les manuscrits qu'il possédoit. Jacques Bongars fit conduire les siens à Strasbourg, où il résidoit ordinairement : après sa mort ils furent vendus à Frédéric V, Electeur palatin, qui les plaça dans sa bibliothèque à Heidelberg. La guerre qui survint entre cet Electeur et l'Empereur Ferdinand II, fit courir de nouveaux risques à cette collection : Heidelberg fut pris et saccagé en 1622 ; la bibliothèque palatine fut enlevée, et donnée par le vainqueur au Pape, qui la réunit à celle du Vatican.

---

trouvé parmi ses manuscrits. Il y trouva aussi les Commentaires de Servius sur Virgile, qu'il publia en 1600 : il laissa encore des notes sur le Satyricon de Pétrone, qui parurent, après sa mort, dans le Pétrone de Lotichius en 1629.

(c) Jacques BONGARS, Calviniste très-estimé, fut employé par Henri IV dans plusieurs négociations importantes en Allemagne. Il est connu par des Lettres latines, imprimées à Leyde en 1647, dont on fit une traduction française, attribuée à M. l'Abbé de Brianville, pour Monseigneur le Dauphin, imprimée avec le latin en 1668, à Paris, en 2 vol.; par une Collection des Ecrivains de Hongrie, imprimée à Francfort en 1600, in-fol.; et par le Recueil des Historiens des Croisades, en 1611, in-fol. Ce savant trouva deux manuscrits, parmi ceux qu'il avoit achetés à la mort de Pierre Daniel, qui lui servirent pour revoir et corriger l'édition de Justin qu'il publia. Il mourut à Paris le 29 juillet 1612.

Alexandre Petau, fils de Paul, vendit les manuscrits dont il hérita de son père, à Christine, Reine de Suède, qui les transporta à Rome, où elle mourut en 1689. Ils furent vendus en 1690, et une grande partie passa dans la bibliothèque du Vatican, qui par ce moyen réunit la presque-totalité des manuscrits de Fleury-sur-Loire, que Jacques Bongars et Paul Petau s'étoient partagés à la mort de Pierre Daniel (*d*).

Les manuscrits qui restèrent à Fleury-sur-Loire après le pillage de ce monastère, éprouvèrent encore une diminution dans leur nombre de la part de quelques littérateurs infidèles qui retinrent ceux qu'on leur avoit confiés.

Enfin les Supérieurs-généraux de la Congrégation de Saint-Maur ayant formé le dessein de faire travailler à de nouvelles éditions des Pères grecs et latins, firent transporter à Saint-Germain-des-prés les meilleurs manuscrits qu'ils tirèrent des plus célèbres bibliothèques

_____

(*d*) On trouve dans le tome 5ᵉ des Notices et Extraits des manuscrits de la bibliothèque du Roi, pages 97 et suivantes, la notice d'un manuscrit que l'auteur (M. Camus) annonce être un de ceux qui furent vendus à Rome en 1690 par les héritiers de la Reine Christine, et achetés par Louis-Emeric Bigot. Il est difficile de croire que Louis-Emeric Bigot, mort le 18 décembre 1689 (suivant la gazette de France du 24 décembre 1689, Bayle et Moréri, art. Emeric Bigot), ait acheté en 1690 à Rome une partie des manuscrits vendus après la mort de cette Reine ; mais ce qui est incontestable, c'est que celui dont parle M. Camus est un de ceux qui après avoir appartenu à Paul Petau, furent vendus à la Reine Christine, et qu'il passa à la bibliothèque du Roi en 1706, lorsqu'on vendit celle de Louis-Emeric Bigot.

de leur Ordre, et notamment de celle de Fleury-sur-Loire. On avoit pris l'engagement de les renvoyer dans leur premier dépôt après l'impression des ouvrages pour lesquels on les avoit consultés : ces promesses ne furent pas exécutées, malgré les réclamations de ceux à qui on les avoit faites. Ils ont sans doute été dévorés par l'affreux incendie qui a eu lieu à l'abbaye de Saint-Germain-des-prés, où ils étoient restés : perte irréparable, qui prouve la nécessité de multiplier les dépôts. C'est ainsi que les milliers de manuscrits qui existoient à Fleury-sur-Loire avant le seizième siècle, sont réduits à deux cent trente-huit volumes, qui ont été transportés dans la bibliothèque publique d'Orléans.

Bibliothèque Germanique.

La réputation dont jouissoient les Professeurs de l'Université d'Orléans, y attiroit un grand nombre d'Allemands. Hubert Van-Giffen, en latin Giphanius, né au pays de Gueldre, avoit fréquenté cette école fameuse; il y avoit pris le bonnet de Docteur en droit en 1567. Ce savant Jurisconsulte s'étoit apperçu que plusieurs écoliers de sa nation manquoient des livres nécessaires pour suivre avec fruit les leçons de leurs Professeurs; il établit pour eux une bibliothèque composée de livres de droit. Elle fut augmentée successivement par les dons que lui faisoient les Allemands qui avoient étudié le droit à Orléans. Lorsqu'en 1793 la mesure révolutionnaire qui supprima toutes les compagnies enseignantes et savantes, eut privé Orléans de sa célèbre et antique Faculté de droit, ceux des livres de cette bibliothèque qui n'étoient pas devenus la proie des dilapidateurs, enrichirent la bibliothèque publique d'un petit nombre d'ouvrages qui lui manquoient.

Bibliothèque de Sainte-Croix.

Le Chapitre de l'église d'Orléans, ainsi que toutes les grandes et anciennes églises, a toujours eu une bibliothèque. Les délibérations capitulaires font très-souvent mention de sa librairie dans les temps antérieurs aux troubles des Calvinistes. A cette époque, ainsi que nous l'avons déjà dit, les églises furent dévastées, et la librairie du Chapitre ne fut pas à l'abri du pillage lorsqu'en 1563 le Prince de Condé s'empara de la ville d'Orléans.

Les troubles étant appaisés, M. Marin Groteste-de-Mahis, Diacre et Chanoine de la Cathédrale, ci-devant Ministre de la Religion prétendue-réformée, fit don de sa bibliothèque à son Chapitre en 1694. Cet exemple fut suivi par plusieurs Chanoines et Curés, et par plusieurs citoyens, parmi lesquels on distingue M. Morel, horloger, qui fit don de ses livres et d'une collection d'estampes estimée, à la charge de tenir la chambre et le cabinet où ils seroient déposés, ouverts à perpétuité au public une fois par semaine pendant deux heures. M. Paris, Evêque d'Orléans, fut aussi un des bienfaiteurs de la bibliothèque du Chapitre, principalement composée de livres de théologie et d'un très-petit nombre de manuscrits.

Bibliothèque de Saint-Euverte.

Cette bibliothèque, composée de livres de théologie et de jurisprudence canonique, étoit ouverte au public le jeudi de chaque semaine. Elle avoit été léguée à cette condition aux Chanoines Réguliers de l'Abbaye de Saint-Euverte, Congrégation de France, le 29 septembre 1754, par M. Philippe de Cougniou.

Bibliothèque des Prêtres de l'Oratoire.

Monsieur Carré de Bouchetau légua sa bibliothèque, en 1763, aux Prêtres de l'Oratoire, pour en faire jouir le public le samedi de chaque semaine : elle étoit composée de livres de théologie, et de quelques manuscrits dont on parlera dans la suite de cet ouvrage.

Bibliothèque de Saint-Donatien.

Par acte passé devant Rou et son confrère, notaires à Orléans, le 31 décembre 1731, Monsieur François Cossart, Prieur-Curé de Saint-Donatien, donna à la fabrique de cette paroisse sa bibliothèque, pour être à l'usage de ses successeurs. On avoit prévu tout ce qui pouvoit en assurer la conservation ; mais la révolution, qui n'a pas même respecté les tombeaux, ne respecta pas ce modeste établissement. Cette bibliothèque fut réunie à toutes les autres placées dans le dépôt général des livres du département, et elle a fait partie des diverses concessions et ventes qui ont absorbé la totalité de ce dépôt.

Bibliothèques du Séminaire, du Collège, de l'Académie, et des Communautés religieuses.

On a trouvé dans ces établissemens quelques manuscrits, qui seront désignés dans les notices dont nous nous occupons.

Bibliothèque de la Ville.

Guillaume Prousteau, plein d'amour pour les lettres et les fruits heureux qu'elles font naître, passa sa vie à former une bibliothèque, dont il destinoit la jouissance à tous les gens studieux. Organe de la reconnoissance publique, je crois devoir placer ici une notice abrégée de sa vie et de la fondation qu'il fit.

M. Guillaume Prousteau naquit à Tours le 26 mai 1626. Il étudia les humanités chez les Jésuites à Tours et ensuite à la Flèche; il fit sa philosophie au collège de Clermont, à Paris; et après avoir terminé son cours par des thèses publiques, il vint à Orléans étudier le droit sous les habiles Professeurs qui dans tous les temps ont honoré l'Université de cette ville. Après avoir pris le bonnet de Docteur, M. Prousteau exerça la profession d'Avocat : mais entraîné par son goût irrésistible pour l'étude des lois, il quitta cette profession ; et voulant acquérir de nouvelles lumières, il parcourut les plus célèbres Universités de l'Europe, il y assista aux leçons des plus fameux Professeurs. C'est ainsi que Cicéron, à l'âge de vingt-sept ans, après avoir plaidé sa première cause, alla à Athènes pour y prendre les leçons des plus grands maîtres.

Après avoir passé deux années entières en Hollande, en Allemagne, en Espagne, en Italie, M. Prousteau revint à Orléans, avec le désir de mériter une chaire de Professeur. Quelques années après son retour, M. Colas de Malmusse (e), Docteur-Régent, étant mort en 1668, laissa une place vacante. M. Guillaume Prousteau se mit sur les rangs pour la disputer. Ses concurrens reconnurent sa supériorité, et leur jugement avoit précédé celui des Professeurs qui lui adjugèrent la chaire.

Il remplit ses fonctions avec dignité : bienfaisant et indulgent pour ses disciples, il jouit pendant cinquante ans qu'il employa à les instruire, d'une réputation justement acquise par ses talens et ses vertus (f).

Plusieurs jeunes-gens, avec de grands talens, se trouvent souvent arrêtés dans leurs études par la privation de certains ouvrages que les particuliers ne peuvent pas

---

(e) Cette famille, une des plus anciennes d'Orléans, est connue par sa bienfaisance, sa charité envers les pauvres, et par son zèle pour le bien public.

(f) M. Prousteau a laissé plusieurs ouvrages. Celui qui a pour titre *Recitatio ad legem XXIII, Contractus, ff. de regulis juris*, a été imprimé en 1684, in-4°. On a de lui la Vie de M. Groteste-de-Mahis, et plusieurs discours qu'il a prononcés aux rentrées de l'Université. Nous parlerons de ses manuscrits dans les notices relatives à la jurisprudence.

toujours acheter. Notre illustre Professeur avoit connu quelquefois cette privation, et il avoit formé le dessein de procurer cette ressource à la jeunesse studieuse, et à la ville d'Orléans un établissement aussi utile.

Il savoit que la première chose nécessaire pour une bibliothèque publique est une quantité de bons livres choisis sur toutes les matières, afin que les lecteurs puissent y trouver les secours dont ils ont besoin : il profita d'une occasion favorable pour donner un excellent fonds à l'établissement qu'il avoit intention de former.

M. Henri de Valois venoit de mourir. Sa bibliothèque étoit fournie des meilleurs ouvrages grecs et latins, enrichis de ses notes manuscrites : M. Prousteau en fit l'acquisition. Il ne négligea aucune occasion pour l'augmenter ; et étant parvenue à une certaine perfection, bien éloigné d'imiter ceux qui donnent lorsqu'ils ne peuvent plus jouir, ce savant Professeur voulut, de son vivant, former l'établissement projeté, remédier à tous les obstacles qu'il pourroit éprouver, et avoir le plaisir d'être utile à la patrie qu'il avoit adoptée.

Le 6 avril 1714 il fit la donation de sa bibliothèque pour l'utilité publique ; il assura les fonds nécessaires pour son entretien et son augmentation ; et après avoir pris toutes les précautions qui pouvoient la mettre à l'abri de tous les événemens, il mourut subitement le 19 mars 1715, laissant à ses concitoyens le souvenir d'une vie pleine de bonnes œuvres. Regretté des pauvres, qu'il fit ses légataires universels, et qu'il avoit toujours regardés comme faisant partie de sa famille, M. Prousteau ne le fut pas moins de MM. de Sainte-Beuve, Adrien de Valois, Ducange, Grævius, Toinard (*g*), et généralement de tous les savans ses contemporains qui avoient eu des relations avec lui.

La bibliothèque publique qu'il avoit fondée, et placée dans la maison des Bénédictins, qu'il en fit dépositaires sous la surveillance des Autorités, échappa au vandalisme (*h*) : elle a cependant à regretter ses revenus, et les portraits de ses bienfaiteurs : celui du fondateur a été conservé.

Bienfaiteurs de la Bibliothèque.

Les fonds légués par M. Prousteau étant insuffisans pour l'acquisition des grands ouvrages, le Bibliothécaire dom Toussaint Duplessis obtint, le 28 mai 1724, que la bibliothèque d'Orléans fût mise sur l'état de celles à qui le Roi accordoit les livres imprimés au Louvre et ceux pour lesquels il souscrivoit.

Plusieurs littérateurs, sentant l'utilité d'une bibliothèque publique, contribuèrent à l'augmenter par le don de leurs ouvrages ou de leurs bibliothèques particulières.

(*g*) M. Prousteau avoit fait le voyage d'Espagne avec Toinard, savant Orléanais, qui lui dédia, en 1690, ses Notes sur l'ouvrage attribué à Lactance, *de mortibus persecutorum.*

(*h*) La maison des Bénédictins devint celle de l'Administration départementale. La bibliothèque n'éprouva aucun changement sous la protection des Administrations, et la prévoyance du fondateur ne fut pas trompée.

M. l'Abbé Hautefeuille (*i*) a été le premier qui s'est distingué par cette libéralité. Ce savant, connu par plusieurs ouvrages sur la physique et les mathématiques, et sur-tout par une Dissertation sur l'écho, couronnée à l'Académie de Bordeaux en 1718, donna à la bibliothèque d'Orléans plusieurs ouvrages sur la physique, genre d'étude dont il s'étoit toujours occupé. Il étoit né à Orléans le 20 mars 1647, et il y est mort le 18 octobre 1742.

Cet exemple étoit fait pour être imité : la bibliothèque hérita presque en même temps de celle de M. René Lejay de Massuère, d'une ancienne et honorable famille d'Orléans. Il vécut presque toujours éloigné de sa patrie, qu'il n'oublia jamais ; et après avoir passé sa vie dans la retraite, il mourut à Rouen le 27 août 1738 : il avoit légué ses livres à la bibliothèque publique d'Orléans par son testament du 7 août 1736.

M. Antoine Vaslin des Breaux, Trésorier de France au bureau des finances de la généralité de Bourges, légua à la même bibliothèque, par son testament du 10 février 1742, non-seulement ses livres, mais encore dix mille francs pour les loger : précaution nécessaire, puisque l'emplacement est le plus souvent ce qui manque à ces établissemens.

Il est difficile qu'une bibliothèque soit également bien fournie dans toutes ses divisions. On trouvoit dans

---

(*i*) Son parent, M. Hautefeuille, ancien Conseiller de la Cour Royale d'Orléans, est auteur de plusieurs ouvrages de jurisprudence, dont il a fait don à la bibliothèque publique.

celle d'Orléans quelques bons livres de médecine, mais en très-petit nombre. M. Arterié, Docteur en médecine de la faculté de Montpellier, s'étoit occupé, pendant cinquante ans qu'il exerça la médecine à Orléans, à réunir les anciens ouvrages de médecine à tous ceux qui paroissoient de son temps : il légua, par son testament du 23 mars 1763, cette collection précieuse à la bibliothèque publique, qui par cette libéralité se trouva enrichie d'une partie qui lui manquoit. M. Arterié mourut à Orléans le 30 avril 1764, âgé de 80 ans.

M. Robert-Joseph POTHIER. L'éloge de ce grand homme appartient à l'histoire d'Orléans, et nous n'entreprendrons pas de répéter ici ce que MM. Letrône, Breton de Mont-ramier, Jousse et le Comte de Bièvre en ont dit dans des discours imprimés, et prononcés à la rentrée du Bailliage et de l'Université d'Orléans et du Bailliage de Romorentin; nous nous bornerons à dire que ce Magistrat si recommandable par ses lumières et ses vertus, ce savant Professeur légua à la bibliothèque publique, par son testament du 30 juillet 1771, tous les ouvrages de jurisprudence qu'elle n'avoit pas et qui se trouvoient dans la sienne. Ce legs ne fut pas considérable, cette partie étant une des mieux fournies de la bibliothèque, qu'il avoit déjà enrichie par le don de ses ouvrages.

Nous parlerons avec reconnoissance de la veuve de M. Proust-de-Chambourg, Professeur en droit à Orléans. Après la mort de son mari, décédé le 20 février 1762, elle donna à la bibliothèque publique plusieurs ouvrages imprimés et tous les manuscrits ramassés par le grand-père et le père de son mari, tous deux Professeurs en droit, le premier à Bourges, le second à Orléans, où il mourut le 18 août 1706, avec la réputation d'un savant Canoniste. Auteur de plusieurs mémoires imprimés, il l'est aussi de l'épitaphe de Pascal, insérée dans le livre de ses Pensées.

Plusieurs auteurs Orléanais ont enrichi la bibliothèque de leurs productions et de dons particuliers : nous citerons avec reconnoissance MM. Jousse, Targe, Duhamel-du-Monceau, De Bizemont (à qui nous devons les vues du Bosphore), Landré-Beauvais, Latour fils, l'Abbé Pataud, Prouvensal-de-Saint-Hilaire, etc.

Nous devons aussi à la munificence du Gouvernement la Géographie de Strabon, les Figures de l'Histoire de la République Romaine d'après les dessins de Myris, la Description de l'Egypte, et plusieurs autres ouvrages imprimés ou souscrits par lui.

M. Maret, Préfet du Loiret, accordoit tous les ans une somme pour la bibliothèque, jusqu'à l'époque où elle fut rendue à la ville. C'est à lui que nous devons d'avoir complété l'Histoire naturelle de Buffon, les Mémoires de l'Académie des inscriptions et belles-lettres, ceux de l'Académie des sciences, etc.

L'Encyclopédie méthodique, les Mémoires de l'Institut ont été complétés sur les fonds destinés à l'entretien de la bibliothèque : on a également souscrit pour les Fastes de la Nation Française, pour le Voyage pittoresque du nord de l'Italie, pour l'Histoire de l'art par les monumens, pour l'Armorial général.

En confiant sa bibliothèque aux Bénédictins de la Congrégation de Saint-Maur, M. Prousteau voulut qu'elle fût dirigée par un des Religieux de cette Congrégation célèbre par les grands hommes qu'elle a produits, par les services qu'elle a rendus à la littérature et aux sciences, et par des ouvrages immortels qui feront regretter long-temps ces sociétés religieuses, dont les membres, uniquement occupés à l'étude, pouvoient se livrer à des recherches que leurs relations rendoient faciles, et à des travaux que des savans isolés ne pouvoient pas entreprendre, et enfin à l'universalité des connoissances si nécessaires à un Bibliothécaire : aussi regardons-nous comme un devoir de nommer parmi les bienfaiteurs de la bibliothèque les Religieux qui l'ont dirigée.

Dom Philippe Billouet fut envoyé à Orléans par ses supérieurs en 1715, pour y remplir les fonctions de Bibliothécaire. Le désir de se rendre utile à tous ceux qui viendroient le consulter, augmenta son ardeur pour l'étude : il vouloit connoître toutes les sciences, tous les genres de littérature. Il ne résista pas long-temps à un travail si varié ; il mourut le 7 mars 1720 (*k*).

———

(*k*) On trouve dans le deuxième volume des Traités des droits et libertés de l'Eglise Gallicane, édition de 1731, une Dissertation de dom Billouet sur l'auteur du Songe de Vergier, qu'on a faussement attribuée à M. de la Monnoye.

Dom Billouet eut pour successeur dom François Mery. Le premier soin de ce Bibliothécaire fut de veiller à l'impression du catalogue, commencé par son prédécesseur, et il le termina à la satisfaction des bibliographes. Voulant s'occuper de l'histoire du Berri, sa patrie, il profita de ses vacances pour recueillir les mémoires utiles à son dessin : la mort le surprit dans l'abbaye de Maçay le 18 octobre 1723 (*l*).

Dom Michel-Toussaint-Chrétien Duplessis succéda à dom Mery : il remplit les fonctions de Bibliothécaire jusqu'en 1726, qu'il fut appelé par ses supérieurs à Saint-Germain-des-prés pour travailler au *Gallia Christiana* (*m*).

Depuis l'impression du catalogue le nombre des livres étant augmenté, soit par les dons qu'on avoit faits, soit par l'emploi des fonds légués par M. Prousteau à des achats utiles, dom Jean Verninac, nommé Bibliothécaire en 1726, crut devoir faire un supplément, qu'il fit

---

(*l*) On connoît de dom François Mery une Discussion critique et théologique, imprimée en 1720, sur les remarques de M. Leclerc relatives au dictionnaire de Moréri, édition de 1718.

(*m*) C'est à dom Duplessis qu'on a dû, ainsi que nous l'avons déjà dit, l'envoi des ouvrages imprimés au Louvre et de ceux souscrits par le Roi. Il est auteur d'une Description de la ville d'Orléans, et d'une Dissertation pour prouver que *Genabum*, dont il est parlé dans les Commentaires de César, est Orléans, et non pas Gien. M. Polluche, son ami, fit imprimer ces deux ouvrages : il a enrichi le premier de notes très-intéressantes. La notice des nombreux écrits de dom Duplessis se trouve dans l'article que M. l'Abbé Pataud lui a consacré, tome 12 de la Biographie universelle.

imprimer en 1747. Il mourut l'année suivante. On parlera des manuscrits qu'il a laissés, dans les notices dont on s'occupe.

Nous devons à dom Louis Fabre, successeur de dom Verninac, un catalogue imprimé en 1777, enrichi de notes précieuses, faites pour l'utilité de tous, et dont nous avons fait le plus grand usage, regardant leur conservation comme un hommage rendu à la mémoire de cet illustre bibliographe.

Translation de la Bibliothèque.

La réunion de vingt mille volumes que M. Maret, Préfet du Loiret, avoit demandés au Gouvernement pour la bibliothèque publique de la ville d'Orléans, et qui furent accordés sur le dépôt général des livres du département (*n*), exigea un local plus vaste que

---

(*n*) Son Excellence le Ministre de l'Intérieur avoit déjà disposé d'une partie des livres de ce dépôt en faveur de la bibliothèque de Montpellier.

Six mille volumes furent également accordés pour la bibliothèque particulière de M. le Comte Auguste de Talleyrand, chambellan de Bonaparte.

M. l'Evêque d'Orléans, le séminaire et la grande-aumônerie obtinrent la même faveur. M. le Préfet fit choisir trois mille volumes pour former une bibliothèque dans l'hôtel de la préfecture.

Enfin, le 18 pluviose an 12, un manuscrit grec ayant pour titre *Orationes ex Thucididis historiâ cum aliis orationibus ex variis historicis græcis excerptæ*, 1 volume in-16, fut demandé par le même Ministre, qui en accusa la réception le 19 floréal suivant, pour la bibliothèque du Roi, alors nationale, enrichie par la suppression

celui qui étoit occupé par cette bibliothèque. Ce Magistrat sollicita et obtint, le 4 août 1805, un arrêté de Son Excellence le Ministre de l'Intérieur qui autorisa l'Administration municipale à prendre sur ses revenus les fonds nécessaires pour l'acquisition d'un local, et pour le mettre en état de recevoir cette bibliothèque. On y plaça aussi les écoles gratuites de dessin et d'architecture; établissement utile, qui en inspirant l'amour des arts à la jeunesse peu fortunée, l'arrache à l'oisiveté, toujours dangereuse dans une grande cité.

La direction des travaux ordonnés pour ces différens objets fut confiée à M. Pagot, Professeur d'architecture et de dessin.

La première pierre de ce monument fut posée le 11 juin 1806, par Monsieur Crignon-Desormeaux, alors Maire d'Orléans, et la bibliothèque fut mise à la disposition du public le 20 août 1807, par un discours justement applaudi que le même Magistrat prononça sur l'utilité de cet établissement, en présence de M. le Préfet, de toutes les Autorités, et d'un grand concours

---

de plusieurs bibliothèques de Paris. On attribue ce manuscrit du seizième siècle à Ange Verger (en latin *Vergerius*), dont l'écriture grecque étoit si belle, qu'elle servoit d'original à ceux qui gravèrent les caractères de cette langue pour les impressions royales de François premier.

C'est après tous ces prélèvemens que la bibliothèque publique de la ville d'Orléans obtint vingt mille volumes. On fut obligé, pour les compléter, d'en recevoir un grand nombre de doubles, avec lesquels on s'est procuré des ouvrages qu'on n'avoit pas.

de citoyens, qui virent avec peine qu'ont n'eût pas donné plus d'étendue aux salles destinées à contenir les livres; défaut de presque toutes les bibliothèques, qui augmentant tous les jours leurs richesses littéraires ne sont jamais assez vastes pour les recevoir.

Manuscrits de la Bibliothèque d'Orléans.

Les manuscrits firent la richesse des bibliothèques de l'antiquité, et de toutes celles qui se formèrent avant l'invention de l'imprimerie. Ils dirigèrent les premiers travaux de cet art, et en assurèrent la gloire.

C'est par eux qu'on a pu comparer les divers textes des auteurs, et qu'on est parvenu à en donner des éditions correctes. Les obscurités du texte sacré ont disparu devant ceux que Kennicot a consultés. La connoissance des manuscrits facilite celle de l'écriture ancienne, de ses variations et abréviations. « C'est le
» moyen, dit M. Senebier (o), de s'approcher au-
» tant qu'il est possible des auteurs anciens qui font
» nos délices, et d'avoir entre les mains plusieurs
» pièces qu'il importe de conserver comme des docu-
» mens fondamentaux : .... c'est le moyen de lire les
» poètes avec plus de plaisir, les orateurs avec plus
» d'intérêt, les historiens avec plus de confiance, et
» les philosophes avec plus de facilité. »

De savans Bibliothécaires se sont déjà livrés à des recherches pénibles sur les manuscrits, sur leur matière,

---

(o) Préface du Catalogue de Genève.

sur leur ancienneté, sur leurs ornemens, et sur ceux qui sont remarquables dans les principales bibliothèques de l'Europe : la supériorité de leurs talens ne nous permet pas de tenter de nouvelles recherches ; ils ont tout dit ; il est même difficile, après les avoir lus avec l'attention d'un homme qui veut s'instruire, de ne pas s'exposer quelquefois au reproche de les avoir copiés. Nous nous bornerons donc à parler des manuscrits dont la conservation nous est confiée.

Les manuscrits étant moins répandus, et souvent uniques, il est nécessaire de les faire connoître par de courtes notices. Nous les diviserons par langues en suivant l'ordre des matières, et en plaçant, autant que possible, chaque article dans sa série chronologique.

Cet ordre commencera, ainsi que pour les livres imprimés de la bibliothèque, par les manuscrits sur la Théologie, dont les premiers préceptes doivent guider les actions de toute la vie :

2°. La Jurisprudence, qui forme une classe particulière de citoyens utiles.

3°. Les Sciences et Arts fournissent les moyens de prendre un état : en les cultivant on devient commerçant, médecin, chimiste, astronome, géomètre, guerrier, navigateur, peintre, sculpteur, graveur, musicien, etc.

4°. Les Belles-Lettres contiennent les langues, les orateurs et les poètes. Après avoir appris les premières dans la jeunesse, l'imagination développe les forces de l'éloquence et les richesses de la poésie.

5°. L'Histoire enfin termine la classification. Son étude exige préliminairement celle des belles-lettres. Elle convient à l'adolescence, qui désire connoître les faits célèbres qui se sont passés sur la scène du monde, et les hommes qui y ont brillé : elle convient aussi à l'âge mûr, qui en étudiant les lois, les mœurs, les usages, la politique, la législation des divers peuples qui se sont succédé sur le théâtre du monde, puise dans l'expérience du passé des leçons pour le présent et des présages pour l'avenir.

MANUSCRITS
DE LA
BIBLIOTHEQUE D'ORLÉANS.

MANUSCRITS ORIENTAUX.

La Bibliothèque d'Orléans ne possède aucun de ces manuscrits qui font l'ornement des anciennes bibliothèques.

1. Notæ grammaticales in textum hebraïcum Scripturæ sacræ, — *4 vol. in-16, 1520 pag.*

> Ce manuscrit autographe réunit à des notes grammaticales sur le texte hébreu, le sens naturel, figuré et chaldéen, des racines de la langue hébraïque et des mots qui en dérivent, avec l'explication littérale des passages les plus difficiles. L'écriture de ce manuscrit est sur papier ordinaire, et est très-lisible, quoique très-menue : elle est du commencement du dix-huitième siècle, son auteur, M. Aignan Delahaye, chanoine de la cathédrale d'Orléans, étant décédé le 22 octobre 1728.
>
> Il a été donné à la bibliothèque de la ville par M. Barbier, avocat du Roi au bureau des finances, à qui il étoit parvenu par succession.

2. Ordre de Prières pour toute l'année, selon les observances de l'Allemagne et de la Pologne, — *1 vol. in-8°, 356 pag.*

> Ce manuscrit hébreu, sur beau papier, à longues lignes, est

un livre de prières tirées en partie de l'Ecriture-sainte et en partie composées par les rabbins à l'usage des synagogues des Juifs Allemands et Polonais. Les caractères, purs et corrects, offrent une écriture moderne belle et nette en hébreu rabbinique ou cursif, c'est-à-dire écriture courante ou abrégée. Le titre de l'ouvrage est écrit en véritables caractères hébraïques, et très-conformes à ceux dont on s'est servi pour imprimer les polyglottes. Rien n'annonce quel est l'auteur de ce manuscrit, ni de quelle bibliothèque il vient : il est parvenu dans celle d'Orléans après avoir été acheté dans la boutique d'un bouquiniste.

MANUSCRITS GRECS.

3. 1°. Libanii Epistolæ-græcæ; 2°. Paraphrasis quorumdam poëmatum S. Gregorii Nazianzeni græcè, — *in-4°, 373 pag., bois.*

Photius, en louant les Epîtres de Libanius, dit qu'elles lui ont acquis une grande estime.

L'écriture de ce manuscrit du quatorzième siècle, sur papier vélin, est très-soignée.

Il appartenoit à la bibliothèque publique d'Orléans.

MANUSCRITS LATINS.

THÉOLOGIE.

Texte de l'Ecriture-sainte.

4. Biblia latina, — *in-12, 1000 pag., bois.*

Cette Bible renferme la préface de S. Jérôme et tous les

livres de l'ancien et du nouveau Testament, depuis la genèse jusqu'à l'apocalypse. L'écriture paroît être du onzième siècle. Elle est déliée, fine et correcte, à deux colonnes, avec des entre-colonnemens, quelques vignettes marginales, et des miniatures dans les capitales placées en tête des premiers livres. Le frère Ambroise est représenté dans la première, écrivant le prologue de S. Jérôme en huit chapitres, qu'il a mis avant le texte sacré. Une table considérable et alphabétique termine ce manuscrit, qui appartenoit aux feuillans de Saint-Mesmin.

5. Biblia sacra, — *in-folio*, *630 pag*.

Ce manuscrit, bien conservé, renferme l'ancien et le nouveau Testament, sur beau vélin, à deux colonnes sur chaque page, avec des entre-colonnemens et des miniatures dans les capitales coloriées et rehaussées d'or, placées en tête des principaux livres de la Bible. Dans la première le frère Ambroise est représenté écrivant l'épître de S. Jérôme à S. Paulin, qui précède le texte sacré. Les tables des chapitres et les argumens sont placés avant plusieurs livres. Les lettres initiales des chapitres sont en couleur, et les versets sans division. Les pseaumes, placés après l'apocalypse, terminent ce manuscrit. L'écriture paroît être du onzième siècle : son ancienneté l'a fait jaunir. Rien n'indique à qui il a appartenu.

6. Biblia vetus, — *grand in-fol.*, *environ 900 pag*.

Ce superbe manuscrit, bien conservé, à deux colonnes sur beau vélin à larges marges, renferme tous les livres de l'ancien et du nouveau Testament. L'écriture, qui date de 1179, est belle et lisible.

Cette Bible est ornée de lettres capitales coloriées et rehaussées d'or. En tête des divers livres se trouvent des miniatures également coloriées et rehaussées d'or, qui représentent Moïse, Aaron, Josué, Salomon, les prophètes, les apôtres, et différens animaux dont il est fait mention dans l'histoire sacrée.

Les marges de la genèse et de l'exode sont chargées de notes. L'ouvrage est terminé par une table alphabétique à trois colonnes. On ignore d'où il vient.

LATINS.

7. Biblia latina, — *petit in-fol., environ 550 pag., bois.*

Cette Bible, à deux colonnes sur vélin, contient l'ancien Testament, dont les livres et les chapitres sont distingués par des lettres initiales en couleur. Elle offre une écriture assez lisible du treizième siècle. Quelques feuillets sont altérés.

Ce manuscrit est un de ceux de l'ancienne bibliothèque.

8. Biblia latina, — *in-4°, 900 pag., bois.*

Ce manuscrit sur vélin très-fin, à deux colonnes séparées par des vignettes légères, contient l'ancien et le nouveau Testament. Les capitales de tous les livres sont coloriées et rehaussées d'or; les initiales de tous les chapitres sont en couleur. Le prologue de S. Jérôme précède la genèse, et on trouve après l'apocalypse une longue liste alphabétique des noms hébreux à quatre colonnes, qui occupe quatre-vingts pages. L'écriture, qui est du treizième siècle, est nette et lisible. Il est fâcheux qu'on ait arraché beaucoup de feuillets de ce beau manuscrit, qui de la bibliothèque des capucins est parvenu incomplet dans celle de la ville, ainsi qu'on va le voir par le détail de ce qui y manque.

Les deux premières pages du prologue de S. Jérôme; le 1er, le 2e, une partie du 3e, la fin du 49e et le 50e chapitre de la genèse; le 1er, le 2e et le commencement du 3^d chapitre de l'exode; le dernier chapitre du 3e livre des rois; presque tout le 2e chapitre du premier et du second livre des paralipomènes; les 1er et 2e chapitres du 1er livre, la fin du 3e livre et le 4e livre tout entier d'Esdras (*a*); les 1er, 2e, 3e, 11e, 12e, 13e, 14e. chapitres de Tobie; une partie du premier chapitre de Judith; le 1er, le 2e et le commencement du

---

(*a*) Esdras, prêtre juif, obtint d'Artaxercès la permission de rétablir le culte et la république des Hébreux. Son tombeau est, dit-on, à Samuze en Perse. On lui a attribué quatre livres, dont les trois derniers ne sont pas de lui. Le premier, dont il est indubitablement l'auteur, contient l'histoire de 82 ans, depuis la première année du règne de Cyrus à Babylone jusqu'à la dix-neuvième d'Artaxercès-longue-main : il raconte le retour des Juifs à Jérusalem sous la conduite de Zorobabel, après la captivité de 70 ans.

troisième chapitre d'Esther (*b*) ; le dernier chapitre de Job ; les 1ᵉʳ, 2, 3, 4, 5, 6, 7, 21, 22, 23, 24, 25, 26, 27, 28 et 29ᵉ pseaumes, et depuis le 48ᵉ verset du 77ᵉ jusqu'au 10ᵉ verset du 83ᵉ, plus, depuis le 15ᵉ verset du 106ᵉ jusqu'au 4ᵉ verset du 114ᵉ pseaume, enfin les pseaumes 143, 144, 145, 146, 147, 148, 149, 150 ; les quatre premiers chapitres, une partie du 29ᵉ, les 30 et 31ᵉ des proverbes ; les cinq premiers chapitres de l'ecclésiaste ; les quatre premiers chapitres et le dernier du prophète Isaïe ; les deux premiers chapitres de Jérémie ; les trois premiers chapitres du prophète Sophonie ; tout le prophète Aggée ; le premier chapitre de Zacharie ; les trois premiers chapitres de S. Mathieu ; la fin du 27ᵉ et le 28ᵉ chapitres de S. Marc ; le premier et la fin du dernier chapitre de S. Luc ; (*Il y a une interruption dans l'ordre des chapitres de cet Evangéliste.*) le 1ᵉʳ, le 2ᵉ, la fin du 19ᵉ, les 20 et 21ᵉ de S. Jean ; les actes des apôtres sont placés après l'épître aux Hébreux. Le premier chapitre de l'épître de S. Paul aux Romains ; les 22 et 23ᵉ chapitres de la 2ᵉ épître aux Corinthiens ; les trois premiers chapitres de l'épître aux Galates ; la deuxième épître de S. Paul à Timothée ; l'épître à Tite, celle à Philémon ; les 1ᵉʳ, 11, 12 et 13ᵉ chapitres de l'épître aux Hébreux ; toute l'épître de S. Jacques ; le commencement du premier chapitre des actes des apôtres ; les trois épîtres de S. Jean, celle de S. Jude ; les deux premiers chapitres de l'apocalypse.

Ces ravages, fruits de l'ignorance, sur un manuscrit d'ailleurs bien conservé, sont irréparables, et n'en excitent pas moins d'inutiles regrets.

9. Biblia sacra, — *petit in-folio, environ 750 pag., bois, couv. bas.*

Cette Bible, à deux colonnes, sur vélin très-fin, est ornée de capitales coloriées, rehaussées d'or. Elle renferme tous les

---

(*b*) On connoît l'histoire d'Esther. On l'attribue à Mardochée, oncle d'Esther : il y rapporte la délivrance des Juifs sous Assuérus, leur vengeance sur leurs ennemis, et la punition d'Aman et de ses fils.

livres de l'ancien et du nouveau Testament. De petites miniatures assez bien faites, également coloriées et rehaussées d'or, se trouvent en tête de ces livres. L'écriture est nette, lisible, et du commencement du quinzième siècle. Ce beau manuscrit, assez bien conservé, commence, au lieu du prologue, par l'épître de S. Jérôme à Paulin sur les histoires sacrées de la Bible, et il est terminé par une longue table alphabétique, dont les premières lettres de chaque article sont en couleur. Il vient de la bibliothèque des prêtres de l'Oratoire.

10. Diversi libri Scripturæ-sacræ ex versione S. Hieronymi, — *grand in-fol., environ 500 pag.*

Ce manuscrit, sur vélin, à deux colonnes réglées par des lignes verticales et horizontales au stylet, commence par l'épître de S. Jérôme à Paulin, évêque de Nôle, imprimée au tome 4.e de la nouvelle édit. de S. Jérôme, p. 568. On trouve au commencement du livre des pseaumes la préface de S. Jérôme à Sophrone, imprimée au premier tome de la nouvelle édition, page 832. Chaque pseaume a son argument ou son sujet. Le premier argument montre que Jésus-Christ est signe de vie ; le deuxième, qu'il a reçu de son père toutes les nations pour héritage ; le troisième, que c'est pour nous qu'il s'est endormi du sommeil de la mort et qu'il est ressuscité. Il y a 150 argumens. Ensuite vient la traduction des pseaumes selon le texte hébreu. Le pseaume 9e n'est point partagé en deux. Le pseaume 24e a en tête de chaque verset une lettre de l'alphabet. Plusieurs pseaumes ont également une lettre de l'alphabet des hébreux au commencement de chaque verset, tels que les 23, 33, 36, 110, 111 et 144e. Le 113e n'a aucune marque de division aux mots *Non nobis*, *Domine*. Le pseaume 118e, à chaque 8e verset, a une lettre de l'alphabet, et les lettres sont ainsi expliquées : Beth, *confusio* ; Guimel, *id est plenitudo*, etc. Le pseaume 147e est divisé du précédent. La préface de S. Jérôme sur le livre de Salomon est la même que celle qui est imprimée au tome premier de la dernière édition des œuvres de ce saint docteur, page 1419, excepté que ce qui a été mis en notes par dom Martianay se trouve, dans le manuscrit, à la suite de la préface. Il y a dans le manuscrit 58 argumens et autant de chapitres des paraboles, dont le dernier commence par ces paroles : *Mulierem fortem quis inveniet?* Le livre de l'ecclésiaste est partagé en quarante-neuf chapitres, et il n'en a que douze dans la vulgate. Le cantique des cantiques est en forme de dialogue entre l'époux, la synagogue et l'église des gentils ; il commence ainsi qu'il suit : *Vox synagogæ* : Osculetur me osculo oris sui ; conversio ad eum cujus desiderio flagrat, quia meliora sunt ubera tua, etc. *Vox ecclesiæ de gentibus* : Trahe me post te, etc. *Vox sponsæ ad ecclesiam* : Introduxit me rex, etc. *Vox ecclesiæ ad sponsum* : Exultabimus, etc. *Vox ecclesiæ ad synagogam* : Memores uberum tuorum, etc. *Vox synagogæ ad ecclesiam* : Nigra sum, sed formosa, etc.

Ces paroles, *Vox ecclesiæ*, *Vox synagogæ*, sont écrites en vermillon, pour faire connoître qu'elles ne sont pas dans le texte.

La préface ou prologue de S. Jérôme sur le livre de la sagesse, qui se trouve dans ce manuscrit, n'est point imprimée dans les œuvres de ce saint : elle commence ainsi : *Liber Sapientiæ. Apud Hebræos nusquàm est*, etc. Ce livre de la sagesse est divisé en trente-sept chapitres. Le livre de l'ecclésiastique est divisé en vingt-sept chapitres ; mais le dernier, qui a pour argument, *Laus creaturæ et laus patrum*, est sous-divisé en vingt-quatre chapitres, ce qui donne un nombre de chapitres égal à celui que ce livre a dans la Bible. Le premier livre des paralipomènes est composé de vingt-deux chapitres ; le deuxième, de dix-huit seulement. Les prologues sont imprimés dans les œuvres de S. Jérôme. Le prologue du livre d'Esdras, nommé Esra dans le manuscrit, est imprimé au premier tome des œuvres de ce saint docteur, nouvelle édition, page 1106 : Il commence ainsi : *Incipit liber Esræ scribæ in anno primo Cyri regis Persarum.* Il y a douze chapitres, suivis du troisième livre d'Esdras, sans argumens et sans division de chapitres. Il n'est fait aucune mention du deuxième livre d'Esdras, attribué à Néhémias. Les prologues des livres d'Esther, de Judith et de Tobie sont les mêmes que ceux qui se trouvent dans la vulgate, ainsi que le nombre des chapitres. On trouve dans le manuscrit un prologue sur le livre des Machabées (*a*) qui n'est pas dans les œuvres de S. Jérôme, et qui commence ainsi : *Incipit præfatio S. Hieronymi presbyteri in libris Machabæorum. Libri duo prænotant prælia inter duces Hebræorum*, etc. Ce premier livre est partagé en quarante-un chapitres ; le deuxième livre en a cinquante-cinq, les dix derniers manquent. Les prologues des quatre évangélistes sont les mêmes que ceux qui se trouvent dans les Bibles imprimées. Cette partie du manuscrit n'est susceptible d'aucune observation, ainsi que les actes des apôtres. Une préface de S. Jérôme précède les épîtres canoniques qui suivent les actes des apôtres : cette préface se trouve au premier tome des œuvres de ce père, dernière édition, page 1667. L'épître de S. Jacques se trouve la première dans ce manuscrit, composé de vingt chapitres ayant chacun son sommaire ou argument. Le prologue est imprimé au tome quatrième de la nouvelle édition de S. Jérôme, page 101 : il n'est pas entier dans le manuscrit. La première épître de S. Pierre est divisée en vingt-un chapitres, et la deuxième en onze. Après celles de ce saint suivent les trois de S. Jean, dont la première se trouve partagée en vingt chapitres ; la deuxième, ainsi que la cinquième, en cinq seulement. L'épître de S. Jude en a sept.

On voit au commencement des épîtres de S. Paul les vers que le pape S. Damase a faits à l'honneur de ce saint apôtre, qui se trouvent imprimés au tome huitième de la bibliothèque des pères, page 844. Dans le sommaire de l'épître de S. Paul aux Romains on fait mention de toutes les autres épîtres. Elles sont toutes divisées en un plus grand nombre de chapitres qu'il ne s'en trouve dans la vulgate, et chaque chapitre a son

---

(*a*) Les livres des Machabées sont au nombre de quatre, dont les deux premiers seuls sont regardés comme canoniques, et ce sont ceux qui se trouvent dans le manuscrit. Les auteurs en sont inconnus. Ils rapportent ce qui s'est passé chez les Juifs sous la troisième monarchie, c'est-à-dire sous celle des Grecs, depuis la mort d'Alexandre-le-Grand jusqu'à la victoire de Judas Machabée sur Nicanor. Il paroît que le premier livre fut d'abord écrit en syriaque ; mais le texte original de ce livre, qui existoit encore du temps de S. Jérôme, n'a point été retrouvé : on n'a plus que la version grecque sur laquelle on a fait la latine dont on se servoit dans la primitive église.

sommaire ou argument. L'épître aux Romains en a quatre-vingts, et les autres à proportion, dont nous ne parlerons point; nous ajouterons seulement qu'on voit dans ce manuscrit l'épître aux Laodiciens, et qu'elle a cinq chapitres seulement.

Tous les livres de l'Ecriture-sainte dont nous venons de parler sont écrits de la même main, et d'un caractère qui appartient à la fin du treizième siècle ou au commencement du quatorzième. Le livre de l'apocalypse, quoique du même temps, est écrit avec une encre moins noire que celle qui a servi à transcrire les autres livres. Il est sans aucune division de versets, ni même de chapitres; mais on n'y trouve pas le vingt-unième ni le vingt-deuxième, ni les deux derniers versets du chapitre vingtieme. La première page de ce manuscrit, qui est un de ceux de l'abbaye de Saint-Benoît-sur-Loire, se trouve coupée à l'endroit de la vignette placée à la tête de la première colonne. Plusieurs lettres majuscules sont en or, ornées de vignettes. L'écriture est nette et régulière.

11. Quatuor libri Regum, cum expositione S. Hieronymi, — *1 vol. in-fol., 260 pag.*

Ce manuscrit, sur vélin, à deux colonnes, sans vignettes, offre une écriture très-correcte du dixième siècle. Il renferme les quatre livres des Rois sans division des chapitres, précédés d'un fragment d'un ouvrage de S. Hilaire.

A la fin du manuscrit se trouve une confession de foi qui commence ainsi : Nous croyons à la sainte Trinité, c'est-à-dire au Père, au Fils et au Saint-Esprit, au Seigneur tout-puissant, etc.

Après les quatre livres des Rois est une note qui avertit le lecteur qu'après avoir fini la lecture de ce quatrième livre des Rois au dîner, il doit lire de suite le livre des paralipomènes. Cette note en latin (ainsi que la confession de foi) annonce que ce manuscrit servoit à la lecture pendant le repas. Il vient de la bibliothèque de Saint-Benoît-sur-Loire.

12. Psalterium, — *in-fol.*, *545 pag.*, *bois.*

Ce pseautier, sur vélin, à longues lignes, appartenoit au séminaire d'Orléans. L'écriture, en lettres onciales, paroît être du quatorzième siècle : elle est nette et lisible. Toutes les lettres initiales des pseaumes et des versets sont en couleur, accompagnées d'un léger dessin. Il est relié en bois, avec des fermoirs en cuivre, et cinq clous du même métal sur le plat.

13. Diversi libri Scripturæ-sacræ, cum præludiis S. Hieronymi, — *in-folio*, *250 pag.*

Ce manuscrit, à doubles colonnes sur vélin, offre une écriture correcte et lisible du dixième siècle, sans vignettes. La première pièce qu'on y trouve est une préface de S. Jérôme telle qu'on la lit dans la Bible sur le livre des proverbes ; elle est suivie du livre des cantiques. On lit à la marge de la page quarante-unième ces mots : *Non legitur in refectorio.* La préface de S. Jérôme sur Job suit le livre des cantiques. On lit ces paroles à la fin de cette préface : *In terrâ quidem habitasse Job Auxitiden* (a) *in finibus Idumeæ et Arabiæ fertur ; et erat ei anteà nomen Jobab ; et accepit uxorem Arabissam. Genuit filium cui nomen erat Enon. Erat autem ipse filius quidem Zare, de Isaii filiis ; filius de matre verò Bosra, in quâ & ipse regnavit*, etc.

Origène fait mention de cette addition à la préface de Job, que l'on ne trouvoit pas de son temps dans le texte hébreu, quoiqu'elle soit très-ancienne : il en est parlé au premier volume de S. Jérôme, édition de 1693, page 1218. Après le prologue et le livre de Job, est la préface sur les deux

---

(a) Job a demeuré dans l'Ausite, sur les confins de l'Idumée et de l'Arabie. Son premier nom fut Jobab, etc. *Voyez dom Calmet, dictionnaire de la Bible, article Job, page 419, édition de 1722.*

Ausilide est le pays de Job. *Même dictionnaire, page 125.*

Cette note a paru nécessaire pour expliquer le mot *Auxitiden*, qui se trouve dans une phrase de ce manuscrit, page 50.

livres des Machabées, qui la suivent, après lesquels se trouve le livre de Tobie. Tous ces livres sont sans division de chapitres et de versets : tous les prologues sont de S. Jérôme.

Ce manuscrit est un de ceux de l'abbaye de Saint-Benoît-sur-Loire.

14. Prophetiæ Isaiæ, Jeremiæ, Ezechielis, Danielis, nec non minorum Prophetarum, — *1 vol. in-folio*, 492 *pag.*, *bois*.

Cet antique manuscrit commence par la préface et le prologue de S. Jérôme, dont l'écriture est de la fin du huitième siècle, et celle des livres saints du neuvième. Il est sur vélin, à deux colonnes : il offre deux vignettes, et une écriture grosse, lisible et correcte. Le premier livre est la prophétie d'Isaïe ; il est suivi de celui de Jérémie et de ses lamentations ; mais le livre de Baruch ne s'y trouve point. Ensuite vient la prophétie d'Ezéchiel, suivie de celle de Daniel, selon la traduction des septante. Tous ces livres sont sans division de chapitres. Les prologues sont les mêmes que ceux qu'on voit dans les Bibles imprimées, et ils se trouvent dans le premier volume des œuvres de S. Jérôme. Les douze petits prophètes sont rangés dans le même ordre que dans la vulgate ; Osée, Joël, Amos, Abdias, Jonas, Michée, Nahum, Habacuc, Sophonie, Aggée, Zacharie et Malachie. La préface est la même que celle de la vulgate, et telle qu'elle se trouve imprimée tome premier des œuvres de S. Jérôme, page 727 de la nouvelle édition.

Ce manuscrit est un de ceux de l'abbaye de Saint-Benoît-sur-Loire.

15. Isaïas et Ezechiel ; item quædam de astrologia et computo temporum, — *in-4°*, 227 *pag.*

Ce manuscrit, du dixième siècle, est très-incomplet. On y parle d'abord du comput et des lunaisons ; on trouve ensuite la prophétie d'Isaïe sans commencement : elle est divisée en cent soixante-dix-neuf chapitres, et elle est suivie du prologue de S. Jérôme sur la prophétie d'Ezéchiel. On trouve ensuite les sommaires et le texte, dont les trente premiers chapitres sont enlevés.

L'écriture de ce manuscrit, sur vélin, à longues lignes sans vignettes, est difficile à lire. Il vient de la bibliothèque de Saint-Benoît.

16. Collectio diversorum fragmentorum tàm antiqui quàm novi Testamenti, — *in-fol.*, 44 *pag.*

Ce manuscrit, un des plus anciens de ceux qu'on a conservés dans la bibliothèque de Saint-Benoît, consiste dans une collection de plusieurs fragmens d'ouvrages copiés dans le huitième siècle. Ces fragmens sont extraits de plusieurs livres de l'Ecriture-sainte, tant de l'ancien que du nouveau Testament. L'écriture de la dernière pièce, en lettres onciales et carrées, paroît être du septième siècle. Tous ces fragmens sont sur vélin : l'écriture de plusieurs est maculée.

17. Liber Evangeliorum, — *in-4°*, 274 *pag.*, *bois.*

Les premiers feuillets de ce manuscrit, bien conservé, sur vélin, ont été enlevés; il ne commence qu'au vingt-neuvième verset du douzième chapitre.

Il est terminé par une division des évangiles pour toutes les fêtes de l'année. L'écriture, à longues lignes, est nette et lisible; les initiales sont en couleur. Il appartenoit au séminaire d'Orléans. Il est du quinzième siècle.

18. Epistolæ S. Pauli, — *in-4°*, 214 *pag.*

Ce manuscrit, du douzième siècle, contient l'épître de S. Paul aux Romains avec son prologue : elle est divisée en vingt-six chapitres. Les autres épîtres, précédées chacune de son prologue, font partie de ce manuscrit, sur vélin, à longues lignes, sans vignettes. Il vient de la bibliothèque de Saint-Benoît-sur-Loire.

Commentaires sur l'Ecriture-sainte.

19. Tractatus Origenis de libris sanctarum Scripturarum ab Hieronymo comprobatus, et alia varia Opera, — *in-4°, 299 pag.*

> Ce manuscrit, du dixième siècle, est rongé par les rats, et presque illisible par sa vétusté. Il contient différens ouvrages d'Origène sur l'Ecriture-sainte, suivis de deux sermons de S. Augustin, et du traité d'Alcuin sur les vertus. Il est sur vélin, sans vignettes. Origène est l'un des premiers qui aient commenté l'Ecriture : il en a rendu la lecture facile par la clarté de ses explications et de ses notes. Cet écrivain célèbre, persécuté pour sa religion par l'empereur Dèce, mourut chargé de fers dans les prisons de Tyr l'an 254.
>
> Ce manuscrit vient de la bibliothèque de Saint-Benoît.

20. Commentarii Hugonis à S. Charo Cardinalis in Scripturam-sacram, — *in-fol., 356 pag., bois.*

> Ces commentaires du cardinal Hugues de Saint-Cher furent copiés par l'ordre de Jean abbé de Saint-Benoît, vers le milieu du treizième siècle.
>
> L'écriture de ce manuscrit, sur vélin, à doubles colonnes, sans vignettes, est difficile à lire, quoique régulière.

21. Hugonis à S. Charo Cardinalis Commentarii in Isaïm, — *380 pag.*

> Même date, même écriture que ci-dessus, sans division de chapitres, sur vélin, à doubles colonnes, sans vignettes.

22. Commentarii seu Postillæ ejusdem Hugonis in Job et Ezechielem, — *in-fol., 441 pag.*

> L'écriture de ce manuscrit, de la même date que les deux

précédens, est difficile à lire : à doubles colonnes, sur vélin, sans vignettes, et du même monastère.

23. Commentarii seu Postillæ ejusdem Hugonis in Ecclesiasticum, — *in-folio*, *441 pag.*

Même date, même écriture, sur vélin, à doubles colonnes, sans vignettes, mal conditionné.

24. Commentarii seu Postillæ ejusdem Hugonis in Ecclesiasten, in Proverbia et in librum Sapientiæ, — *in-fol.*, *446 pag.*

Même date que ci-dessus ; écriture plus belle, sans vignettes, à doubles colonnes, sur vélin.

25. Expositio ejusd. Hugonis in Matthæum et Marcum, — *in-fol.*, *311 pag.*

Même date, écriture nette et régulière, à doubles colonnes, sans vignettes.

26. Postillæ ejusdem Hugonis in Lucam, — *in-folio*, *349 pag.*

Même date et même écriture que les précédens, sur vélin, à doubles colonnes, sans vignettes.

27. Expositio ejusdem Hugonis in Joannem, — *in-fol.*, *365 pag.*

Même date et même caractère que les précédens, sur vélin, à doubles colonnes, sans vignettes.

Nota. On n'a pas voulu séparer les ouvrages du même auteur, qui proviennent tous de Saint-Benoît-sur-Loire.

28. Expositiones in Pentateuchum, et alia varia Opera, — *in-fol.*, *290 pag.*

Un commentaire sur le livre de la genèse, divisé en quatre

parties, est le premier ouvrage de ce manuscrit du dixième siècle : le commencement du premier livre de ce commentaire ne s'y trouve pas. Un commentaire sur l'exode est à la page soixante-dix-septième. Le prologue commence ainsi : *Hujus libri quam subjectam cernis explanatiunculam domini Hrabani de dictis Sanctorum venerandis suis discipulis authoritate tradit catholicâ, quorum ego ultimus Strabus ipsam quantâ potui brevitate, ne penitùs de memoria laberetur, notavi, humiliter lectorem deposcens, ut si quid extra lineam rectitudinis in illa positum invenerit, non magistro imputet, sed meæ tarditatis ignaviæ*, etc.

Hunc librum exposuit Hrabanus jure sophista, Strabus et imposuit frivolus hos titulos. Le texte de l'exode est sans aucune division de chapitres, ainsi que les autres livres de l'Ecriture-sainte contenus dans ce manuscrit. A la suite de l'exode est une glose sur le lévitique, faite par le même Strabus, qui marque dans sa préface que Raban-Maur, dont il copie l'ouvrage, s'est aussi servi d'un ancien commentaire fait par Esychius, prêtre de Jérusalem, très-attaché à la vérité. Après cette glose on en trouve une autre sur le livre des nombres et sur celui du deutéronome. Le dernier ouvrage dans ce manuscrit est celui de Bède qui a pour titre *de natura rerum*, divisé en cinquante-un chapitres : il est suivi des traités du même auteur sur le temps et le comput, *de temporibus et computo*.

On trouve à la page 285 quatorze tables du cycle de dix-neuf ans, du vénérable Bède. L'écriture de ce manuscrit, qui vient de la bibliothèque de Saint-Benoît, est assez régulière, sur vélin, à doubles colonnes, sans vignettes.

29. Varii Commentarii in Pentateuchum, — *in-folio*, 508 pag.

Jean, abbé de Saint-Benoît-sur-Loire en 1230, faisoit copier tous les bons ouvrages dont il entendoit parler, et qui ne se trouvoient point dans la bibliothèque de son monastère. Ce manuscrit, un de ceux qui furent transcrits de son temps, contient divers commentaires sur l'Ecriture-sainte. Le premier est sur le lévitique. Il paroît formé de plusieurs passages des pères, et du commentaire du prêtre Esychius. Ce commentaire est double à la marge et entre les lignes du texte. A la suite de ce commentaire on trouve le prologue du livre des nombres, dont le premier feuillet est enlevé. Ce manuscrit est terminé par le prologue sur le deutéronome, suivi de l'explication du texte. On lit à la fin : *Ce livre appartient à Saint-Benoît : il a été fait par les soins de l'abbé Jean, supérieur de cette maison. Si quelqu'un l'enlève, qu'il soit anathême.*

L'écriture de ce manuscrit, du treizième siècle, sur vélin, à doubles et triples colonnes, et quelques feuillets à longues lignes, est parfaitement belle : les lettres majuscules forment des vignettes.

30. Diversa Opera S. Isidoro à pluribus auctoribus attributa, — *in-4°, 253 pag., bois.*

Plusieurs écrivains attribuent à S. Isidore une partie des ouvrages contenus dans ce manuscrit. Le premier a pour titre *Regulæ ecclesiasticæ* : il est suivi d'une courte explication de la genèse, de l'exode, du lévitique, des nombres, du deutéronome, de l'ecclésiaste, des juges et du livre des rois. Le dernier ouvrage qui termine ce manuscrit est le traité de S. Ambroise intitulé *de Cain et Abel*, divisé en deux livres, qui se trouve dans le premier tome de la nouvelle édition des œuvres de ce saint docteur.

L'écriture de ce manuscrit, du treizième siècle, sur vélin, à doubles colonnes, sans vignettes, est nette et régulière. Il vient de la bibliothèque de Saint-Benoît.

31. Libri quatuor Exameron Bedæ, presbyteri, in Genesim, — *in-fol., 204 pag.*

L'ouvrage du vénérable Bède sur les six jours de la création se trouve imprimé d'après ce manuscrit par dom Edmond Martenne dans le tome cinquième de son Trésor d'anecdotes.

Ce manuscrit, du dixième siècle, sur vélin, à longues lignes, sans vignettes, vient de la bibliothèque de Saint-Benoît.

32. Exameron, seu de Opere sex dierum libri sex S. Ambrosii, — *petit in-folio, 187 pag., bois.*

Cet ouvrage des six jours se trouve imprimé au tome premier des œuvres de S. Ambroise, page première de la nouvelle édition.

L'écriture de ce manuscrit sur vélin, à doubles colonnes, sans vignettes, est du onzième siècle, et assez régulière. Il vient de la bibliothèque de Saint-Benoît.

33. Explanatio in Genesim, — *in-4°, 128 pag.*

La lettre de S. Jérôme à Didier, suivie d'un commentaire sur la genèse, est la première pièce de ce manuscrit. On trouve à la suite une explication sur le deutéronome, qui finit au verset vingtième du vingt-troisième chapitre. On ignore quel est l'auteur du commentaire & de l'explication. Une écriture assez récente annonce au haut de la première page que l'auteur est Hugues de Saint-Victor, ou Haimond; mais on voit le nom de Remy d'Auxerre écrit d'un caractère plus ancien au bas de la même page.

L'écriture de ce manuscrit, du treizième siècle, sur vélin, sans vignettes, est correcte, mais fort abrégée : il vient de la bibliothèque de Saint-Benoît.

34. Commentarii in librum Josue, Judicum, Ruth, — *in-fol., 237 pages.*

Ce manuscrit, du treizième siècle, est un de ceux que l'abbé Jean a fait copier pour la bibliothèque de Saint-Benoît. Il contient un commentaire sur le livre de Josué, précédé du prologue de S. Jérôme, et suivi du livre des juges, avec un commentaire sur ce livre et sur celui de Ruth.

L'écriture, sur vélin, est très-belle; quelques lettres initiales forment des vignettes.

35. Annotationes in libros Regum, Paralipomenon, — *in-4°, 250 pag.*

Ce manuscrit, du dixième siècle, contient quelques notes sur les livres des rois et sur les paralipomènes. On y trouve aussi un commentaire ou discours sur le dernier chapitre des proverbes, verset dixième, *Mulierem fortem quis inveniet?* On lit en titre, *Pour la fête de sainte Félicité.* Suivent cinq sermons de S. Jean-Chrysostome sur la fête des SS. Martyrs, sur le combat de David et de Goliath, sur le crime d'Absalon, qui poursuivant David son père, fut suspendu à un arbre par sa chevelure; et deux sur S. Jean-Baptiste. Ces cinq sermons sont imprimés dans les œuvres de S. Chrysostome. Un sixième sermon, qui n'est pas imprimé dans les œuvres de ce saint docteur, se trouve à la page 229 de ce manuscrit : il a pour titre, *Sermo B. Joannis episc. de jejunio Ninivitarum*; et il commence ainsi : *Clementissimus Dominus omnipotens et misericordiâ largissimus*, etc.

L'écriture, sur vélin, à longues lignes, sans vignettes, est correcte et régulière. Bibliothèque de Saint-Benoît.

36. Commentarium in quatuor libros Regum, — *in-4°, 220 pag.*

Le commentaire annoncé par le titre de ce manuscrit consiste dans de petites notes ou gloses mises entre les lignes et à la marge du texte, et extraites des saints pères. Il y a un prologue au commencement du premier livre.

L'écriture de ce manuscrit, sur vélin, est assez correcte : il est de la fin du treizième siècle, et sans vignettes.

Il vient de Saint-Benoît.

37. Commentarii in libros Regum, — *in-fol., 347 pag.*

Ce manuscrit, du treizième siècle, est un de ceux que l'abbé Jean a fait copier pour la bibliothèque de Saint-Benoît. Il renferme un commentaire sur les quatre livres des rois, précédé du prologue de S. Jérôme.

L'écriture, sur vélin, à doubles et triples colonnes, est très-belle : quelques feuillets seulement sont à longues lignes. Ce manuscrit est orné de quelques vignettes.

38. Expositio in varios Scripturæ locos, — *in-folio*, *325 pag., bois*.

Raban Maur est souvent cité dans ce manuscrit, copié par ordre de l'abbé Jean, vers le milieu du treizième siècle, pour la bibliothèque de Saint-Benoît. Il contient des commentaires sur le premier et le deuxième livres des paralipomènes, avec le prologue de S. Jérôme, qui commence ainsi : *Si septuaginta interprètum pura, et ut ab eis in græcum versa est, permaneret editio*, &c. On le trouve dans les bibles imprimées, et dans le premier tome des œuvres de ce saint docteur, page 1022, nouvelle édition.

L'autre prologue, en forme de lettre de S. Jérôme adressée à ses deux amis Domnin et Rogatien, se trouve aussi à la tête du commentaire, ainsi qu'il est imprimé dans S. Jérôme, page 1418 du premier volume de ses œuvres.

Après le commentaire de ces deux livres est une lettre de ce saint docteur qui commence ainsi : *Utrùm difficilius sit facere quod poscitis, an negare*, etc. Un commentaire sur le livre d'Esdras et sur celui de Néhémie termine ce manuscrit, dont l'écriture, sur vélin, à doubles et triples colonnes, est belle, et ornée de quelques vignettes avec figures. Quelques feuillets sont à longues lignes.

39. Beda in Esdram et Nehemiam, — *in-fol.*, *212 pag., bois*.

Le commentaire de Bède sur Esdras est la première pièce de ce manuscrit du huitième siècle. Ce commentaire est allégorique ; il commence par une préface. Le deuxième livre est à la page 64 ; il est suivi du troisième.

Cet ouvrage se trouve dans l'édition des œuvres de Bède imprimée à Cologne, page 248 du quatrième tome.

Un fragment des morales de S. Grégoire termine ce manuscrit, dont l'écriture à longues lignes, sur vélin, sans vignettes, est nette et lisible. Il vient de la bibliothèque de Saint-Benoît.

40. Cassiodori Expositiones in quinquaginta primos Psalmos, — *in-fol.*, *520 pag.*, *bois.*

Ce manuscrit, du douzième siècle, sur vélin, à doubles colonnes, contient une exposition sur les 50 premiers pseaumes, avec un prologue qui n'est point dans les œuvres imprimées de Cassiodore. On trouve à la suite une préface sur le pseautier, qui est imprimée dans la nouvelle édition de Cassiodore donnée par dom Garet, bénédictin.

L'écriture de ce manuscrit est nette et correcte : il vient de la bibliothèque de Saint-Benoit.

41. Expositio in Psalmos Davidicos, etc., — *in-fol.*, *335 pag.*

Ce commentaire sur les pseaumes ne commence qu'au 51e, et finit au 100e. On trouve à la page 320 un sermon sur l'assomption de la Sainte-Vierge, avec une préface. Ce sermon est imprimé au tome septième de la Bibliothèque des pères, édition de Paris.

La dernière pièce de ce manuscrit est l'histoire d'un ancien seigneur, nommé Théophile, qui ayant nié la divinité du Verbe, revenu enfin dans l'église catholique par les mérites de la Vierge, confessa publiquement ce qu'il avoit osé nier.

Ce manuscrit est sur vélin, à doubles colonnes, avec quelques majuscules en vignettes. L'écriture, qui est du dixième siècle, est assez régulière. Il vient de Saint-Benoît-sur-Loire.

42. Expositio B. Augustini super Psalmos, — *in-fol.*, *398 pag.*

On trouve dans ce manuscrit du dixième siècle une explication des pseaumes par S. Augustin, depuis le premier jusqu'au cinquantième inclusivement, et à la suite de cette explication la Vie de S. Severin, abbé, mort le 3 des ides de février.

Cette vie est imprimée dans le premier tome des actes des SS. de l'ordre de S. Benoît. En la comparant avec celle du manuscrit on trouve dans celle-ci quelques lacunes.

On lit à la fin du manuscrit : *Hic est liber Sancti-Benedicti Floriacensis cœnobii. Si quis eum furatus fuerit, non redditurus, cum Juda proditore et Caïpha et Pilato damnatus sit; amen.*

L'écriture, sur vélin, à doubles colonnes, est nette et régulière ; les lettres majuscules forment de petites vignettes. Il vient de la bibliothèque de Saint-Benoît.

43. Duo Fragmenta S. Augustini, — *in-fol.*, 594 pag.

Les deux premiers feuillets de ce manuscrit en lettres onciales datent du neuvième siècle. On y lit un fragment d'un ouvrage de S. Augustin du livre trente-troisième contre Fauste le manichéen. A la suite de ce fragment est l'explication des pseaumes, depuis le 51e jusqu'au 100e inclusivement. L'écriture, très-régulière, prouve que cette partie du manuscrit a été copiée dans le dixième siècle.

On lit à la fin de ce volume une prose à l'honneur de la Sainte-Vierge, d'une écriture moins ancienne.

A la tête de ce manuscrit, sur vélin, à doubles colonnes, on voit deux figures, dont l'une a le costume des anciens moines : des vignettes forment les lettres majuscules.

Il vient de la bibliothèque de Saint-Benoît.

44. Tractatus S. Augustini à Psalmo 101 ad Psalmum 150, — *in-fol.*, 772 pag., bois.

Ce manuscrit est du dixième siècle, et il renferme plusieurs discours de S. Augustin sur les pseaumes, depuis le 101e jusqu'au 150e.

On trouve à la page 749 une explication des cantiques qu'on chante à laudes suivant le bréviaire Romain : cette explication n'est point de S. Augustin.

L'écriture de ce manuscrit, à doubles colonnes, sur vélin,

est correcte et lisible : de petites vignettes forment les lettres majuscules.

Il vient de la bibliothèque de Saint-Benoît.

45. Commentarium in Psalmos Davidicos, etc., — *petit in-fol., 244 pag.*

Nous n'avons dans ce manuscrit du douzième siècle qu'une explication fort courte des pseaumes de David, placée entre les lignes et à la marge du texte : cette explication est tirée des écrits des saints pères, et sur-tout de Cassiodore. Il y manque quelques feuillets, et quelques pseaumes sont sans notes.

Le caractère du texte est assez régulier ; celui des gloses et notes l'est beaucoup moins.

Ce manuscrit, sur vélin, à doubles et triples colonnes, sans vignettes, vient de la bibliothèque de Saint-Benoît.

46. Expositio in Psalmos Davidicos, — *in-4°, 347 pag.*

Ce manuscrit, sur vélin, sans vignettes, est un commentaire des pseaumes, dont on ignore l'auteur. On lit cependant en titre, *Expositio magistri Bruni in psalmos David* : mais ces mots sont écrits d'un caractère plus récent que celui du manuscrit, lequel commence par une préface sur les pseaumes, qui sont tous commentés, et est terminé par ces deux vers :

Ter quinquagenos cantat David ordine psalmos;
Versus bis mille ter centum continet ille.

L'écriture de ce manuscrit du treizième siècle est assez régulière, mais surchargée d'abréviations. Il vient de la bibliothèque de Saint-Benoît-sur-Loire.

47. Distinctiones Psalterii, — *in-8°, 286 pag.*

L'ordre des pseaumes est renversé dans ce commentaire ; car l'auteur, dont on ignore le nom, commence par le 109e, *Dixit Dominus Domino meo*, etc. L'écriture de ce manuscrit, sur vélin, est des quatorzième et quinzième siècles ; elle est très-difficile à lire, et sans vignettes. Il vient de la bibliothèque de Saint-Benoît.

48. Commentarium in Psalmos Davidicos, — in-4°, 324 pag.

Ce manuscrit, sur-tout le pseautier, est précédé d'un prologue, et suivi d'une explication très-imparfaite du pseaume 57 et des suivans.

L'écriture de ce manuscrit du quatorzième siècle est très-difficile à lire, à cause des abréviations. Il est sur vélin, sans vignettes ; les lettres majuscules des pseaumes et des versets ont été enlevées. Il vient de la bibliothèque de Saint-Benoît.

49. Expositio in Psalmos Davidicos, — in-fol., 434 pag.

Ce manuscrit, sur vélin, à doubles colonnes, sans vignettes, est du quatorzième siècle. Il contient un commentaire sur les pseaumes, qui commence au verset 8 du dixième pseaume. On lit à la dernière page qu'il est de Pierre Lombard, maître des sentences. Il manque quelques feuillets. L'écriture du texte est plus correcte que celle de la glose. (Bibliothèque de Saint-Benoît.)

50. Explanationes in diversos sanctæ Scripturæ locos, — in-8°, 518 pag.

On trouve dans ce volume un commentaire sur quelques pseaumes, une explication sur l'épître de S. Paul aux Romains, sur les deux aux Corinthiens, sur l'apocalypse et sur le livre de Job. Ces explications ou commentaires sont peu de chose : elles sont suivies d'un commentaire incomplet sur le quatrième livre des sentences. Des fragmens de quelques sermons du docteur Guerin sur le cantique des cantiques précèdent le traité de maître Alain sur le cantique des cantiques, à l'honneur de la Sainte-Vierge, que ce docteur composa, avec un prologue, à la prière du prieur de Clugny. L'écriture de ce manuscrit, du quatorzième siècle, sur vélin, partie à longues lignes, partie à doubles colonnes, est très-difficile à lire. Il vient de la bibliothèque de Saint-Benoit.

51. Liber Testimoniorum S. Gregorii papæ, — *in-fol.*, *360 pag., bois.*

Ce manuscrit, du dixième siècle, sur vélin, à longues lignes, commence par le prologue de S. Patère, disciple de S. Grégoire pape, sur un écrit intitulé *Liber testimoniorum de creato cœlo*, attribué à S. Grégoire, ainsi que cela est prouvé par les mots suivans, qu'on lit à la page 328 : *Testimonia de libris Salomonis exposita à beato Gregorio papa urbis Romæ.*

On lit à la marge de la page 358, que ce manuscrit, de Saint-Benoît, a été copié par ordre de D. Odon, abbé de ce monastère.

52. Tractatus Bedæ in librum Proverbiorum Salomonis, — *petit in-fol., 163 pag., bois.*

Ce commentaire de Bède sur les proverbes de Salomon est imprimé dans le tome quatrième de ses œuvres, page 634. L'écriture, sur vélin, à longues lignes, est du treizième siècle : les abréviations en rendent l'écriture difficile à lire. Il vient de la bibliothèque de Saint-Benoît.

53. Prologus S. Hieronymi et Expositio ejusdem super librum Ecclesiasten, et alia Expositio in Cantica canticorum, — *in-4°, 258 pag.*

Le premier ouvrage que l'on trouve dans ce manuscrit du douzième siècle, sur vélin, est un prologue de S. Jérôme, qui commence ainsi : *Memini me ante hoc fermè quinquennium, cùm adhùc Romæ essem,* etc.

Le second est une courte explication du traité de S. Jérôme sur l'ecclésiaste, qui est imprimée dans le deuxième volume de ses ouvrages, page 714. On trouve à la suite un commentaire fort abrégé sur le cantique des cantiques.

L'écriture de ce manuscrit est nette, régulière et lisible : il vient de la bibliothèque de Saint-Benoît.

54. Explanatio S. Hieronymi in Cantica canticorum, et varia alia ejusdem Opera, — *in-4°*, *405 pag.*

La première pièce qu'on trouve dans ce manuscrit du douzième siècle, est une partie du commentaire sur le cantique des cantiques, sous le nom de S. Jérôme, que d'autres attribuent à S. Ambroise. Ensuite est le prologue du dialogue de S. Jérôme avec le moine Pélage, sous les noms empruntés d'Atticus et de Christobolus. Le dialogue est à la page 20, divisé en trois livres. Il est suivi du traité de S. Jérôme contre Jovinien, et de son apologie adressée à Pammache. On trouve ensuite plusieurs lettres adressées à différentes personnes ; à Innocent, *ad virgines Hermonenses*, au moine Chrysogone, à Antoine moine, à Théodose et autres solitaires, à Marcelle sur le blasphème contre le Saint-Esprit ; une profession de foi de Pélage, précédée d'un dialogue sur l'origine de l'ame, sous les noms de S. Augustin et de S. Jérôme, imprimé page 383 de la nouvelle édition des œuvres de ce dernier. Ce dialogue est suivi de quelques lettres de S. Jérôme à Aggeruntia, à Ruffin, à S. Florentin.

Le manuscrit est terminé par la deuxième partie de l'explication du cantique des cantiques, dont la première partie est au commencement. On lit à la marge, et d'une écriture récente : *Arbitror hanc expositionem esse Ambrosii Ausperti*.

L'écriture de ce manuscrit, sur vélin, à longues lignes, est nette et régulière : il vient de la bibliothèque de Saint-Benoît.

55. Expositiones S. Hieronymi in Isaïam prophetam, *in-fol.*, *514 pag.*

Un commentaire de S. Jérôme sur le prophète Isaïe, précédé de sa préface, est le seul ouvrage contenu dans ce manuscrit du dixième siècle, sur vélin. L'écriture, à doubles colonnes, est nette et régulière : il vient de la bibliothèque de Saint-Benoît.

56. Expositiones in duodecim minores Prophetas, — *in-fol.*, *270 pag.*

Ce manuscrit, du onzième siècle, contient une explication

très-abrégée sur les douze petits prophètes. Ces expositions sont divisées en livres ; mais celui qui contient l'exposition sur le prophète Sophonie n'est pas entier, et celles sur Aggée, Zacharie et Malachie ne se trouvent point dans ce manuscrit, dont l'écriture à doubles colonnes, sur vélin, est assez correcte. Il vient de la bibliothèque de Saint-Benoît.

57. Expositiones S. Hieronymi in Danielem et duodecim minores Prophetas, — *in-fol.*, 260 *pag.*

Le commentaire de S. Jérôme sur les douze petits prophètes n'est qu'un abrégé du commentaire de ce père sur le même sujet. Il est précédé d'une explication sur le prophète Daniel, partagée en douze chapitres.

L'écriture de ce manuscrit du onzième siècle, sur vélin, à doubles colonnes, est correcte et lisible. Il vient de la bibliothèque de Saint-Benoît.

58. Explanatio divi Hieronymi in prophetias Joël, Habacuc, Jonas, Zachariæ, Micheæ, Malachiæ ; — *in-fol.*, 428 *pag.*

On trouve dans ce manuscrit du dixième siècle les opuscules de six prophètes, avec les commentaires que S. Jérôme a faits sur ces prophètes, et qui sont imprimés au tome 3e de la nouvelle édition de ce docteur.

L'écriture de ce manuscrit, sur vélin, à longues lignes, est belle et correcte : il vient de la bibliothèque de Saint-Benoît.

59. Beda in Tabernaculum testimonii, — *in-folio*, 253 *pag.*

L'explication du tabernacle, des vases et des habits des prêtres de l'ancien Testament est un ouvrage du vénérable Bède, partagé en trois livres. Le commencement du premier livre manque dans ce manuscrit.

L'exposition du cantique d'Habacuc, *Domine, audivi auditionem tuam*, etc., se trouve à la page 176 : elle est imprimée d'après ce manuscrit au tome 5.e du Trésor d'anecdotes de dom Martenne.

Enfin l'on voit, à la page 200, *Retractatio ejusdem in actus Apostolorum*, qui termine ce manuscrit du dixième siècle, à longues lignes. Les caractères de l'écriture sont nets et lisibles. Il vient de la bibliothèque de Saint-Benoît.

60. Ejusdem de Tabernaculo testimonii, — *in-folio, 143 pag.*

On trouve au premier feuillet de ce manuscrit le nom du copiste, qui s'appeloit Gaubert, moine de Saint-Benoît, et qui offre son livre à ce saint abbé. Cette note est suivie de l'explication du tabernacle, des vases et des habits des prêtres de l'ancien Testament. C'est un ouvrage du vénérable Bède, partagé en trois livres, comme celui du manuscrit précédent, mais plus complet. L'exposition du cantique d'Habacuc, *Domine, audivi auditionem tuam*, etc., y est, mais pas entière. L'écriture de ce manuscrit du douzième siècle, sur vélin, à doubles colonnes, est difficile à lire, à cause des abréviations : il vient de la bibliothèque de Saint-Benoît.

61. Diversa Opera S. Isidoro Hispaniensi et aliis attributa, — *petit in-fol, 255 pag.*

Le copiste de ce manuscrit considérable par le grand nombre d'ouvrages qu'il contient, a fait plusieurs fautes de grammaire.

Le premier ouvrage qu'il contient est de S. Isidore de Séville sur l'ancien et le nouveau Testament ; il a pour titre, *Liber præmiorum*. Le deuxième est la vie de quelques saints de l'ancien Testament. On trouve ensuite un écrit de S. Isidore adressé à S. Orose, dans lequel ce saint évêque explique d'une manière allégorique plusieurs noms qui se trouvent dans l'Ecriture-sainte. A la page 75 sont les quatre Evangiles, avec une courte explication de S. Grégoire, suivie d'une explication sur ces paroles d'Isaïe, *Egredietur virga*, et sur celles du chapitre onzième de S. Luc, *Amicus ad quem media nocte*, etc. L'explication de plusieurs questions théologiques commence à la page 195 ; elle est suivie des questions sur la grammaire, sur les livres de la genèse et de l'exode, et de quelques fragmens sur le sacerdoce et les habits sacerdotaux. A la page 226 est un discours adressé à ceux qui sont honorés du sacerdoce, pour les exhorter à la pratique de la vertu.

Quelques fragmens des canons des conciles, à la suite desquels on fait l'énumération de ceux qui sont œcuméniques, puis une explication de l'Oraison dominicale, et enfin une confession de foi en cinquante articles, terminent ce manuscrit du onzième siècle, assez bien conservé, mais d'une écriture inégale et très-difficile à lire, sur vélin, à longues lignes, sans vignettes, avec quelques lettres initiales en couleurs. Il vient de la bibliothèque de Saint-Benoît.

62. Liber Quæstionum in Evangeliis, — in-4°, 378 p.

On voit à la première page de ce manuscrit de la bibliothèque de Saint-Benoît un ouvrage qui a pour titre, *Liber Quæstionum in Evangelio*, terminé par les deux vers suivans :

Mattheus instituit virtutum tramite mores,
Et bene vivendi justo dedit ordine leges.

L'auteur de ce livre des Questions sur l'Evangile en donne le sens littéral, spirituel et moral. Il finit à la page 270. Il est suivi par la préface ou prologue d'un commentaire sur les quatre Evangiles. Ce commentaire commence ainsi : *Primùm quærendum est omnium librorum tempus.* On le trouve au tome troisième des œuvres de S. Jérôme, page 847 de la nouvelle édition.

L'écriture de ce manuscrit est du dixième siècle, sur vélin, sans vignettes, et est assez correcte.

63. Beato Damaso papæ Hieronymus ; Prologus quatuor Evangelistarum, etc. ; — in-4°, 304 pag.

La première pièce de ce manuscrit est la lettre de S. Jérôme au pape Damase, laquelle commence par ces mots : *Novum opus facere me cogis*, etc. (Voir le premier volume des œuvres de S. Jérôme, page 1426 de la nouvelle édition.) Les quatre évangélistes et les prologues de ce saint docteur suivent sa lettre.

On trouve à la page 116 une espèce d'*ordo* ou de directoire pour la distribution des évangiles à certaines fêtes de l'année, ainsi que pour les dimanches. Les stations pour les trois messes de Noël sont les mêmes que celles qui sont marquées dans le missel Romain. Les lettres initiales sont variées par leurs couleurs. L'écriture, sur vélin, à longues lignes, est assez lisible.

Ce manuscrit, du douzième siècle, vient de la bibliothèque de Saint-Benoît.

64. Beato Damaso papæ Hieronymus, Prologus quatuor Evangelistarum ; quatuor Evangelia ; — *in-*4°, *314 p.*

Ce manuscrit contient, ainsi que le précédent, la lettre de S. Jérôme au pape Damase, les Evangiles et les prologues qui la suivent. Il est bien endommagé, soit par l'humidité du lieu où il a été conservé, soit par les coups de stylet, soit enfin par les rats, qui ont rongé les premiers et les derniers feuillets.

On trouve à la fin une distribution des Evangiles pour tout le cours de l'année, d'une écriture différente. On lit à la marge de chaque Evangile les règles des canons de S. Jérôme. L'écriture de ce manuscrit, sur vélin, sans vignettes, est de différens siècles ; savoir, du dixième siècle à doubles colonnes, et du douzième à longues lignes. Il vient de la bibliothèque de Saint-Benoît.

65. Expositio in Evangelium S. Matthæi, — *in-folio,* *294 pag.*

Ce commentaire sur l'Evangile de S. Matthieu est divisé en plusieurs livres : le 1er, la moitié du 2e, une partie du 3e et le commencement du 4e manquent, mais les 5, 6 et 7e sont entiers. Ce commentaire ou explication est tiré des ouvrages des saints pères. Il paroît, à la page 108, que l'auteur étoit un moine bénédictin, parce que dans plusieurs endroits il appelle S. Benoît son père. Le commentaire finit au vingt-troisième chapitre de l'Evangile de S. Matthieu.

Ce manuscrit, du dixième siecle, est bien endommagé; plusieurs feuilles sont rongées, ou gâtées par l'humidité. Il est sur vélin, sans vignettes, et l'écriture, usée, est très-difficile à lire. Il vient de la bibliothèque de Saint-Benoît.

66. Expositio in Evangelium S. Matthæi, — *in-8°*, 110 *pag*.

C'est encore un commentaire de S. Matthieu, qui finit au vingt-sixième verset du vingtième chapitre. Il est précédé d'une espèce de préface, avant laquelle on lit ces paroles : *Apud Sanctum-Germanum-à-pratis habetur alterum exemplar huic simile, cum hoc titulo: ALVARUS in Matth.* : ce qui peut faire conjecturer que cet Alvare est l'auteur de ce commentaire. Il est sur vélin, sans vignettes : écriture du quatorzième siècle, très-difficile à lire. De la même bibliothèque.

67. Beda in expositione Evangelii secundùm Marcum, — *in-folio*, 469 *pag.*, *bois*.

L'explication de l'Evangile de S. Marc par le vénérable Bède n'est pas divisée en quatre livres dans ce manuscrit, quoiqu'il soit terminé par ces mots : *Expositionis in Evangelio Marci libri quatuor expliciunt Bedæ famuli Christi et presbyteri. Deo laudes ; amen.*

Ce manuscrit, du commencement du dixième siècle, est sur vélin, à longues lignes; les caractères sont nets et lisibles. De la bibliothèque de Saint-Benoît.

68. Glossæ in Evangelium S. Marci, — *petit in-4°*, 120 *pag*.

Ces gloses sur l'Evangile de S. Marc sont en tête, à la marge et entre les lignes du texte. On voit au commencement une courte analyse des miracles contenus dans cet Evangile.

L'écriture, sur vélin et sans vignettes, à doubles et triples colonnes, est assez régulière, mais difficile à lire. Ce manuscrit, du quatorzième siècle, vient de la bibliothèque de Saint-Benoît.

69. Beda in Lucam, — *in-fol.*, *463 pag.*, *bois.*

Ce manuscrit du dixième siècle, sur vélin, à longues lignes, contient les 4, 5 et 6ᵉ livres de l'explication de Bède de l'Evangile de S. Luc. Ce manuscrit, qui vient de la bibliothèque de Saint-Benoît, est facile à lire.

70. Quæstiones de expositione Evangelii secundùm Lucam S. Ambrosii, — *in-4°, 189 pag.*

Ce volume est un recueil de plusieurs traités de S. Ambroise, d'Hosius, de Pélage, diacre de l'église Romaine. Les ouvrages attribués à S. Ambroise sont quelques fragmens de l'explication de ce saint sur l'Evangile de S. Luc, avec le prologue, dont les six premières lignes manquent. Un ouvrage d'Hosius intitulé *Doctrina Hosii episcopi de observatione disciplinæ Dominicæ*, précède un traité de Pélage, diacre de l'église Romaine : ce traité est complet. Quelques fragmens de différens ouvrages de S. Ambroise terminent ce manuscrit du dixième siècle, sur vélin. Il vient de la bibliothèque de Saint-Benoît.

71. Glossæ in Evangelium S. Joannis, — *in-4°, 132 p.*

Ce manuscrit, sur vélin, à doubles et triples colonnes, sans vignettes, est un commentaire sur l'Evangile de S. Jean, en forme de glose marginale et interlinéaire. On trouve à la page 117 le livre de S. Isidore intitulé *Du souverain bien.* Il commence ainsi : *Summum bonum Deus est qui incommutabilis*, etc.

L'écriture, du quatorzième siècle, est assez lisible, quoiqu'en très-petits caractères. Ce manuscrit vient de la bibliothèque de Saint-Benoît.

72. Fragmentum Commentarii in Joannem, — *in-4°, 108 pag.*

Ce manuscrit, du quatorzième siècle, est composé de frag-

mens, dont le premier est un commentaire sur l'Evangile de
S. Jean, qui commence à ces paroles, *Et vita erat lux homi-
num*, etc., et finit au verset quarante-cinquième du chapitre
cinquième. Il est suivi d'un autre fragment sur la prophétie
d'Ezéchiel. Un discours sur ces paroles, *Hæc est voluntas Dei,
sanctificatio vestra*, termine ce manuscrit, dont les dernières
feuilles manquent. L'écriture, sur vélin, à doubles colonnes,
sans vignettes, est en petits caractères, très-difficiles à lire. Il
vient de la bibliothèque de Saint-Benoît.

73. Tractatus varii S. Augustini, — *in-4°, 515 pag.*

Les différentes pièces de ce manuscrit du quatorzième siècle
ne sont que des fragmens détachés de quelques traités de
S. Augustin. Le premier est sur l'Evangile de S. Jean : la
2ᵉ partie ne s'y trouve pas, ainsi qu'une partie du 4ᵉ traité.
Le 26ᵉ n'est qu'à moitié : les 27 et 28ᵉ manquent en entier,
ainsi que le 100ᵉ : le 102ᵉ est mutilé : les 103, 104, 109 et
112ᵉ ne se trouvent point dans ce manuscrit, dont l'écriture,
sur vélin, à longues lignes, est assez lisible, malgré ses
nombreuses abréviations. Il vient de la bibliothèque de Saint-
Benoît.

74. Expositio in Evangelium S. Joannis, et alii varii
Tractatus, — *in-8°, 102 pag.*

Ce volume est un recueil de plusieurs traités. Le premier
est une explication de l'Evangile selon S. Jean. On trouve
ensuite un traité qui a pour titre, *Scriptorum virorum exemplaria
B celebris circumquaquè fama divulgat*. Nous pensons que la lettre
initiale B signifie Berenger, ainsi que semble l'indiquer l'épître
suivante : *Epistola patris ad Ruffinum : suo G. Mimatensi episcopo plenè dicit Berengarius*.

A la page 71 est un traité qui porte pour titre, *Dissuasiones
Valerii ad Ruffinum ne ducat uxorem*. Il est imprimé dans le
cinquième volume des œuvres de S. Jérôme, page 337. Ce
manuscrit du quatorzième siècle est terminé par quelques sermons. Son écriture, sur vélin, à doubles colonnes, est difficile

à lire : plusieurs feuillets sont mutilés. Il vient de la bibliothèque de Saint-Benoît.

75. Expositio seu Commentarium in Evangelium S. Joannis, *in-12, 316 pag., bois.*

Cette explication ou commentaire de l'Evangile de S. Jean est précédée d'un prologue, et suivie d'une paraphrase de l'Oraison dominicale.

L'écriture de ce manuscrit du quinzième siècle est sur vélin, à doubles colonnes, sans vignettes : les caractères sont petits, et difficiles à lire. De la même bibliothèque de Saint-Benoît.

76. Expositio in quatuor Evangeliorum Concordantiam, — *in-4°, 124 pag.*

Ce manuscrit, du quatorzième siècle, est une explication de la concorde, qui finit au verset treizième du seizième chapitre de S. Matthieu. Il est sur vélin, à doubles colonnes, sans vignettes. L'écriture, en très-petits caractères, est difficile à lire. Il vient de la bibliothèque de Saint-Benoît-sur-Loire.

77. Aratoris Carmina in Actus Apostolorum, — *in-4°, 217 pag.*

Cet ouvrage d'Arator sur les actes des apôtres est précédé d'un prologue, adressé à l'abbé Florien et au pape Vigile, et terminé par deux lettres, dont l'une est adressée à ce saint abbé et l'autre au pape Vigile, et dans lesquelles Arator prend la qualité de sous-diacre. Les huit derniers vers du deuxième livre ont été oubliés par le copiste. On trouve à la suite de l'ouvrage d'Arator un commentaire de Boëce sur un livre d'Aristote intitulé *Perihermonia* : il commence ainsi : *Anicii Manlii Boëcii, viri clarissimi, ex consulari ordine, in Perihermoniis Aristotelis,* etc. Ce commentaire est composé de quatre livres. L'écriture de l'ouvrage d'Arator est du dixième siècle, et assez bonne : celle de l'ouvrage de Boëce est du onzième siècle, en petits caractères, très-difficiles à lire. Ce manuscrit, sur vélin, à doubles colonnes, vient de la bibliothèque de Saint-Benoît.

78. Varia Opera Bedæ, — *in-folio, 317 pag.*

On trouve dans ce manuscrit du onzième siècle un commentaire sur les actes des apôtres, qui ne commence qu'au troisième chapitre, les deux premiers ayant été enlevés. Il est imprimé au tome cinquième des œuvres de Bède, page 534. On trouve à la page 31 de ce manuscrit une explication des noms des villes et des lieux cités dans l'Ecriture-sainte. Cet ouvrage, faussement attribué à Bède, est imprimé au tome cinquième des œuvres de Bède, page 666. Un traité de la superbe et de la défaite de l'antechrist précède l'explication des épîtres de S. Paul, sous le titre de *Collectanea Bedæ in epistolas Pauli*, qui termine ce manuscrit, lequel est en bien mauvais état, et dont l'écriture, sur vélin, à doubles colonnes, est peu lisible. Il vient de Saint-Benoît-sur-Loire.

79. Glossulæ in Epistolas divi Pauli, autore Rabingo, monacho; — *in-fol., 155 pag., bois.*

Les épîtres de S. Paul contenues dans ce manuscrit du dixième siècle sont chargées de gloses ou notes critiques en petits caractères difficiles à lire. Rabingue, moine bénédictin, est auteur de ces notes, qu'il a dédiées à S. Pierre, à S. Prix et à sainte Reine martyre, qui étoient les patrons titulaires de l'abbaye de Flavigny en Bourgogne, ce qui donne lieu de croire qu'il étoit religieux de cette maison.

Après le prologue de l'épître aux Romains on trouve les vers que le pape Damase a faits en l'honneur de S. Paul; ensuite est un second prologue sur la même épître. Les gloses ou notes de Rabingue finissent au 3e chapitre de l'épître à Timothée. A la dernière page l'auteur donne pour motif de son travail l'utilité dont il sera à ceux qui voudront lire avec fruit les épîtres de S. Paul. Il menace d'anathême celui qui aura la témérité d'enlever son livre. Enfin l'auteur a ajouté une douzaine de vers assez médiocres par lesquels il fait une nouvelle dédicace de son ouvrage aux saints patrons de l'abbaye de Flavigny.

Ce manuscrit, sur vélin, à longues lignes, sans vignettes, vient de la bibliothèque de Saint-Benoît.

80. Expositio Epistolarum beati Pauli, auctore Bedâ, etc.; — *in-folio, 529 pag.*

Les ouvrages contenus dans ce manuscrit du dixième siècle sont attribués à S. Augustin par le moine qui les a copiés, parce que cette explication des épîtres de S. Paul paroît être extraite des écrits et formée des paroles mêmes de S. Augustin. D'autres l'attribuent à Flore, diacre de l'église de Lyon, suivant les raisons que D. Mabillon en donne dans sa dissertation, annales ecclésiastiques, tome premier, page 12.

L'écriture de ce manuscrit, sur vélin, à doubles colonnes, est assez régulière.

Il vient de la bibliothèque de Saint-Benoît.

81. Collectanea Bedæ in Paulum, — *petit in-folio, 268 pag., bois.*

Cet ouvrage est différent de celui qui est imprimé au tome sixième, édition de Cologne, des œuvres de Bède, ce qui a donné lieu à la dissertation de D. Mabillon dont nous avons parlé dans le manuscrit précédent. Celui-ci, qui vient de la bibliothèque de Saint-Benoît, est sur vélin, à longues lignes, sans vignettes : l'écriture, qui est du onzième siècle, est assez lisible.

82. Expositio S. Ambrosii in Epistolas divi Pauli ad Romanos et ad Hebræos, — *in-4°, 258 pag.*

Ce manuscrit est composé de deux traités de S. Ambroise : le premier est une explication de S. Paul aux Romains, le second est un commentaire sur l'épître aux Hébreux. On les trouve imprimés dans les œuvres de ce saint docteur.

L'écriture de ce manuscrit du onzième siècle, sur vélin, est régulière et lisible.

Il vient de la bibliothèque de Saint-Benoît.

83. Epistolæ divi Pauli cum commentariis, — in-4°, 434 pag.

Les vers que le pape Damase a faits en l'honneur de S. Paul sont le premier ouvrage contenu dans ce manuscrit du douzième siècle, sur vélin, à doubles et triples colonnes, sans vignettes. Ces vers sont suivis du sommaire ou argument de l'épître de cet apôtre aux Romains, avec un commentaire qui n'est pas entier. A la page 39 commence l'épître aux Romains, suivie de la première et de la deuxième aux Corinthiens, avec des notes interlinéaires et marginales, page 190; les autres y sont sans gloses ni notes. L'écriture de ce manuscrit est assez correcte, mais peu lisible, à cause de ses petits caractères.

Il vient de la même bibliothèque.

84. Opusculum seu Explanatio Origenis in Epistolas S. Pauli apostoli ad Romanos, — in-4°, 308 pag.

Cet ouvrage d'Origène, partagé en dix livres, est précédé de la préface de S. Jérôme sur le même ouvrage : le tout se trouve imprimé dans la nouvelle édition des œuvres d'Origène donnée par les bénédictins. L'écriture de ce manuscrit, en général assez lisible, est de différens siècles, ainsi que la diversité des caractères le prouve. En effet, depuis la première page jusqu'à la 58ᵉ l'écriture est du douzième siècle; elle est du treizième siècle depuis la page 58 jusqu'à la page 168; et du dixième siècle depuis cette page 168 jusqu'à la fin. C'est un recueil de plusieurs manuscrits reliés sans ordre de dates. Il est sur vélin, à longues lignes, sans vignettes.

Origène est un des premiers qui aient commenté l'Ecriture-sainte : il en a rendu la lecture facile par la clarté de ses explications et de ses notes.

Ce manuscrit vient de la bibliothèque de Saint-Benoît-sur-Loire.

85. Expositiones in Epistolas S. Pauli, — in-fol., 618 p.

Ce manuscrit du neuvième siècle contient un commentaire incomplet sur les épîtres de S. Paul. On lit à la première page ces mots d'une écriture récente, *Nomen Claudii Taurinensis*; ce qui pourroit désigner l'auteur du commentaire. Le premier feuillet est si gâté, qu'on peut à peine déchiffrer les lettres.

Le commentaire sur l'épître aux Hébreux n'est pas entier, car il finit au verset 5ᵉ du dixième chapitre : on le trouve au premier tome de la bibliothèque des pères, page 1269, sous le nom de Primase.

L'écriture de ce manuscrit, sur vélin, à doubles colonnes, sans vignettes, est en général correcte et lisible.

Il vient de la bibliothèque de Saint-Benoît.

86. Varia Opera Bedæ, — *in-4°, 322 pag.*

Ce volume est un recueil de plusieurs ouvrages de Bède. Le premier est une explication ou commentaire sur l'épître de S. Jacques; les suivans sur celles de S. Pierre, de S. Jean, de S. Jude, et sur les livres des rois. Tous ces commentaires sont imprimés au quatrième tome des œuvres de Bède, édition de Cologne. La lettre de S. Isidore à l'évêque Masson termine ce manuscrit; elle a pour titre, *Domino sancto meritisque beato fratri Massono episcopo Hysidorus episcopus.*

L'écriture, du onzième siècle, sur vélin, à longues lignes, est correcte et assez lisible. Il vient de la bibliothèque de Saint-Benoît.

87. Commentaria in Epistolas S. Pauli et Apocalypsin, — *in-4°, 388 pag.*

Ce manuscrit, du quatorzième siècle, contient un commentaire sur les épîtres de S. Paul, avec un prologue au commencement de chacune : il est suivi d'un autre commentaire sur l'apocalypse. Les ouvrages de Priscien se trouvent également dans ce manuscrit, avec un commentaire qui commence ainsi : *Liber iste vocatur Ars grammatica, ex quo nomine*, etc.

On trouve à la page 339 un second commentaire des mêmes ouvrages de Priscien, dont voici la première phrase : *Quoniam in antè explicatis auctor proposuit tractare de litteris,* etc.

L'écriture, sur vélin, partie à longues lignes, partie à doubles colonnes, est en petits caractères, et difficile à lire. Ce manuscrit vient de la bibliothèque de Saint-Benoît.

88. Commentarium in Apocalypsin, — in-4°, 182 pag., bois.

Ce manuscrit, du neuvième siècle, contient un commentaire sur l'apocalypse, divisé en cinq livres et en chapitres, quoique le texte soit sans division de chapitres. Le 1er et le 5e livres de ce commentaire sont enlevés : le 2e est divisé en dix chapitres, le 3e en vingt-deux ; le 4e n'est point divisé.

Nous ignorons quel est l'auteur de ce commentaire, dont l'écriture, sur vélin, à longues lignes, sans vignettes, est assez régulière, quoique difficile à lire.

Il vient de la bibliothèque de Saint-Benoît.

89. Ambrosii Ausperti secunda pars in Apocalypsin, et alia varia ejusdem auctoris ; — in-fol., 408 pag., bois.

Ambroise Auspert, abbé de Saint-Vincent, est auteur d'un ouvrage sur l'apocalypse, dont la deuxième partie se trouve dans ce manuscrit, du dixième siècle. Cet ouvrage commence au livre sixième ; et à la fin du dixième l'auteur marque qu'il est né dans les Gaules ; qu'il est moine et honoré du sacerdoce dans le monastère dédié à S. Vincent ; qu'il a écrit son livre du temps de Paul pape de Rome, et de Didier roi des Lombards.

Après cet ouvrage est une homélie ou sermon du même auteur sur la purification de la Vierge.

Ce manuscrit, sur vélin, à doubles colonnes, en caractères lisibles, est assez bien conservé : il vient de la bibliothèque de Saint-Benoît.

90. Biblia minima, seu Sensus litteralis totius Scripturæ, authoribus præcipuis De-Lyra, Estio, Menochio, Tirino, nec non Cornelio-à-lapide ; — in-fol., 20 vol.

Ce manuscrit n'est qu'une imitation déguisée sous le titre de

Biblia minima, de l'ouvrage imprimé à Paris en 1660, en 19 volumes in-folio, intitulé *Biblia maxima*. C'est le résultat de plusieurs années employées par un bon religieux carme déchaussé à faire des extraits de plusieurs commentateurs de l'Écriture-sainte. On doit savoir gré à ce religieux d'avoir employé son temps aussi utilement au commencement du dix-huitième siècle. L'écriture de ce manuscrit autographe, sur papier, à longues lignes, est lisible et correcte.

Il vient des carmes déchaussés.

Liturgies, Offices, Heures.

91. Antiphonarium, — *in-folio*, 400 *pag.*, *bois.*

Cet antiphonier, avec les lignes, les initiales et les titres en couleurs, est sur parchemin. L'écriture est du quinzième siècle. Rien n'indique à qui il a appartenu.

92. Processionarium ecclesiæ S. Verani de Jargolio, — *petit in-4°, 186 pag.*

Ce manuscrit sur vélin, dont l'écriture paroît être de la fin du quinzième siècle ou du commencement du seizième, fait connoître l'ancien chant du diocèse d'Orléans, et certains usages et droits dont le clergé a souvent réclamé l'exécution avec plus de chaleur que de charité.

On lit page 47, verso, que la veille de l'invention de la sainte Croix les chanoines de Jargeau venoient processionnellement chanter une grand'messe à la cathédrale d'Orléans. En passant devant les églises de Saint-Jean-de-braye et de Saint-Loup on chantoit un répons et une oraison en l'honneur des patrons de ces églises. Une procession aussi longue fut supprimée dans des temps plus modernes, et le chapitre de Jargeau députoit deux chanoines pour venir chanter une grand'messe dans la cathédrale d'Orléans, ce qui a été exécuté jusqu'à la suppression des chapitres.

On lit page 72, que le jour de S. Denis les chanoines de

Jargeau alloient chanter la grand'messe à Saint-Denis-de-l'hôtel. Après la messe le curé de Saint-Denis étoit obligé de les recevoir dans son plus bel appartement, de leur offrir des sièges, de donner aux chanoines et à tous ceux qui les accompagnoient, même aux bedeaux, un gâteau suffisamment gros, et de leur verser trois verres de bon vin ; deux de vin rouge et un de vin blanc : les dignitaires et les officiers recevoient deux gâteaux.

Ce manuscrit a été donné à la bibliothèque publique d'Orléans par M. Dubois, chanoine-théologal de Sainte-Croix.

93. **Commendationes Defunctorum**, — *in-fol.*, *32 pag.*

Ce manuscrit, sur vélin, à longues lignes, et qui renferme des prières pour les morts, a le plain-chant en notes noires sur lignes rouges ; les initiales sont en lettres rouges. Le texte, d'une écriture nette et agréable, est de la fin du quinzième siècle.

Il a appartenu au chapitre de Sainte-Croix.

94. **Expositio Canonis Missæ**, — *in-4°*, *357 p.*, *bois*.

L'écriture de ce manuscrit du dixième siècle, sur vélin, à plein feuillet, est lisible, malgré sa vétusté.

Il vient de Saint-Benoît-sur-Loire.

95. **Missale**, — *petit in-folio*, *environ 400 pag.*, *bois*.

Ce missel, en assez mauvais état, est précédé d'un calendrier : l'écriture, à deux colonnes, sur vélin, est assez lisible, malgré sa vétusté. L'introït et généralement tout ce qui se chante est noté en très-petits caractères, sur des lignes rouges ; toutes les initiales sont en couleurs. Des vandales ont coupé toutes les lettres majuscules et le dernier feuillet. On ignore d'où vient ce manuscrit, qui paroît être du treizième siècle.

96. **Missale Senonense**, — *in-4°*, *250 pag.*, *bois*.

L'écriture de ce missel, du quatorzième siècle, sur vélin, à longues lignes, est assez lisible : les lettres initiales sont en couleurs. Ce manuscrit, qui appartenoit à la bibliothèque publique, n'est remarquable que par une note qui se trouve à la fin, d'une écriture du seizième siècle, ainsi conçue : « L'an mil » cinq cent vingt-trois advint en France un grand cas ; ce fut » que les bleds gelèrent en terre le jour et vigile S. Martin » d'hiver : furent refaits aux mois de janvier et février, et » furent bons à merveille. »

97. Missale pro totius anni decursu, — *in-fol.*, *468 p.*, *bois.*

Ce manuscrit du seizième siècle, en caracteres gothiques, est sur vélin, à doubles colonnes ; les lettres majuscules sont en couleurs. On trouve à la page 234 deux dessins assez grossièrement faits. Il vient de la bibliothèque de Saint-Benoît.

98. Dialogus de renovato sanctissimi Sacramenti Modo, — *in-8°*, *216 pag.*

Dom Antoine Gallois, religieux de la congrégation de S. Maur, est auteur de cet ouvrage sur le mystère de l'Eucharistie, sous le titre de *Dialogue entre trois interlocuteurs*, *Aristélime*, *Pilopiste* et *Castophile*. Il fut fait à Rouen en 1676. Dom Gallois insiste beaucoup sur la transsubstantiation. L'écriture, sur papier, est difficile à lire.

Il vient de la bibliothèque de Saint-Benoît.

99. Homiliæ in Officio nocturno dicendæ à festo Nativitatis ad festum Resurrectionis D. N. J. C. ; — *in-fol.*, *456 pag.*, *bois.*

Trois leçons tirées d'Isaïe sur le Messie se trouvent à la première page de ce volume, dont l'écriture, des dixième et onzième siècles, à doubles colonnes, sur parchemin, est belle et lisible. Elles sont suivies des homélies de S. Augustin, de S. Grégoire pape, du vénérable Bède, de S. Jérôme et autres saints pères, relatives à l'office que l'église célèbre depuis la fête de la Nativité jusqu'à celle de la Résurrection de notre Seigneur Jésus-Christ.

Ce manuscrit vient de Saint-Benoît.

100. Homiliæ in Officio nocturno dicendæ pro circulo anni, — *in-4°, 217 pag., bois.*

Ce manuscrit, du douzième siècle, sur vélin, à longues lignes, contient des homélies pour tous les jours de l'année. L'écriture est nette. Il vient de la bibliothèque de Saint-Benoît.

101. Psalterium, — *in-4°, 345 pag.*

Ce volume contient les cent cinquante pseaumes, suivis des cantiques. Il commence par un calendrier dont le mois de janvier a été enlevé, et il est terminé par différentes prières. L'écriture, sur vélin, à longues lignes, est lisible; les lettres initiales sont en couleurs.

Ce manuscrit, du treizième siècle, vient de la bibliothèque de Saint-Benoît.

102. Psalterium, — *in-8°, 104 pag.*

Ce manuscrit, du quatorzième siècle, sur vélin, à deux colonnes, contient les cent cinquante pseaumes et les cantiques, précédés par un calendrier; il est terminé par l'office des morts. Les initiales sont en couleurs; de grandes lettres rehaussées d'or sont placées en tête de plusieurs pseaumes.

Le pseautier est la collection des pseaumes de David. L'église latine le divise de manière à être récité en entier dans l'office d'une semaine. Le pseaume originairement différoit du cantique, en ce que ce dernier étoit chanté à voix simple, tandis que le chant du pseaume étoit accompagné de quelque instrument. Il seroit difficile, dit Fourmont, de trouver chez les païens des chants lyriques aussi beaux. Rollin en a extrait des modèles du style simple, pathétique, tendre et sublime; et Bossuet a prétendu que David a été aussi grand poète qu'Homère et Virgile. C'est aussi le sentiment de Laharpe.

Ce manuscrit a appartenu au séminaire d'Orléans.

103. Psalterium, — *in-8°, 494 pag.*

Ce pseautier, sur vélin, à longues lignes, est précédé d'un calendrier, et suivi d'un bréviaire qui commence à la fête de S. Etienne, page 271. Les caractères de ce bréviaire sont beaucoup plus petits que ceux du pseautier, et sont d'une main différente ; les lettres initiales sont en couleurs. L'écriture, du quatorzième siècle, est difficile à lire, à cause des abréviations.

Ce manuscrit vient de la bibliothèque de Saint-Benoît.

104. Officia Ecclesiæ, — *in-4°, 800 pag., bois, reliure fleurdelisée.*

Ce manuscrit, du quinzième siècle, sur vélin, à deux colonnes, contient différens offices et prières, dont les lettres majuscules sont en or et en couleur, ainsi que les lettres majuscules ornées de miniatures, accompagnées de vignettes qui ont conservé la vivacité des couleurs et le brillant de l'or comme s'il venoit d'être appliqué. Ce manuscrit a appartenu au séminaire.

105. Liturgia S. Gregorii, vel Liber Sacramentorum, vulgò *Sacramentaire*; — *in-4°, 362 pag., bois.*

Le pape Gélase avoit fait un recueil de l'office des messes ; S. Grégoire en retrancha plusieurs choses, il en ajouta d'autres, et recueillit le tout en un volume, que nous désignons sous le titre de Liturgie de S. Grégoire, ou Sacramentaire. C'est ainsi qu'on nommoit le livre qui contenoit les prières que le prêtre devoit dire dans l'administration des sacremens, et principalement dans la célébration du saint-sacrifice. Ce manuscrit, du huitième siècle, sur vélin, à longues lignes, est bien conservé, et est un des plus précieux de la bibliothèque de Saint-Benoît : son écriture est nette et lisible.

106. Institutio S. Martini abbatis, — *in-4°, 119 pag.*

Ce manuscrit, peu lisible, sur vélin, à doubles colonnes, est du douzième siècle. Il est terminé par un autre ouvrage qui a pour titre, *Summa Joannis Beleth de Officiis ecclesiasticis.* Il vient de la bibliothèque de Saint-Benoît.

107. Ceremoniale, Usus et Consuetudines cœnobii Floriacensis; — *in-4°, 467 pag.*

Ce manuscrit contient le cérémonial et les rubriques du monastère de Fleury, *aliàs* Saint-Benoît-sur-Loire. On trouve à la page 267, des hymnes pour différentes fêtes de l'année, dont le chant est noté en noir sur des lignes rouges. Les lettres initiales sont coloriées. Ce manuscrit est terminé par un calendrier ou *ordo*. L'écriture, du treizième siècle, à deux colonnes, sur vélin, n'est pas facile à lire.

Il vient de la bibliothèque de Saint-Benoît-sur-Loire.

108. Breviarium, — *in-fol., 400 pag., bois.*

Ce bréviaire, bien conservé, est sur vélin, à deux colonnes, avec les initiales coloriées et les rubriques en rouge, les capitales rehaussées d'or. Il commence par l'office du dimanche de l'Avent, et finit par l'office de S. Sébastien. Les derniers feuillets manquent. Un calendrier précède ce manuscrit, dont l'écriture, du douzième siècle, est nette, agréable et lisible.

Rien n'indique de quelle bibliothèque il provient.

109. Breviarium, — *in-folio, 313 pag., bois.*

Ce bréviaire, qui a appartenu au séminaire d'Orléans, est sur vélin, à longues lignes. Les antiennes et les hymnes qui le terminent sont notées en noir sur des lignes rouges. Tous les versets des pseaumes sont distingués par des lettres initiales en couleurs rouge et bleue alternativement. Quelques lettres majuscules en couleurs, rehaussées d'or, ornent ce manuscrit, dont l'écriture en gros caractères, assez lisible malgré ses abréviations, paroît être du quatorzième siècle.

110. Breviarium Aurelianense, — *in-8°, 680 pag.*

Ce bréviaire à l'usage d'Orléans est précédé d'un calendrier, et terminé par l'office des morts, dont le dernier feuillet est déchiré.

L'écriture de ce manuscrit, sur vélin, à deux colonnes, en

lettres noires et rouges, est du quatorzième siècle, difficile à lire, et d'un caractère inégal.

Il vient du séminaire d'Orléans.

111. Breviarium, — *in-8°, environ 1000 pag.*

Ce bréviaire, dont l'écriture à deux colonnes, sur vélin, est assez facile à lire, paroît être du commencement du quinzième siècle. Toutes les lettres initiales sont en couleurs rouge et bleue alternativement; les lignes sont en grande partie soulignées en rouge : il est précédé d'un calendrier. Il vient du séminaire d'Orléans.

112. Breviarium, — *petit in-fol., environ 650 pages, bois, avec des fermoirs.*

Ce bréviaire, sur beau vélin, a été écrit en 1512, pour l'usage du couvent des augustins d'Orléans. Les lettres initiales et les titres sont en couleurs rouge et bleue; les lettres majuscules sont en couleurs, rehaussées d'or, ornées de vignettes en or et couleurs. L'écriture, à deux colonnes, est un peu chargée d'abréviations.

113. Fundationes et Consuetudines Ecclesiæ cathedralis Sanctæ-Crucis Aurelianensis, — *in-fol., 420 pag.; bois.*

Ce manuscrit, sur beau parchemin, d'une belle écriture, quoiqu'elle ne soit pas uniforme, en lettres grises et rouges, les titres en rouge et les initiales rouges et bleues, présente, 1°. un inventaire des reliques que l'église cathédrale de Sainte-Croix d'Orléans possédoit à l'époque où ce manuscrit a été commencé ; 2°. le mode des distributions journalières aux chanoines présens, avec l'obligation d'assister à une grande et à deux petites heures pour les gagner; 3°. les fondations et les cérémonies correspondantes à chaque jour de chaque mois. On croit que ce manuscrit à longues lignes, du quinzième siècle, a appartenu au séminaire d'Orléans.

114. Professio fidei Canonicorum Ecclesiæ Aurelianensis; — *1 vol. petit in-folio.*

Ce volume contient la profession de foi et le serment des chanoines et dignitaires de l'église cathédrale d'Orléans lorsqu'ils prenoient possession. On trouve à la suite les titres des chapelles fondées dans l'église cathédrale et dans les autres églises à la nomination du chapitre. Le serment des abbés de Saint-Euverte et de Saint-Mesmin, chanoines-nés de la cathédrale, termine ce manuscrit, du dix-septième siècle, sur vélin, à plein feuillet.

Il vient du chapitre de Sainte-Croix.

115. Officium beatæ Mariæ, — *in-8°, 244 pag.*

Cet office de la Vierge est sur vélin non altéré, à longues lignes : l'écriture est lisible ; les lettres initiales sont en couleurs, rehaussées d'or, et ont conservé tout leur éclat. L'ouvrage commence par un calendrier, et se termine par l'office des morts, en tête duquel on a peint dans une miniature Job sur son fumier. L'office de la Vierge est orné de plusieurs miniatures, telles que l'annonciation, Jésus dans l'étable, l'ange annonçant aux bergers la naissance du Fils de Dieu, l'adoration des mages, la fuite en Egypte, le Père-éternel revêtu d'habits pontificaux, donnant d'une main la bénédiction à Marie couronnée par un ange, et de l'autre tenant le globe de l'univers.

On trouve ensuite Jésus sur la croix, au pied de laquelle on voit Marie et le disciple S. Jean ; la descente du Saint-Esprit sur les apôtres, et David à genoux implorant la miséricorde divine.

Rien n'indique à qui appartenoit ce manuscrit du treizième siècle.

116. Breviarium, — *grand in-4°, 332 p., richement relié.*

Ce bréviaire, ou plutôt ces heures, commence par l'évangile de S. Jean, précédé par un calendrier, et suivi de l'office de la Vierge. En tête de celui-ci, page 53, est une miniature où l'annonciation est représentée. D'autres miniatures précèdent les autres parties de cet office, et offrent les principaux évé-nemens de la vie de la Mère de Dieu. La visitation, page 101, précède laudes ; la naissance de Notre-Seigneur, page 124, est avant prime : celle qui, page 135, précédoit tierce a été enlevée : l'adoration des mages portant à Jésus enfant des présens, précède sexte, page 145 ; la présentation au temple est avant none, page 154 ; la fuite en Egypte précède vêpres, p. 162 : le Père-éternel revêtu d'habits pontificaux, ayant la tiare en tête, donnant d'une main la bénédiction à la Vierge qu'un ange couronne, et portant de l'autre le globe de l'univers, précède complies, page 176. On trouve page 189, à la tête des pseaumes péni-tentiaux, qui suivent l'office de la Vierge, David à genoux implorant la miséricorde divine. Des prières relatives à la fête de Sainte-Croix sont précédées, page 224, d'un crucifiement, ou de Jésus sur la croix, au pied de laquelle on voit la Vierge et le disciple S. Jean. La descente du Saint-Esprit sur les apôtres le jour de la Pentecôte annonce les prières relatives à cette fête, page 231. Ces heures sont terminées par l'office des morts, précédé d'une miniature qui représente une inhuma-tion, ou des religieux célébrant cet office, page 238.

Ce manuscrit, sur beau vélin, à longues lignes, vient de la bibliothèque de Saint-Benoît. Il offre tous les ornemens usités dans ces sortes d'ouvrages. Chaque page est entourée d'une vignette dont les fleurs sont en couleurs et les feuilles en or : la dorure est aussi brillante que si elle venoit d'être appliquée. L'écriture, très-correcte, offre les capitales dorées, et les initiales en couleurs : elle paroît être du quinzième siècle.

117. Horæ latinæ, — *in-16*, 400 *pag.*, *bois.*

Ce manuscrit, sur vélin, à longues lignes, contient des offices et prières, dont les différentes parties sont marquées par des initiales bleues et rouges. L'écriture, du quinzième siècle, est assez lisible. On trouve un calendrier à la tête de ce manuscrit, qui appartenoit à la bibliothèque publique.

118. Ordinarium Fratrum Eremitarum S. Augustini, — *petit in-folio, 185 pag., reliure en marroquin très-orné.*

Les initiales, les titres et les rubriques sont en rouge : l'écriture, sur papier à longues lignes, est moderne et très-lisible.

Il vient des augustins d'Orléans.

119. Ordinarium Episcopale insignis Ecclesiæ Aurelianensis, — *in-fol., 281 pag., relié en marroquin.*

Ce beau manuscrit, du seizième siècle, sur vélin d'une extrême blancheur, est orné de larges vignettes et de majuscules bien conservées, dont le fond est en or. On y trouve trois grandes miniatures qui remplissent toute la page, et dont une représente l'évêque la main sur le livre des Evangiles, qui lui est présenté par le plus ancien des chanoines, jurant de conserver les droits et les privilèges de son église, les biens de l'évêché et du chapitre.

L'écriture est belle, à longues lignes, et très-lisible : les titres, les initiales et les rubriques sont en rouge.

Ce manuscrit a appartenu au chapitre de Sainte-Croix.

120. Vetus Ordinarium seu Ceremoniäle ecclesiæ S. Verani Jargoliensis, diœcesis Aurelianensis, — *in-4°, 212 p.*

L'écriture de ce manuscrit du treizième siècle, sur vélin, à doubles colonnes, est assez lisible, malgré ses abréviations. C'est un des plus anciens monumens connus des cérémonies adoptées dans le diocèse d'Orléans : on y trouve dans le plus grand détail tout ce qui devoit être chanté chaque jour à matines, à laudes, à la messe et aux petites-heures.

On trouve dans les annales d'Orléans, que Gilles Pastay, évêque d'Orléans, visita en 1285 le chapitre de Saint-Vrain de Jargeau, et qu'il ordonna qu'à l'avenir les chanoines se conformeroient à la manière dont on célébroit les offices dans la cathédrale d'Orléans. Il paroît que c'est en vertu de cette ordonnance que l'*ordo* dont nous donnons la notice a été fait antérieurement à 1297, puisque la fête de S. Louis, canonisé dans cette même année, a été ajoutée à la place d'un autre saint dont on a raturé le nom. On ne fait point mention, dans ce cérémonial, de la fête de la conception de la Vierge, instituée en 1317, ni de celle de la Fête-Dieu, instituée en 1320, par Milon, évêque d'Orléans, pour être célébrées dans son diocèse; ce qui paroît constater l'existence de ce manuscrit avant 1300.

Le jour de Noël on chantoit à chacune des trois messes deux épîtres, l'une tirée de l'ancien Testament, l'autre du nouveau; ce qui a subsisté jusqu'en 1600. A la messe de minuit on chantoit laudes après la communion. Après le cantique *Benedicite* les enfans-de-chœur, représentant les bergers, alloient derrière l'autel; deux chantres placés devant chantoient une antienne dans laquelle on demandoit aux bergers ce qu'ils avoient vu dans l'étable : cette antienne commençoit par ces mots : *Pastores, dicite*, etc. Les enfans-de-chœur répondoient par une antienne qui commençoit ainsi : *Infantem vidimus*, etc. Cette antienne finie on entonnoit le pseaume *Laudate Dominum de cælis*, etc.

Le jour de la septuagésime on ne cessoit de chanter *alleluia* qu'à la fin de laudes, et au dernier pseaume on ajoutoit un *alleluia* à la médiante et deux à la fin de chaque verset. On faisoit l'absoute le jour des cendres et le jeudi-saint, ce qui a été conservé dans le dernier missel d'Orléans. L'office du samedi-saint étoit autrefois appelé l'office de la nuit de Pâques. Il est dit dans cet *ordo* que le samedi-saint on ne commençoit prime qu'à trois heures du soir, afin que l'office se prolongeant dans la nuit, on pût dire dans la collecte et la communion de la messe *noctem sacratissimam celebrantes*, etc.

Le jour de Pâques, après le troisième répons de matines, trois personnes représentant les trois Maries sortoient processionnellement de la sacristie précédées de deux acolythes et d'un thuriféraire, et se rendoient dans le sanctuaire au bas de l'autel, au coin duquel deux prêtres représentoient les anges qui gardoient le sépulcre. Ceux-ci disoient aux trois Maries : *Quem quæritis in sepulcro, ô christicolæ ?* Elles répondoient :

Jesum Nazarenum, ô cælicolæ. Les prêtres répondoient : *Non est hîc, surrexit sicut dictum est ; nuntiate quia surrexit*. Les trois Maries se tournoient vers le chœur et chantoient : *Alléluia : resurrexit Dominus hodiè, resurrexit leo fortis, Christus filius Dei*. Le chœur répondoit *Deo gratias*, et aussitôt on entonnoit *Te Deum laudamus*.

Le jour des rogations on psalmodioit cinquante pseaumes entre prime et tierce, on faisoit la procession après sexte, et en sortant pour aller à la station on chantoit quelque antienne, et ensuite des répons successivement de la sainte Trinité, des saints Anges, de la Sainte-Vierge, des prophètes, de S. Jean-Baptiste, des apôtres, des martyrs, des confesseurs et de tous les saints.

On célébroit à Jargeau quatre fêtes annuelles en l'honneur de S. Vrain ; la fête principale le 10 novembre ; la fête de l'arrivée de ses reliques le 19 octobre, jour d'une foire assez considérable ; la fête de la translation des reliques de S. Vrain le premier dimanche après la Pentecôte, ce qui remettoit au dernier dimanche après la Pentecôte la célébration de la fête de la sainte Trinité ; enfin la dédicace de la nouvelle église sous le nom de S. Vrain, qui est la quatrième fête, célébrée le 26 juin. L'ancienne église étoit dédiée à la croix. Lorsqu'on ne faisoit point l'office de quelque fête, le dimanche on chantoit à prime neuf pseaumes et le symbole *Quicumque*.

Ceux à qui les cérémonies de l'église n'offrent aucun intérêt trouveront peut-être ces détails minutieux ; mais ils appartiennent à l'ancienne liturgie du diocèse d'Orléans, et la bibliothèque de la ville étant le seul dépôt public de nos antiquités, l'amateur et le frondeur doivent y trouver de quoi satisfaire leur curiosité.

M. l'abbé Dubois, chanoine-théologal de la cathédrale d'Orléans, a donné à la bibliothèque publique ce manuscrit, dont il a fait connoître le mérite dans l'analyse qu'il y a jointe.

121. Pontificalis Ordinis liber, qualiter ab Episcopo Synodus agatur ; — *in-*4°, *330 pag*., *bois*.

Ce manuscrit sur vélin, bien conservé, est orné de lettres

majuscules en couleurs, rehaussées d'or, dans lesquelles on a peint plusieurs dessins et diverses figures relatives à nos mystères. On en voit deux qui sont de la grandeur des pages 136 et 137, où elles se trouvent. Les initiales sont en couleurs, les titres et les rubriques sont en rouge. Les deux premières pages renferment des bénédictions et des prières relatives à l'invention de la sainte Croix ; on trouve ensuite l'ordre observé par l'évêque dans un synode, et les prières qu'on doit y réciter : des bénédictions et des oraisons pour tous les dimanches et fêtes de l'année précèdent les cérémonies et les prières de la consécration et dédicace d'une église nouvellement construite. Tout ce qui doit se chanter est noté en noir sur des lignes rouges, et écrit en petits caractères. Ce manuscrit, que nous désignons comme un pontifical, pourroit l'être, à raison de tout ce qu'il contient sous le titre de rituel ou de missel. L'écriture, à longues lignes, est très-lisible, et paroît être du quatorzième siècle. Il a appartenu au chapitre de Sainte-Croix.

122. Rabani-Mauri, archiepiscopi Moguntini, de Laudibus sanctæ Crucis libri duo ; — *in-fol., 192 pag., bois.*

Raban-Maur devint archevêque de Mayence en 847, après avoir fait toutes ses études en France sous le célèbre Alcuin. Il légua ses ouvrages à l'abbaye de Fulde, d'où on les a tirés pour les publier à Cologne en 1627, en trois volumes in-fol. Le poëme contenu dans ce manuscrit en l'honneur de la sainte Croix est inséré dans le tome premier, depuis la page 273 jusqu'à la page 348 : on en avoit donné précédemment, en 1605, une très-belle édition particulière à Ausbourg, in-fol.

L'auteur écrivoit moins bien en vers qu'en prose ; cependant Bellarmin, dans son ouvrage sur les écrivains ecclésiastiques, *de scriptoribus ecclesiasticis*, dit : *Præter cætera scripsit in flore ætatis suæ opus admirandum de laudibus sanctæ Crucis, ad Gregorium IV papam, anno 843.* « Outre ses autres écrits » Raban-Maur composa, à la fleur de son âge, un éloge admi- » rable de la sainte Croix, qu'il adressa au pape Grégoire IV » en 843. » Plusieurs bibliographes ont pensé que Raban-Maur avoit dédié son ouvrage à ce pape. Il est difficile de concilier cette opinion avec le manuscrit que nous avons sous les yeux, qui est dédié à Louis-le-Débonnaire. On voit à la première page la figure de cet empereur, qui tient une croix dans sa main droite et un bouclier dans sa gauche : il a le casque en tête, et au-dessus est une espèce de cercle en forme de nimbe, dans lequel on lit quelques vers adoniques qui servent de dédicace. D'ailleurs, suivant tous les auteurs, Raban-Maur composa son poëme à la fleur de son âge : et en effet il le termina à l'âge de trente ans, c'est-à-dire en 818, puisqu'il étoit né en 788. Il est probable que Louis-le-Débonnaire étant mort en 840, Raban-Maur envoya un exemplaire de son ouvrage en 843 à Grégoire IV, et après la mort de ce pape un deuxième exemplaire à Sergius son successeur.

Le prologue de l'auteur, qui précède l'ouvrage, est suivi de vingt-huit figures toutes différentes les unes des autres, et représentant une croix dans un cadre couleur de bronze : elles sont chargées de vers. Raban-Maur est prosterné au bas de la vingt-huitième, vêtu d'un froc blanc tirant sur le brun, qui lui descend jusqu'aux genoux, avec un capuchon pointu. Il est sans barbe ; sa couronne est semblable à celle des religieux dont la tête n'étoit pas entièrement rasée. Ces figures n'ont pu être exécutées qu'avec beaucoup d'application et de patience.

Le premier livre est composé de vingt-huit chapitres. Le prologue du deuxième livre commence à la page 62 ; il manque quelques phrases à la fin du dernier chapitre. On trouve à la fin de ce volume des leçons pour l'office de la nuit, le jour de Noël et les fêtes suivantes, qui sont à peu près les mêmes que celles du bréviaire Romain. L'écriture de ce manuscrit du douzième siècle, sur vélin, à longues lignes, est régulière, et facile à lire : elle est ornée de quelques lettres majuscules en couleurs, ainsi que les initiales. La partie qui termine ce volume est à deux colonnes, et paroît être d'une main différente. Il vient de la bibliothèque de Saint-Benoît.

Conciles.

123. Instructio Clericorum in Aquisgranensi Concilio facta, — *in-4°, 157 pag., bois.*

Ce manuscrit, du dixième siècle, contient le traité de l'institution des clercs, ou la règle des chanoines, qui fut dressée en 816, au concile d'Aix-la-chapelle, tenu sous Louis-le-Débonnaire.

On trouve ensuite le livre des offices d'Isidore, de la tonsure, qui commence ainsi : *Tonsuræ ecclesiasticæ usus à Nazaræis, nisi fallor, exortus est*, etc. L'épilogue n'est pas entier. Le livre est composé de 145 chapitres : il est imprimé dans la collection des conciles de Binnius, tome 6, page 239.

On y trouve encore quelques fragmens des conciles.

L'écriture de ce manuscrit, sur vélin, à deux colonnes, est assez correcte, et sans vignettes.

Il vient de la bibliothèque de Saint-Benoît-sur-Loire.

Saints Pères.

124. Libri S. Clementis de Gestis S. Petri, — *in-fol., 336 pag., bois.*

Ce manuscrit, sur vélin, à longues lignes, sans vignettes, offre une écriture égale et lisible du dixième siècle. Il renferme les actes de S. Pierre écrits par S. Clément au nombre de dix livres. Ces actes sont adressés à S. Jacques, que S. Clément qualifie d'évêque des évêques, titre dont nous ne garantissons pas l'authenticité.

Il vient de la bibliothèque de Saint-Benoît.

125. Varia Opera S. Ambrosii, — *in-4°, 92 pag.*

On trouve dans ce manuscrit plusieurs ouvrages de S. Ambroise. Le livre de Nabuthe n'est point entier, les douze premiers chapitres manquent : il commence par ces paroles du chapitre treizième de la nouvelle édition, page 581, tome premier : *Clamat ante domum tuam nudus.* L'apologie de David est à la suite, et précédée d'un sermon sur la fête de Pâques. On lit à la page 11 du livre de Nabuthe une petite prose notée à l'honneur de S. Nicolas, abbé dans le Maine.

L'écriture de ce manuscrit du neuvième siècle est assez régulière. Il vient de la bibliothèque de Saint-Benoît.

126. Liber S. Ambrosii de Bono mortis, — *petit in-4°*, 158 *pag., bois.*

Cet ouvrage de S. Ambroise se trouve au premier tome des œuvres de ce père, page 389, nouvelle édition. Il est sans division de chapitres. Quelques sermons contre les vices, et une homélie pour la fête des Innocens, se trouvent dans ce manuscrit du douzième siècle, sur vélin, à longues lignes, écriture assez lisible.

Il vient de la bibliothèque de Saint-Benoît.

127. Liber S. Ambrosii de Conflictu vitiorum, — *in-4°*, 243 *pag.*

C'est mal-à-propos qu'on attribue à S. Ambroise de Milan l'ouvrage qu'on trouve dans ce manuscrit, et qui a pour titre *De conflictu vitiorum et virtutum.* L'auteur exhorte la personne à laquelle il l'envoie, de vivre selon les maximes des saints pères, et sur-tout de S. Benoît ; ce qui porte à croire que cet ouvrage est plutôt d'Ambroise Auspert, ainsi que le lui attribuent les derniers éditeurs des œuvres de S. Augustin, dans l'appendix du tome sixième, page 219.

A la suite de cet ouvrage se trouve le traité *de Doctrina*, attribué à S. Augustin. Le commencement et la fin en sont enlevés. Il est suivi d'une lettre de S. Isidore à un évêque nommé Masson.

On trouve à la page 49 le livre des sentences de S. Isidore.

Ce manuscrit est terminé par un ouvrage d'Ambroise Auspert qui a pour titre, *Ambrosii recapitulatio de paradisi fonte et fluminibus, et ligno vitæ.*

L'écriture de ce manuscrit sur vélin, à longues lignes, est du treizième siècle, et assez lisible malgré ses abréviations. Ses lettres initiales sont en couleurs.

Il vient de la bibliothèque de Saint-Benoît.

128. Homilia divi Joannis episcopi in Psalmum quinquagesimum, et ejusdem liber de Reparatione lapsi; — *petit in-folio, 288 pag.*

Ce manuscrit du douzième siècle, sur vélin, renferme quelques ouvrages de S. Jean-Chrysostome. Le premier est une homélie sur le pseaume 50. Il est suivi d'un sermon de ce père sur la componction, qui forme deux livres; mais ils sont tellement confondus, par la faute des copistes, que l'on a de la peine à démêler ce qui appartient à l'un ou à l'autre de ces deux livres.

On trouve à la page 171 le traité du même auteur intitulé *De reparatione lapsi*. Il commence par ces mots, *Quis dabit capiti meo aquam*, etc.

Ce manuscrit vient de la bibliothèque de Saint-Benoît.

129. Homiliæ S. Joannis-Chrysostomi, — *in-folio, 378 pag.*

Quelques ouvrages de S. Jean-Chrysostome forment ce manuscrit, du quatorzième siècle, sur vélin, et dont l'écriture est assez régulière. Deux sermons, et quelques homélies de ce docteur sur S. Matthieu, sont les premières pièces de ce volume, dans lequel l'auteur est appelé *Joannes-os-auri*. On trouve ensuite sa lettre à Anian.

A la fin de ce manuscrit sont plusieurs sermons, dont les traductions sont bien différentes de celles des mêmes ouvrages de ce saint: il est terminé par une explication des cérémonies de la messe. Il vient de la bibliothèque de S. Benoît.

130. Diversa divi Hieronymi Opera, — *in-4°, 127 p.*

La première pièce de ce manuscrit est une lettre de S.

Jérôme à Pammache et à Marcelle; la deuxième est une lettre du même à Ruffin, suivie de la préface de Ruffin sur le livre intitulé *Periarchon*. On trouve à la page 62 le premier livre de l'apologie de S. Jérôme contre Ruffin, mais elle n'est pas entière. L'épître de S. Jérôme à Pammache contre Jovinien est à la page 98. Tout ce qu'il a écrit contre les erreurs de ce moine de Milan est plein de force et de justesse. En effet, Jovinien, sorti de son monastère, se livra à la mollesse et à son goût extrême pour les plaisirs : il prêcha le mariage aux vierges; il soutint que les jeûnes et les macérations, contraires à la véritable loi de Dieu, privoient l'homme, sans utilité, des jouissances qu'il devoit goûter, puisqu'elles avoient été placées auprès de lui par le Créateur. Le pape Syrice condamna solemnellement à Rome ce sectateur d'Aristide et d'Epicure. Deux autres lettres de S. Jérôme terminent les ouvrages contenus dans ce manuscrit du douzième siècle, dont l'écriture sur vélin, à longues lignes, est assez régulière. Il vient de la bibliothèque de Saint-Benoît.

131. Varii Sermones S. Augustini, etc., — *in-folio*, 379 pag.

Ce manuscrit, le plus ancien de ceux qui viennent de la bibliothèque de Saint-Benoît, est entièrement écrit en lettres onciales, et date du septième siècle. Il contient plusieurs sermons, dont la plupart sont de S. Augustin, et imprimés parmi ceux de ce saint docteur; les autres sont attribués à différens auteurs, tels que S. Optat de Milève, S. Sédat, évêque (qui en prononça un aux kalendes de janvier, commençant par ces mots, *Omne peccatum, carissimi*, etc., sur lequel on peut voir une note des éditeurs des ouvrages de S. Augustin, page 235 de l'appendix); S. Léon pape, S. Ambroise, S. Grégoire pape, et quelques autres dont on ignore les noms.

On trouve à la page 345 une homélie *de depositione S. Honorati*, dont on ne connoît pas l'auteur. Le livre de S. Cyprien *de mortalitate*, et son traité *de sacramentis calicis*, sont à la suite de cette homélie. Enfin ce manuscrit est terminé par l'homélie de S. Augustin sur la fête de S. Pierre et de S. Paul, imprimée au tome cinquième des œuvres de ce saint docteur.

Ce manuscrit, sur vélin, à longues lignes, est orné de quelques lettres initiales en couleurs.

132. Homiliæ diversæ, et Sermones; — *in-4°, 235 p.*, bois.

L'écriture assez régulière de ce manuscrit, sur vélin, à longues lignes, fait juger qu'il est du neuvième siècle. On voit à la première page les leçons de la prophétie d'Isaïe qu'on disoit autrefois les jours de Noël et de l'Epiphanie à l'office divin : elles sont suivies de plusieurs sermons, dont la plus grande partie est de S. Augustin; les autres sont de S. Isidore, de S. Fulgence, de S. Léon pape, de S. Sévérien (*a*), et autres auteurs inconnus.

Le traité *de Oratione Dominica*, de S. Augustin, imprimé au tome cinquième de ses œuvres, se trouve à la page 215 de ce manuscrit, terminé par plusieurs hymnes. Il est mal conditionné; les marges en sont presque toutes gâtées. Il vient de la bibliothèque de Saint-Benoît.

133. Quatuor libri divi Augustini, Hippon. episcopi, de Consensu Evangelistarum; — *in-folio, 337 pag.*

Les trois premiers livres et les quinze premières lignes du quatrième livre de l'ouvrage de S. Augustin *de consensu Evangelistarum* sont précédés d'une profession de foi faite au cinquième concile de Constantinople, sous l'empereur Justinien : elle commence ainsi : *Si quis non confitetur Patris et Filii et Spiritûs-sancti unam naturam*, etc. Cette profession de foi occupe les quatre premières pages du manuscrit, qui est du dixième siècle, sur vélin à plein feuillet, dont l'écriture est d'un beau caractère. Il vient de la bibliothèque de Saint-Benoît.

(*a*) Ce sermon de S. Sévérien, évêque de Mende, est imprimé avec ceux de S. Pierre-Chrysologue; celui qui est dans ce manuscrit est le 152ᵉ. Ce saint est honoré dans son église de Mende le 26 janvier; nous sommes surpris que les Bollandistes n'en fassent aucune mention à cette date.

134. Fragmenta Sermonum S. Augustini; Præfatio et Expositio S. Hieronymi in Psalterium ; — *in-fol.*, *706 pag.*

On trouve dans ce manuscrit du dixième siècle, sur vélin, à doubles colonnes, deux fragmens de sermons de S. Augustin sur les pseaumes 128 et 129ᵉ : ils sont suivis de la préface de S. Jérôme sur le pseautier, et d'une exposition sur le premier pseaume, laquelle se trouve imprimée dans le second tome, page 121 de l'appendix des œuvres de S. Jérôme, nouvelle édition. L'écriture de ce manuscrit, qui vient de la bibliothèque de Saint-Benoît, est nette et régulière. La première lettre majuscule forme une vignette, qui est la seule.

135. S. Augustini duo libri Retractationum, et alia ejusdem Opera ; — *in-4°, 373 pag., bois.*

Les deux livres des rétractations renfermés dans ce manuscrit, et dont le deuxième est adressé à Simplicien, furent composés par S. Augustin avant d'être prêtre. C'est une critique des écrits qu'il avoit déjà publiés. Il rétablit le sens des Ecritures, lorsqu'il s'en est écarté; il éclaircit les endroits obscurs, il corrige les erreurs, et tout ce qui pourroit donner lieu à de fausses interprétations. On trouve ces rétractations dans le premier volume des œuvres de S. Augustin, édition des bénédictins : elles sont suivies d'une lettre du diacre Quod-vult-Deus à S. Augustin, et de la réponse de cet évêque au diacre.

Le livre des hérésies, précédé d'un prologue, se trouve à la page 231 : il est suivi d'un colloque de S. Augustin au sujet de la demande qu'il faisoit d'Héraclius pour son coadjuteur.

Ce manuscrit, du dixième siècle, sur vélin, à longues lignes, est terminé par la vie de S. Augustin, dont Possidius, évêque de Calama, est auteur, et qui se trouve imprimée à la fin du dixième volume des œuvres de ce docteur.

L'écriture de ce manuscrit est nette et lisible, malgré ses abréviations. Il vient de la bibliothèque de Saint-Benoît.

136. S. Augustini Tractatus varii , — *in-4°, 438 pag.*

Ce manuscrit commence par la rétractation du livre *de opere monachorum.* Les discours de S. Augustin qui ont pour titre *de concupiscentia-carnis adversùs spiritum*, suivent cette rétractation. On trouve ensuite un fragment par lequel S. Augustin explique ces paroles du pseaume 118ᵉ, *bonitatem et disciplinam et scientiam doce me*. A la page 113 est le discours de S. Augustin prononcé le jour de la fête des martyrs S. Fructueux, évêque, et Eulode, diacre : il est suivi de quelques hymnes, et d'un fragment sur le jour du jugement.

On lit à la page 123 la formule dont on se servoit pour offrir les enfans dans le monastère de Saint-Benoît, et que nous allons transcrire : *Sacris institutionibus, regularibusque monemur disciplinis, ut si quis nobilium virorum filium suum in monasterio offerre voluerit, offerat illum ad altare cum oblatione, coràm testibus promittens quòd nunquàm per se, nunquàm per suspectam personam ei occasionem aliquod (a) tribuat recedendi de monasterio. Undè ego in Dei nomine offero filium meum nomine N..., Deo, sanctoque Benedicto in ejus monasterio secundùm institutionem beatissimi Benedicti perpetuò serviturum. Promitto autem Deo quòd nunquàm per me, nunquàm per suspectam aliquam personam aliquandò tribuam occasionem de monasterio recedendi. Ut autem devotionis meæ notitia firma et stabilis permaneat, manu propriâ subter firmavi.*

Les formules d'offrande étoient différentes les unes des autres, ainsi que l'on voit au tome premier des Analectes de dom Mabillon, page 469.

Le dernier ouvrage de ce manuscrit est le traité d'Amalaire (b) sur l'office divin : on le trouve imprimé au tome dixième de la Bibliothèque des pères, page 310. Ce manuscrit, du dixième siècle, ne contient que les premiers livres. Il est sur vélin, à longues lignes. L'écriture en est régulière et assez correcte. Il vient de la bibliothèque de Saint-Benoît.

(a) *Aliquod* est ainsi écrit dans le manuscrit ; mais il faut probablement y substituer le mot *aliquandò*, qu'on trouve encore employé dans cette formule, cinq lignes plus bas, et qui y présente le même sens.

(b) La lettre d'Amalaire, par laquelle il dédie son ouvrage à l'évêque Térémie, se trouve imprimée à la page 184 du septième tome du Spicilège.

137. S. Augustini quindecim libri de Trinitate, — *in-fol.*, *528 pag.*

Les quinze livres de S. Augustin sur la Trinité contenus dans ce manuscrit du dixième siècle, sur vélin, à doubles colonnes, se trouvent imprimés dans le tome huitième des œuvres de ce saint docteur, page 749 de la nouvelle édition. L'écriture en est bonne. Il vient de la bibliothèque de Saint-Benoît.

138. Homiliæ S. Augustini in Joannem, — *in-folio*; *484 pag., bois.*

Ce manuscrit ne renferme que les homélies de S. Augustin sur l'Evangile de S. Jean, dont il manque trois lignes. Ce manuscrit du onzième siècle, sur vélin, à doubles colonnes, est terminé par quelques vers sur la croix. L'écriture en est lisible.

Il vient de la bibliothèque de Saint-Benoît.

139. De Nuptiis et Concupiscentia libri duo, et contra Julianum libri sex, auctore S. Augustino, Hippon. episcopo; — *in-fol.*, *366 pag.*

Ce manuscrit, du onzième siècle, commençoit par le livre intitulé *Des Noces et de la Concupiscence*, mais plusieurs feuillets ont été arrachés. La fin du troisième chapitre manque, le deuxième est entier. A la page 72 est une épître de S. Augustin à Claude, évêque. L'ouvrage du même docteur contre Julien, hérétique pélagien, en six livres, imprimé tome dixième de la nouvelle édition, pages 497 et suivantes, termine ce manuscrit sur vélin, bien conservé : l'écriture, à doubles colonnes, est très-belle.

Il vient de la bibliothèque de Saint-Benoît.

140. Varia Opera divi Augustini, Hipponensis episcopi; — *in-fol.*, *596 pag.*

Ce manuscrit commence par le livre des Remarques de

S. Augustin sur Job, qui se trouve à la page 626 du troisième tome de la nouvelle édition des œuvres de ce saint docteur, et qui est suivi d'un ouvrage contre Fauste. Ces deux pièces sont écrites en lettres onciales, avec une liqueur verte, bleue et rouge. On trouve ensuite un autre ouvrage contre Fauste le manichéen, qui précède trente-trois autres pièces imprimées dans la nouvelle édition et dans le même ordre : elles sont suivies d'un sermon sur la pénitence, et de deux livres sur la fête de Pâques, adressés à Janvier, notaire. A la page 194 est le sermon de S. Augustin sur la montagne, suivi du livre *de catechizandis rudibus*, et de celui *de octo quæstionibus*. Le livre *in genesi ad litteram* est précédé d'une sentence tirée du livre des Rétractations, et suivi des livres contre Pétilien.

Une explication des épîtres et évangiles de l'Avent et du Carême et quelques vies des saints terminent ce manuscrit du onzième siècle, sur vélin, à doubles colonnes, et dont l'écriture est lisible.

Il vient de la bibliothèque de Saint-Benoît.

141. S. Augustini Sermones de verbis Domini et de verbis Apostoli, — *in-fol.*, 311 *pag.*

On trouve dans ce manuscrit du onzième siècle quatre-vingt-neuf sermons de S. Augustin. Après le trente-deuxième le diacre fait une convocation au peuple pour le lendemain, jour de l'anniversaire de l'ordination *senis Aurelii*, et il exhorte le peuple à se rendre à la basilique de Fauste. Tous ces sermons sont imprimés dans les œuvres de S. Augustin.

L'écriture de ce manuscrit sur vélin, à longues lignes, est correcte. Il vient de la bibliothèque de Saint-Benoît.

142. S. Augustini Tractatus varii, — *in-4°*, *278 pag.*, bois.

Le premier ouvrage de S. Augustin qu'on trouve dans ce manuscrit a pour titre *de catechizandis rudibus* : il est suivi de celui qui est intitulé *de divinatione dæmonum*, *de pœnitentia*, *de agone christiano*. On trouve ensuite une exposition des pseaumes 104, 105 et 106°, avec un sermon sur ces paroles, *Heu mihi quia incolatus*, etc. Le 1ᵉʳ et le 2ᵉ livres du sermon sur la montagne commencent à la page 120. Le livre de la patience est le dernier des traités de S. Augustin contenus dans ce manuscrit : ils sont tous imprimés dans les livres de ce docteur. Le sermon de S. Ambroise *de lapsu virginis* termine ce manuscrit du onzième siècle, sur vélin, à longues lignes, dont les caractères sont difficiles à lire à cause des abréviations.

Il vient de la bibliothèque de Saint-Benoît.

143. Expositio S. Augustini in Epistolam S. Joannis, — *229 pag., bois.*

L'épître de S. Jean, divisée en dix homélies, qu'on trouve au tome troisième, page 823 de la nouvelle édition des œuvres de S. Augustin, forme ce manuscrit du onzième siècle, sur vélin, à longues lignes, d'une bonne écriture.

Bibliothèque de Saint-Benoît.

144. S. Augustini Opera de Doctrina christiana et de Agone christiano, — *petit in-4°, 251 pag.*

Les livres de la doctrine chrétienne sont précédés d'un prologue, et suivis du traité *de agone christiano*. Un fragment de celui *de tristitia Jesu in passione*, et un autre fragment de celui qui est intitulé *de cruce*, se trouvent à la suite du traité *de agone christiano*. A la page 194 sont plusieurs fragmens de S. Grégoire sur Job. De courtes notes sur l'apocalypse terminent ce manuscrit du onzième siècle, sur vélin, à longues lignes, et dont l'écriture est difficile à lire. Bibliothèque de Saint-Benoît.

145. Varia Opera S. Eucherii, episcopi Lugdunensis; — *in-4°, 109 pag., bois.*

Ce manuscrit du onzième siècle, sur vélin, à longues lignes, facile à lire malgré ses abréviations, renferme différens traités de S. Eucher, évêque de Lyon. On trouve à la première page une lettre d'Eucher adressée à Véranus, qu'il appelle son fils dans le Seigneur. Cette lettre est suivie du livre qui a pour titre *de significatione nominum sacræ Scripturæ.*

Le traité des questions sur les endroits les plus difficiles de l'ancien et du nouveau Testament, divisé en deux livres, précède une épître de Salvius à Eucher, suivie d'une autre épître d'Hilaire à ce saint évêque. On trouve dans ce manuscrit quelques mots écrits en caractères grecs. Il est terminé, page 107, par un pseaume de David, et par une courte explication du titre du pseaume 15e.

Il vient de la bibliothèque de Saint-Benoît.

146. S. Prosperi Aquitani de Vita contemplativa, et ejusdem Epigrammata ; — *petit in-fol., 392 pag., bois.*

Ce volume commence par les livres de la vie contemplative de Julien Pomière, sous le nom de Prosper. Ces trois livres sont précédés de leur prologue, et suivis, à la page 109, des épigrammes de S. Prosper. Chacune d'elles est précédée d'une sentence de S. Augustin mise en vers par l'auteur, qui en a conservé le sens et la pensée. L'écriture de ce manuscrit du dixième siècle est assez correcte, sur vélin, à longues lignes : les derniers feuillets ont été enlevés.

Il vient de la bibliothèque de Saint-Benoît.

147. Collationes quædam Cassiani abbatis, — *in-fol., 330 pag., bois.*

Ce manuscrit contient les 24 collations de Cassien : il est terminé par l'ouvrage de S. Augustin qui a pour titre *De opere monachorum.*

Les rats ont rongé les marges sans endommager l'écriture de ce manuscrit sur vélin, à doubles colonnes, sans vignettes : elle est correcte et régulière, et date du dixième siècle.

Il vient de la bibliothèque de Saint-Benoît.

148. Liber Regulæ pastoralis S. Gregorii papæ, — *in-4°, 198 pag.*

Ce manuscrit du onzième siècle est écrit sur vélin à longues lignes.

S. Grégoire surnommé le Grand naquit à Rome, et y devint pape après la mort de Pélage II, en 590. Son livre intitulé *Pastoral*, parce qu'il y traite du devoir des pasteurs, fut fait en réponse aux reproches que lui avoit faits Jean, évêque de Ravenne, d'avoir montré trop de résistance à monter sur le siège pontifical. S. Grégoire l'écrivit immédiatement après son avènement. Il est divisé en quatre parties, et celles-ci en diverses admonitions. Le concile de Mayence, tenu en 813, ordonna que le pastoral seroit placé après les Evangiles et les livres canoniques. Plusieurs autres conciles ont fait une loi aux évêques et aux curés de le lire et d'en faire la base de leurs fonctions. On trouve le pastoral au commencement du deuxième volume des œuvres de S. Grégoire publiées en 1705 par les bénédictins.

Ce manuscrit, d'une écriture assez régulière, est terminé par une exposition d'Origène sur le lévitique ; les dernières pages ont été déchirées.

Il appartenoit à Saint-Benoît-sur-Loire.

149. Liber Regulæ pastoralis S. Gregorii papæ, — *in-8°, 192 pag., bois.*

Ce pastoral de S. Grégoire est divisé en quatre livres : il est suivi d'une lettre de S. Licinien, évêque, à S. Grégoire, laquelle commence par ces mots, *Librum regularum à Sanctitate tuâ editum*, etc. Cette lettre n'est pas entière dans ce manuscrit, du douzième siècle, sur vélin, à longues lignes : écriture assez lisible malgré les abréviations.

Il vient de la bibliothèque de Saint-Benoît.

150. Homiliæ de diversis Lectionibus Evangelistarum S. Gregorii papæ, — *in-folio, 427 pag.*

La lettre de S. Grégoire pape à Secondin est la première pièce de ce manuscrit du neuvième siècle, sur vélin, à longues lignes, dont l'écriture est assez régulière. Les homélies de S. Grégoire, au nombre de vingt, commencent à la page 4 ; elles sont suivies d'un pareil nombre d'homélies sur les Evangiles.

La vie de S. Césaire, évêque d'Arles, qui a été imprimée dans le tome premier, page 629, des actes des saints de l'ordre de S. Benoît, termine ce manuscrit, qui vient de la bibliothèque de Saint-Benoît.

151. Duodecim Homiliæ S. Gregorii papæ in Ezechielem, — *in-fol.*, *559 pag., bois.*

Ce manuscrit du dixième siècle, sur vélin, à longues lignes, contient les homélies de S. Grégoire sur Ezéchiel. On trouve à la page 211 un commentaire sur l'apocalypse, attribué à Aimoin par le copiste de ce manuscrit. Il est probable qu'il s'est trompé en mettant Aimoin pour Raymond, qui étoit le nom que portoit Remi d'Auxerre, que nous regardons comme auteur de ce commentaire, dont l'écriture nous paroît moins ancienne que celle des homélies.

Il vient de la bibliothèque de Saint-Benoît.

152. Homiliæ S. Gregorii papæ in extremam partem Ezechielis prophetæ, — *in-fol.*, *175 pag., bois.*

Ce manuscrit du dixième siècle est un recueil d'homélies de S. Grégoire sur le prophète Ezéchiel. On trouve à la page 151 un sermon de Théodore-Studite, un de S. Barthelemi, et quatre en l'honneur de la Sainte-Vierge : ils sont suivis d'un fragment de la vie de S. Martin, et d'un sermon formé des homélies de S. Grégoire, page 168.

Ce manuscrit est terminé par la dédicace de ce livre faite à S. Benoît par P. D. P. en vers adoniques ou adoniens. On trouve à la page quarante-neuvième quatre figures dont les couleurs sont encore assez vives. L'écriture, sur vélin, à doubles colonnes, est régulière. Ce manuscrit vient de la bibliothèque de Saint-Benoît.

153. Quadraginta Homiliæ S. Gregorii papæ in Evangelia, — *in-fol.*, *342 pag.*

Ce manuscrit du dixième siècle, sur vélin, à longues lignes, sans vignettes, d'une assez belle écriture, contient quarante homélies de S. Grégoire. Il est terminé par une homélie de S. Léon pape (dont les derniers feuillets manquent) sur la naissance de Notre-Seigneur. L'écriture de cette homélie, différente des autres, paroît être du quatorzième siècle.

Il vient de la bibliothèque de Saint-Benoît.

154. Quinque super triginta libri Moralium S. Gregorii papæ in Job, — *in-fol.*, *252 pag.*, *bois.*

Ce manuscrit, sur vélin, à doubles colonnes, offre une écriture du treizième siècle ; les caractères en sont très-petits, et difficiles à lire. Il contient les trente-cinq livres des morales de S. Grégoire pape sur Job. Ils sont adressés à S. Léandre, ami de ce pape, par une lettre qui est suivie de la préface de cet ouvrage. Le 15e et le 16e chapitres du dernier livre ne se trouvent pas dans ce manuscrit, qui vient de la bibliothèque de Saint-Benoît.

Dans cet ouvrage on trouve des allégories trop recherchées, mais les leçons en sont douces et pures.

155. Homiliæ decem S. Gregorii papæ in extremam partem Ezechielis prophetæ, — *petit in-4°*, *147 p.*, *bois.*

Dix homélies de S. Grégoire pape sur Ezéchiel commencent ce manuscrit du treizième siècle, sur vélin, écriture difficile à lire, à longues lignes. On trouve à la page 135 la dédicace qu'en fait l'auteur par huit vers adoniques, qui sont suivis d'une prose à l'honneur de la Sainte-Vierge. Le prologue de S. Jérôme sur les trente homélies d'Origène sur S. Luc termine ce manuscrit, qui vient de la bibliothèque de Saint-Benoît.

156. Moralia S. Gregorii papæ, libri decem, — *in-fol.*, *400 pag.*, *bois.*

Ce manuscrit du neuvième siècle, sur vélin, à longues lignes, contient quelques livres des morales de S. Grégoire ; le premier et le deuxième ne s'y trouvent pas : il est terminé par le

G

dixième, dont les feuillets sont défectueux. Les caractères sont assez réguliers.

Il vient de la bibliothèque de Saint-Benoît.

157. Moralia S. Gregorii papæ, ab undecimo libro usque ad librum duodecimum; — *in-fol.*, *622 p.*, *bois*.

Ce manuscrit est la suite du précédent, et du neuvième siècle, sur vélin, à longues lignes : l'écriture en est correcte et lisible.

Il vient de la bibliothèque de Saint-Benoît.

158. Moralia S. Gregorii papæ, à vigesimo tertio libro ad finem; — *in-fol.*, *604 pag.*, *bois*.

Le vingt-troisième livre, qui devroit se trouver au commencement de ce manuscrit, manque presque en entier. Ce manuscrit est, comme les deux précédens, du neuvième siècle, sur vélin, à longues lignes : l'écriture en est correcte.

Il vient de la bibliothèque de Saint-Benoît.

S. Grégoire vécut du temps de l'Empereur Maurice, de Childebert II, roi de France, et de la Reine Brunehaut, qu'on lui reproche d'avoir louée.

159. Libri Dialogorum S. Gregorii, et alia varia Opera; — *in-fol.*, *334 pages*, *bois*.

Les dialogues de S. Grégoire forment une partie de ce manuscrit, qui commence par les titres des chapitres des quatre livres. A la page 229 est l'histoire de la translation du corps de S. Benoît à Fleury ; on trouve ensuite de petites notes sur différens livres de l'Ecriture-sainte. Après ces notes sont deux homélies de S. Jean-Chrysostome sur sainte Magdeleine, dont la première ne se trouve point dans les œuvres de ce saint docteur. Ces deux homélies sont imprimées dans la Bibliothèque de Fleury, du P. Dubois, célestin, pages 171 et 177. Le dernier ouvrage contenu dans ce manuscrit est le songe d'un moine de saint Remi à Reims, mis en rimes par Ansel, modérateur des écoles de Fleury, suivant l'ordre que S. Odon son abbé lui avoit donné. Il commençoit ainsi :

> *In Salomonis ferculo*
> *Quod construxit de Libano,*
> *Ex lignis mirabilibus*
> *Mystica signans altiùs,*
> *Ubi reclinatorium*
> *Auro struxit optimum,*
> . . . .
> . . . .
> . . . .
> *Est civitas metropolis,*
> *Remis dicta pernobilis,*
> *Quam Remus quidam condidit,*
> *Qui fuit frater Romuli,* etc.

Ansel dédia cet écrit à S. Odon, qui en fit la relation en prêchant dans l'église de l'abbaye de Fleury; et cependant la relation de ce songe ne se trouve dans aucun de ses sermons. En 1741 M. l'abbé Lebœuf avoit reçu de Rome une note qui lui annonçoit que cette pièce se trouvoit dans un des manuscrits du Vatican, qui très-probablement avoit appartenu à la bibliothèque de Saint-Benoît, d'où celui-ci nous est venu. L'écriture, du dixième siècle, sur vélin, à longues lignes, excepté la pièce de vers qui est à trois colonnes, est régulière et lisible.

160. Quatuor libri Dialogorum S. Gregorii papæ, — in-fol., 159 pag., bois.

Les quatre livres des dialogues de S. Grégoire sont précédés d'un prologue qui est répété au commencement du deuxième livre tel qu'il est au premier. Ce manuscrit sur vélin offre une écriture à longues lignes, difficile à lire, du dixième siècle. Il est terminé par l'histoire des frères Dormans, qui souffrirent le martyre sous l'empire de Dèce, ainsi que le remarque la légende.

Il vient de la bibliothèque de Saint-Benoît.

161. Diversa Opera S. Isidori Hispalensis ; — *petit in-folio, 356 pag., bois.*

Ce manuscrit, du dixième siècle, renferme différens ouvrages des pères, dont le premier est de S. Isidore, intitulé *De ortu et obitu patriarcharum et apostolorum sanctorum.* Il commence par Adam, et il dit qu'il a été enterré à Hébron, les pieds tournés vers le midi. Suivent quelques sentences de S. Isidore, avec la manière de prier le matin selon ce saint évêque. On trouve ensuite une prière de S. Jérôme, de petites litanies des saints, et diverses autres prières. A la page 260 sont les prières que les anciens pères étoient dans l'usage de faire le matin. Après ces prières est celle que S. Hilaire a extraite des livres qu'il a écrits sur la Trinité : elle commence par ces paroles : *Sancta Trinitas, conserva,* etc. On la trouve avec 65 oraisons, suivies de grandes litanies, dans l'ouvrage de dom Martenne qui a pour titre, *Tractatus de antiqua ecclesiæ disciplina in divinis celebrandis officiis,* imprimé à Lyon en 1706 : c'est d'après ce manuscrit que ce savant bénédictin a donné au public les prières que nous venons de citer.

L'écriture, sur vélin, à longues lignes, sans vignettes, est assez régulière.

Il vient de la bibliothèque de Saint-Benoît.

162. Liber de Ortu et Obitu SS. Patrum, auctore S. Isidoro Hispalensi ; — *petit in-fol., 32 pag., bois.*

Ce manuscrit sur vélin, à longues lignes, sans vignettes, n'est pas entier ; les derniers feuillets en ont été enlevés : l'écriture, du onzième siècle, est difficile à lire.

Il vient de la bibliothèque de Saint-Benoît.

163. Liber Sententiarum S. Isidori, episcopi Hispalensis ; — *petit in-4°, 280 pag., bois.*

Ce manuscrit du treizième siècle, sur vélin, à longues lignes, est bien conservé. Les lettres initiales sont en couleurs, rehaussées d'or. Il vient du séminaire d'Orléans.

164. Tres libri Sententiarum S. Isidori, Hispalensis episc.; — *in-8°, 235 pag., bois.*

Ce manuscrit contient, comme le précédent, les trois livres des sentences de S. Isidore. Le commencement du premier livre ne se trouve pas dans ce manuscrit du treizième siècle, sur vélin, à longues lignes. L'écriture en est difficile à lire à cause des abréviations.

Dans les manuscrits modernes cet ouvrage est intitulé *De summo bono*, parce qu'il commence par ces mots, *Summum bonum Deus est*; mais le huitième concile de Tolède le nomme, ainsi que les manuscrits précédens, *Liber sententiarum*.

Saint Isidore étoit né à Carthagène; il devint évêque de Séville. Le concile de Tolède, tenu dans le septième siècle, le nomme le docteur du temps et l'oracle de l'église; *nostri seculi doctor egregius, ecclesiæ catholicæ novissimum decus, præcedentibus ætate postremus, et doctrinæ comparatione non postremus.*

On doit à S. Isidore un ouvrage sur les origines ou étymologies, et une chronique recherchée pour connoître l'histoire des Goths et des Vandales. Il mourut en 636.

Ce manuscrit vient de la bibliothèque de Saint-Benoît.

165. Homiliæ divi Bernardi in Cantica canticorum, — *petit in-4°, 118 pag.*

Ce manuscrit du douzième siècle, sur vélin, à doubles colonnes, contient vingt-six sermons de S. Bernard sur le cantique des cantiques. Le douzième n'est pas entier, un feuillet en ayant été arraché. L'écriture est difficile à lire. Il a appartenu à la bibliothèque de Saint-Benoît, et il a été copié par Gaudefroy, ainsi qu'on le lit à la fin du manuscrit.

166. Varia Opera sancti Bernardi, sancti Bonaventuræ et sancti Augustini; — *petit in-4°, 277 pag., bois.*

Ce manuscrit sur papier antique et très-fort est à longues lignes, avec les initiales et quelques ornemens en couleurs. Il fut fini le 11 septembre 1486, suivant une note qui le termine, et qui annonce que Jean Budé, conseiller du roi et audiencier, a fait copier ce livre, et qu'il lui appartient à juste titre. L'écriture en est égale et très-correcte.

Il a été donné à la bibliothèque publique d'Orléans par M. l'abbé Dubois, chanoine-théologal de la cathédrale, qui y a joint une analyse très-détaillée, dont nous avons extrait la notice que nous en donnons.

Il contient plusieurs sermons et traités, dont les uns sont attribués à S. Bernard, et les autres à S. Bonaventure et à S. Augustin.

Le premier sermon, qui a pour titre *De reparatione animæ post lapsum*, et pour texte *Revertere, revertere, Sulamitis, revertere, revertere, ut intueamur te* (cantic. cantic. cap. 6, v. 12), ne se trouve pas dans les œuvres de S. Bernard, et son style ne paroît pas être celui de ce saint.

Le second sermon, qui a pour titre *De misericordia*, et pour texte *Misericordias Domini in æternum cantabo* (psal. 88, v. 2), se trouve dans les œuvres de S. Bernard, édition de D. Mabillon, ainsi que le troisième, qui a pour titre *De septem fragmentis*. C'est une suite du précédent, dans lequel S. Bernard avoit annoncé que Dieu nous donne sept preuves évidentes de sa miséricorde. Il annonce dans celui-ci, qu'en distribuant avec trop de promptitude ces sept pains de la parole de Dieu il en a laissé tomber sept morceaux, qu'il ramasse afin qu'ils ne soient pas perdus.

Le quatrième, qui a pour titre *De misericordia hominis*, et pour texte *Estote misericordes, sicut et pater vester misericors est* (S. Luc, chap. 6, v. 36), a été prononcé le premier dimanche après la Pentecôte. Il est adressé à des religieux auxquels on recommande de ne pas se laisser aller à l'envie, comme Saül, et de s'abstenir de juger leurs frères et de les condamner.

Dans le cinquième, qui a pour titre *De caritate*, l'orateur représente à ses frères que la charité qu'il a pour eux le porteroit à leur parler plus souvent, si ses grandes occupations le lui permettoient; car il les a toujours dans son cœur.

Ces deux sermons sont l'ouvrage d'un supérieur qui parle à ses religieux qu'il aime, et qui est très-occupé. En comparant leur style avec celui des deux précédens on y trouve beaucoup de ressemblance, et il est probable que S. Bernard est l'auteur de ces deux sermons inédits, car ils ne se trouvent pas dans la collection de ses ouvrages, édition précitée.

Il est difficile de croire que S. Bernard soit l'auteur du sixième sermon, qui a pour titre, *Quid sit declinare à malo et facere bonum*, et pour texte, *Declina à malo*, etc. (psalm. 36, v. 27). C'est une allusion continuelle aux cinq déclinaisons des noms dans la langue latine, et aux six cas de chaque déclinaison. Voici le développement du plan singulier de ce discours : *Prima declinatio à malo suggestionis, secunda à malo delectationis, tertia à malo consensionis, quarta à malo operationis, quinta à malo consuetudinis. Primus casus est cadere à justitia in injustitiam. Primus casus à grammaticis nominativus dicitur, et superbia est. Sequitur genitivus à superbia, quam inobedientiam dicimus. Cecidit diabolus casu nominativo, cecidit mulier genitivo; et ut dativus suo ordine sequeretur, dedit de ligno viro, et comedit. Dativa ergo merito dicitur culpa originalis, quâ nobis omnibus ab originis et criminis auctoribus data, ante sumus damnati quàm nati.... Accusativus sequitur casus, actualis videlicet casus. Post accusativum sequitur vocativus ;... sed ne in peccatis moriatur, vocat eum divina misericordia.... Ablativus est ultimus et pessimus casus ; fœneratores, fures, raptores et omnes rerum alienarum fraudatores amplectitur.*

Le septième sermon, qui a pour titre *De tribus quæ faciunt abstinere à peccato, primordia, media et novissima*, et pour texte, *Memorare novissima tua, et non peccabis in æternum*, se trouve dans l'édition précitée des œuvres de S. Bernard.

Le huitième sermon, qui a pour titre *De humilitate et mansuetudine*, et pour texte, *Discite à me quia mitis sum et humilis corde*, et le neuvième, qui a pour titre *De tribulatione justorum et prosperitate iniquorum*, et pour texte, *Quàm bonus*

Israël Deus his qui recto sunt corde, attribués à S. Bernard, sont dignes de lui, quoiqu'ils ne soient pas adressés à des religieux.

On trouve après ces neuf sermons un traité qui a pour titre *De quatuor gradibus spiritualium, et de scala claustralium*. Il est attribué à S. Bernard dans l'appendix de ses ouvrages, suivant plusieurs manuscrits, tandis que d'autres l'attribuent à un chartreux nommé Guignes. La copie de ce traité n'est pas entière dans ce manuscrit.

On attribue à S. Bonaventure un autre traité qui a pour titre *De triplici via, scilicet purgativa, illuminativa et unitiva*. Il est écrit avec beaucoup d'ordre et de clarté. Celui qu'on trouve dans l'appendix des opuscules de S. Bonaventure sur la même matière, ayant pour titre *Theologia mystica*, a moins de rapport avec le genre et le style de ce saint docteur que le traité *de triplici via* que notre manuscrit renferme. Il est suivi de différentes prières : 1°. de trente-trois saluts adressés à Jésus-Christ en l'honneur des trente-trois années de sa vie, et terminés par une oraison à Pierre de Luxembourg; 2°. de litanies, dans lesquelles on voit au nombre des saints Pierre de Luxembourg; 3°. d'oraisons à la Sainte-Vierge, à la très-sainte Trinité, et trois oraisons à dire avant et après la messe; 4°. de différentes proses sur la sainte Trinité, sur les saints anges, sur le Saint-Esprit (*Veni, sancte Spiritus*); quatre sur la Sainte-Vierge, et plusieurs autres pour les apôtres, pour les martyrs, pour les vierges, et une générale pour tous les saints.

Un sermon de S. Augustin (a) ayant pour titre *De Sacramento altaris*, est à la suite de ces proses, et précède un traité de S. Bonaventure *de arbore crucis*. Il est imprimé dans les opuscules de ce saint sous le titre de *lignum vitæ*; il y a peu de variantes.

Ce volume est terminé par un traité qui a pour titre *Remedia*

(a) Ce sermon ou traité *de Sacramento altaris*, attribué à S. Augustin dans notre manuscrit, ne se trouve pas dans la collection de ses œuvres. D'ailleurs S. Augustin, décédé en 450, ne peut pas être l'auteur d'un traité dans lequel on cite le maître des sentences, mort en 1169.

contra aliquas tentationes spirituales. Cet ouvrage, qui réfute les erreurs de ceux qui croyoient avoir des révélations, est écrit avec beaucoup de sagesse, et pourroit avoir pour objet les pastoureaux. Il n'a été composé qu'après la mort de S. François et de sainte Claire ; car il y est dit que les révélations qui nous viennent de Dieu ne renferment rien de contraire aux exemples de Jésus-Christ, des apôtres, de S. François, de S. Benoît, de sainte Claire, et généralement des saints et saintes qu'on sait avoir vécu dans une grande perfection.

Cette affectation de citer S. François et sainte Claire sembleroit indiquer un disciple de S. François comme auteur de cet ouvrage ; et le mot *sentimentum*, employé pour exprimer le mot français sentiment, pourroit faire croire qu'il étoit théologien scholastique, ce qui peut convenir à S. Bonaventure.

167. Libri S. Ambrosii de Pœnitentia, et alia varia Opera diversorum auctorum et diversæ ætatis ; — *in-*4°, 197 pag., bois.

Le traité de S. Ambroise sur la pénitence, divisé en deux livres, imprimé au tome deuxième des œuvres de ce saint, page 380 de la nouvelle édition, est la première pièce de ce manuscrit du dixième siècle.

Ce traité est suivi d'un fragment attribué au même auteur, intitulé *De carnis concupiscentia*, qui se trouve dans le premier livre de S. Augustin *de nuptiis et concupiscentia*, page 300 du 10e volume de l'édition des bénédictins. Les vies de S. Antonin martyr, de S. Nicolas par le sous-diacre Jean, et la vie de S. Augustin suivent les ouvrages précités, et précèdent une épitaphe de sainte Monique, qui est suivie de la relation du transport des reliques de S. Augustin à Pavie par Luitprand, roi des Lombards. Cette pièce n'est point datée : elle est suivie d'une lettre de S. Jérôme à S. Augustin, dans laquelle il parle du prêtre Orose. On voit après cette lettre un fragment de l'histoire du martyre de S. Laurien et de l'invention de son corps par un prêtre nommé Eusèbe. L'écriture de ce fragment est du onzième siècle.

Vita S. Brendani se trouve à la page 138 ; elle est suivie d'une lettre de Térald à un nommé Gui. Cette lettre, écrite dans le dixième siècle, est l'unique exemplaire manuscrit qu'on en ait, et qui s'est trouvé à Saint-Benoît ; ce qui fait présumer que Gui, ou même Térald, étoit moine de cette illustre maison. Cette lettre est intéressante en ce qu'elle fait voir qu'il y avoit alors en France des gens de lettres qui s'appliquoient à l'étude des matières liturgiques, et qui cherchoient à les approfondir et à connoître les moindres particularités qui en font partie. Elle montre encore que pour les expliquer on avoit recours à des mysticités qui furent poussées bien plus loin dans les siècles suivans.

Gui désirant savoir pourquoi, dans les offices de la fête de S. Paul apôtre, et de celle de S. Laurent, les antiennes et les versets étoient entremêlés, pria Térald de vouloir bien l'en instruire. Celui-ci, au lieu d'en chercher la raison dans le goût et le génie de l'auteur de ces offices, a recours à des raisonnemens mystiques qu'il tire de la foi et des bonnes œuvres, de la différence qu'il y a entre le cantique et le pseaume, et il en conclut qu'on en a usé de la sorte afin de rappeler l'ardeur de la foi et les œuvres de miséricorde de ces deux saints, en quoi ils se sont signalés au-dessus de tous les autres. Térald établit, dans ces lettres, des principes incontestables, en disant qu'il se trouve des personnes qui plaisent à Dieu par la foi seule, quand elles ne peuvent avoir le temps d'opérer de bonnes œuvres, ainsi que cela peut arriver dans les conversions à l'article de la mort, mais qu'il est impossible de lui plaire avec les bonnes œuvres, sans la foi. Cette lettre est imprimée dans le *Thesaurus anecd.* de dom Martenne, pages 120 et 121 du premier tome. L'histoire du martyre de S. Clément et la vie de S. Mathurin, terminent ce manuscrit, sur vélin, dont l'écriture, partie à doubles colonnes, partie à longues lignes, est assez correcte. Il vient de la bibliothèque de Saint-Benoît.

168. Diversa Opera et Fragmenta ex diversis auctoribus, — *petit in-4°; 292 pag.*

Plusieurs épîtres de S. Jérôme et des commentaires sur le

pseaume 126 et sur le cantique de Débora occupent les vingt-deux premières pages de ce manuscrit du douzième siècle, sur vélin, dont l'écriture à plein feuillet est passablement lisible. Ces pièces sont imprimées dans les œuvres de ce saint. Son épître à Sunnia et Frétéla, qui n'est pas entière dans ce manuscrit, commence ainsi : *Dilectissimis fratribus Sunniæ et Fretelæ.* On voit par ce titre que ceux qui ont soutenu contre dom Martianay que Sunnia et Frétéla étoient deux dames Romaines, avoient tort. On trouve à la page 22 un prologue sur la vie et le martyre de S. Aigulphe, moine de Fleury, dont Adrevalde est auteur. Dom Mabillon l'a fait imprimer dans les actes des saints de l'ordre de S. Benoît. L'histoire de la translation des reliques de S. Benoît du Mont-Cassin dans l'abbaye de Fleury précède une lettre du pape Zacharie en faveur des moines du Mont-Cassin envoyés en France pour rapporter le corps de S. Benoît. Ces pièces sont également imprimées dans les actes des saints déjà cités.

Un moine de Fleury, dont on ignore le nom, a écrit la même histoire. On voit à la fin toutes les tentatives que firent les moines du Mont-Cassin, à la tête desquels se trouvoit Carloman, pour enlever les reliques de ce saint dont on est encore en possession dans l'église de Saint-Benoît (*alias* Fleury), malgré les différentes révolutions qu'elle a éprouvées depuis treize siècles. On voit à la page 62 un écrit sur l'invention de la sainte Croix, après lequel on lit les relations du martyre de S. Marc l'évangéliste, de S. Eusèbe prêtre de l'église Romaine, de S. Pellerin évêque d'Auxerre, et de S. Laurent.

La décrétale du pape Gélase Ier, imprimée dans la collection des conciles de Binius, se trouve à la suite : elle précède la vie de S. Calais, abbé dans le Maine. On voit à la page 141 le livre de S. Ambroise de Milan qui a pour titre *De lapsu virginis consecratæ.* Il est suivi d'une question sur la genèse, qui finit au vingt-unième chapitre, et par ces mots, *Hieronymus clericus*, qui sont probablement le nom et la qualité du copiste de cet ouvrage, à la suite duquel on trouve, 1°. une courte explication *de tribus impossibilibus Salomonis* ; 2°. un petit commentaire sur les livres des Machabées et le cantique de Débora ; 3°. un commentaire sur le quatante-neuvième chapitre de la genèse, dans lequel on parle des bénédictions des patriarches ; 4°. un autre commentaire, qui n'est pas entier, sur le prophète Jérémie ; 5°. une explication sur Marcianus Capella, divisée en deux livres, qui ont pour titre *De nuptiis Mercurii et Philologæ*. Enfin *Responsiones Vincentianæ*, de S. Prosper, qui se trouvent imprimées dans l'appendix du dixième tome des œuvres de S. Augustin, page 207, nouvelle édition, terminent ce manuscrit, qui a appartenu à la bibliothèque de Saint-Benoît.

169. Varia Fragmenta ex SS. Patrum Operibus in uno collecta, — *in-fol.*, *120 pag.*

Plusieurs fragmens de différens écrits des pères forment ce recueil, de différens formats réunis sous une couverture in-fol. Ces pièces, au nombre de dix-huit, sont de l'Ecriture-sainte, des ouvrages de S. Basile, d'Optat de Milève, de l'hexaméron de S. Ambroise, de S. Jérôme, sur Isaïe, Jérémie et Zacharie ; de S. Augustin à Dardanus ; de son livre du mensonge ; de l'hexaméron de Bède ; de son explication sur l'épître aux Romains ; de l'épître d'Adalbéron, évêque de Laon, à Foulques, évêque d'Amiens.

L'écriture, de différentes mains, offre des caractères des 7e, 8e et 9e siècles : elle est usée, maculée en quelques endroits, et très-peu lisible.

Ce manuscrit vient de la bibliothèque de Saint-Benoît.

170. Homiliæ SS. Patrum in Scripturam, et alia varia Opera ; — *1 vol. in-fol.*, *284 pag.*

Ce manuscrit du treizième siècle contient différens ouvrages, de différentes écritures, sur vélin, à longues lignes, et toutes très-difficiles à lire.

On y trouve, 1°. des sentences morales, suivies de courtes homélies des saints pères sur l'Ecriture-sainte ; 2°. un commentaire sur Job, adressé à Henri II roi d'Angleterre, par Pierre de Blois (on le trouve dans ses œuvres, page 407, édition de 1667, in-fol., donnée par Pierre de Goussainville); 3°. une lettre de Guillaume de Blois, frère du précité, adressée à Frémalde évêque d'Arras (Goussainville l'a attribuée à Pierre dans l'édition précitée, page 400); 4°. un sermon sur la malice des femmes; 5°. un commentaire sur le cantique des cantiques; 6°. un sermon sur la nativité de S. Jean-Baptiste.

C'est un de ceux qui appartenoient à la bibliothèque publique.

Sermons.

171. Varii Sermones in Epistolas et Evangelia, — *in-fol., 248 pag.*

Ce manuscrit du neuvième siècle, sur vélin, à doubles colonnes, contient des sermons, ainsi que les épîtres et les évangiles de l'année. On trouve à la page 151, après l'explication de l'épître, la description des villes dont il est parlé dans l'Ecriture. L'auteur des sermons qui sont dans ce manuscrit est Haimon moine d'Hersauge, et non pas Haimon évêque d'Halberstadt. Les épîtres et évangiles marqués aux dimanches et fêtes de l'année sont les mêmes, à peu de chose près, que ceux dont on se sert encore aujourd'hui dans l'office Romain.

Les caractères de ce manuscrit, qui n'a ni commencement ni fin, sont assez réguliers. Il vient de la bibliothèque de Saint-Benoît.

172. Varii Sermones et Homiliæ Patrum, cum Vitis Sanctorum quorum festa occurrunt à die Nativitatis usque ad Sabbatum-sanctum inclusivè; — *1 vol. grand in-folio, 456 pag., bois.*

Ce manuscrit commence par les trois leçons du premier nocturne des matines de Noël, extraites des chapitres 9, 40, 52 et 53 d'Isaïe, telles qu'elles sont dans le bréviaire, sauf de légers changemens. Ces leçons sont suivies des sermons et homélies de S. Augustin, S. Grégoire, Bède, S. Jérôme, Origène, S. Léon etc. sur les évangiles des fêtes de Noël, de l'Epiphanie, de la Purification, de l'Annonciation, des dimanches de la septuagésime, sexagésime, quinquagésime, du carême jusqu'au samedi-saint inclusivement, avec la vie des saints dont l'église célèbre la fête pendant le même temps, tels que S. Etienne, S. Jean l'évangéliste, S. Sylvestre, sainte Colombe, S. Siméon, S. Paul hermite, S. Hilaire, S. Maur, sainte Brigitte, S. Félix, S. Antoine, S. Marcel, S. Laumer, saint Sébastien, sainte Agnès, S. Vincent, S. Babylas, S. Polycarpe, S. Julien, S. Flou, sainte Agathe, S. Vedast, S. Amand, sainte Scholastique, S. Séverin, sainte Julienne, S. Benoît, etc.

L'écriture de ce manuscrit du commencement du quinzième siècle est belle et lisible, sur vélin, à doubles colonnes, de la même main jusqu'à la page 120; les trente-six pages suivantes sont de deux différentes mains : toutes les lettres initiales sont en couleurs. Ce manuscrit appartenoit à la bibliothèque publique.

173. Varii Sermones SS. Patrum, — in-8.º, 136 p., bois.

Un sermon de S. Léon, dont on a enlevé le premier feuillet, commence ce manuscrit du neuvième siècle, sur vélin : les caractères de l'écriture, à longues lignes, sont corrects et lisibles. Il est suivi d'un sermon de S. Augustin à la page quatrième, et d'un autre à la page neuvième, sur ces paroles de Jésus-Christ à S. Pierre, *Simon Joannis, amas me?*

On trouve aux pages 15, 22, 27, 34 d'autres sermons de S. Jérôme extraits de ses commentaires. Les pages 40, 47, 57, 61 et 68 offrent cinq sermons de S. Augustin pour la fête de S. Pierre et de S. Paul. Un sermon de S. Léon se trouve à la page 73; aux pages 79, 84 et 88 sont trois leçons sur la fête de S. Paul. On voit aux pages 91, 99, 105, 114, 125 et 131 six sermons de S. Augustin sur le même saint. Des litanies que le prêtre devoit dire après l'oraison ou la collecte qui suit le *Gloria in excelsis*, pour le souverain-pontife Nicolas, pour le roi Charles, pour la reine Hermentride, pour les princes, pour les juges et l'armée française, terminent ce manuscrit d'une assez belle exécution. Il vient de la bibliothèque de Saint-Benoît.

174. Homiliæ et Sermones in natali S. Stephani; Actus S. Sylvestri; Legendæ, et alia varia; — *in-fol.*, *214 pag.*

Ce manuscrit du dixième siècle offre une écriture assez lisible, sur vélin, partie à doubles colonnes, partie à longues lignes. Il renferme une homélie de S. Fulgence pour la fête de saint Etienne, et une autre de S. Maxime sur le même sujet : elles sont suivies de deux sermons pour la même fête, dont un de S. Augustin est imprimé au tome cinquième de ses œuvres; l'autre est d'un auteur inconnu. Les actes de S. Sylvestre pape, précédés d'un prologue, se trouvent à la page 13. Ils sont divisés en deux livres, suivis d'une lettre de S. Odilon à Ingranne, page 56, dans laquelle il est parlé de la translation des reliques de S. Sébastien (a) de Rome à Soissons le 5 des ides de décembre de l'an 800. Les écrits suivans sont des légendes des saints, et les actes de leur martyre, tels que ceux de S. Pierre, S. Marc, S. Xiste et ses compagnons, de S. Nazaire et S. Celse, enfin de S. Quentin, dont on voit l'office à la fin de ce manuscrit.

Il est parlé, à la page 156, de la vie et de la mort de S. Martin de Tours, et de la translation de son corps. Il y a aussi une messe de la transfiguration, beaucoup moins ancienne que les autres ouvrages contenus dans ce manuscrit. Cette messe, bien différente de celle qui se trouve dans le missel Romain, a deux épîtres, l'une de l'ancien et l'autre du nouveau testament.

Il vient de la bibliothèque de Saint-Benoît.

175. Varii Sermones, — *petit in-4°, 640 pag., bois.*

Ce manuscrit du douzième siècle est composé de quatre-vingt-dix-neuf sermons, suivis d'un recueil sur la foi, sur les

---

(a) Cette translation se trouve imprimée au quatrième siècle des actes des saints de l'ordre de S. Benoit, page 385.

mystères de l'Homme-Dieu, sur l'administration des sacremens, sur la continence des clercs, et sur l'oraison dominicale. Ce manuscrit sur vélin, à longues lignes, est terminé par le prologue d'un ouvrage attribué à Albauld, abbé de Belleval, sur les sept dons du Saint-Esprit : les derniers feuillets ont été enlevés.

L'écriture est difficile à lire. Il vient de la bibliothèque de Saint-Benoît.

176. Varii Sermones, etc., — *in-fol.*, *288 pag.*, *bois.*

On voit dans ce manuscrit un sermon de M. Hilduin, chancelier de l'université de Paris, et un autre d'un frère mineur (Jean de la Rochelle) pour la fête de l'Annonciation. Les sermons contenus dans ce manuscrit sont au nombre de cent un ; ils sont marqués pour les mystères, et pour les fêtes de la Sainte-Vierge et de plusieurs autres saints.

On trouve à la page 257 un traité des différentes manières de s'exprimer selon l'Ecriture-sainte. Enfin le manuscrit est terminé par le livre de Cassiodore qui a pour titre *De figuris, vel locutionum modis, qui à Græcis schemata vel tropi dicuntur.* Ce livre n'est pas entier dans ce manuscrit, et il est bien différent de celui que l'on voit dans les œuvres de Cassiodore sous le même titre, tome deuxième de la deuxième édition donnée par D. Garet, bénédictin, en 1679.

L'écriture de ce manuscrit du treizième siècle, sur vélin, à doubles colonnes, sans vignettes, est menue, et difficile à lire. (Bibliothèque de Saint-Benoît.)

177. Varii Sermones et alia Opera, — *in-4°*, *239 pag.*, *bois.*

Ce manuscrit du treizième siècle contient vingt sermons trèscourts. On trouve à la page 49 l'ouvrage de S. Ambroise qui a pour titre *De officiis ministrorum.* Il est suivi d'un commentaire sur l'épître de S. Paul aux Romains, et d'un fragment d'une explication de l'évangile de S. Matthieu qui commence par ces paroles, *Non potestis servire Deo et mammonæ*, et finit au chapitre douzième. Vient ensuite une très-courte explication de l'épître aux Romains, suivie d'un fragment d'un commentaire sur l'apocalypse, qui ne commence qu'à ces paroles, *Secundus angelus effudit phialam suam in mare.*

A la page 144 est un abrégé de Priscien, suivi de deux commentaires sur la dialectique de Boëce, différens l'un de l'autre.

L'ouvrage de Boëce *de topicis* termine ce manuscrit, dont l'écriture sur vélin, à longues lignes, est difficile à lire.

Il vient de la bibliothèque de Saint-Benoît.

178. Sermones varii, Tragœdiæ notis musicis illustratæ, Hymnus de S. Hannomaro abbate, Prosa de beata Virgine; — *petit in-4°, 250 pag., bois.*

Ce manuscrit du treizième siècle contient des ouvrages bien disparates. On trouve depuis la première page jusqu'à la 174.ᵉ quarante-un sermons sur différens passages de l'ancien et du nouveau Testament. Ces sermons sont suivis de dix tragédies, dont la première, page 176, est à l'honneur de S. Nicolas. La deuxième, page 182, à l'honneur du même saint, a pour objet trois écoliers voyageurs mis à mort dans la maison où on leur avoit accordé l'hospitalité. Le sujet de la troisième, page 188, est relatif à un Juif qui avoit mis sa maison sous la protection de S. Nicolas : la quatrième, page 196, a pour sujet le fils de Gétron, prisonnier des Sarrasins, délivré par S. Nicolas : la cinquième, page 206, est relative à la naissance de Notre-Seigneur : la sixième, page 214, a pour sujet le massacre des Innocens : la septième, page 220, est relative à la passion et à la résurrection de notre Seigneur Jésus-Christ : la huitième, page 225, a pour sujet le voyage d'Emmaüs et l'apparition de Jésus-Christ sous la figure d'un pélerin : la neuvième, page 230, traite de la conversion de S. Paul allant à Damas : la dixième, page 232, est sur la résurrection du Lazare.

Ces pièces sont en musique, et du treizième siècle.

Ce manuscrit est terminé, page 244, par un hymne à l'honneur de S. Laumer, abbé dans le Perche, et par une prose à l'honneur de la Sainte-Vierge.

L'écriture, sur vélin, à longues lignes, offre des caractères difficiles à lire. Il vient de la bibliothèque de Saint-Benoît.

179. Varii Sermones, — *petit in-4°, 210 pag.*

Ce manuscrit est du nombre de ceux que fit copier Jean abbé de Fleury dans le treizième siècle. C'est une collection de cinquante-quatre sermons, terminée par un petit fragment de l'explication de l'Evangile de S. Matthieu. L'écriture, sur vélin, à longues lignes, est en petits caractères très-difficiles à lire.

Il vient de la bibliothèque de Saint-Benoît.

180. Varii Sermones, — *petit in-fol., 344 pag., bois.*

L'auteur des sermons contenus dans ce manuscrit sur vélin, à doubles colonnes, n'étoit ni moine, ni religieux mendiant, mais un clerc, qui vivoit dans le treizième siècle, sous le pontificat de Célestin IV. Il le dit lui-même, dans le sermon quarante-neuvième, page 134 : *Sic nos clerici qui aliorum labore vivimus et sudore, omnem superfluitatem fugere debemus.*

Ces sermons sont au nombre de cent cinquante-huit, pour les fêtes et même pour le commun des apôtres, des martyrs, des confesseurs etc., pour les anniversaires des évêques, des papes, pour les synodes et pour les enterremens. L'écriture, du quatorzième siècle, est assez correcte, mais difficile à lire.

Ce manuscrit vient de la bibliothèque de Saint-Benoît.

181. Varii Sermones et diversa Opera, — *in-4°, 275 p.*

Vingt-deux sermons, suivis du prologue d'un commentaire sur les épîtres canoniques, sur la génération de Notre-Seigneur qu'on lit au chapitre premier de l'Evangile de S. Matthieu, et enfin une explication sans choix et sans ordre des différens lieux dont il est parlé dans l'Evangile, sont contenus dans ce manuscrit du quatorzième siècle, terminé par un ouvrage qui a pour titre *Fragmentum Albini*, dans lequel l'auteur parle de la manière dont le Seigneur punit les hommes pécheurs.

L'écriture de ce manuscrit sur vélin, à longues lignes, est de différentes mains, et très-difficile à lire.

Il vient de la bibliothèque de Saint-Benoît.

182. Sermones varii, — *in-8°, 254 pag., bois.*

On ne trouve dans ce manuscrit que quelques sermons, ou plutôt un recueil de pensées morales propres à former à la piété, extraites de l'Ecriture-sainte et des pères.

Ces sermons ou moralités sont précédés d'une courte explication de la généalogie de Notre-Seigneur.

L'écriture de ce manuscrit du quatorzième siècle, sur vélin, à doubles colonnes, est très-difficile à lire.

Il vient de la bibliothèque de Saint-Benoît.

THÉOLOGIENS.

Traités généraux et particuliers.

183. Tractatus de Locis theologicis, — *in-4°, 929 p.*

Ce traité des lieux théologiques a été composé par M. De Lan, docteur et professeur de Sorbonne. Quoique l'écriture de ce traité ne soit pas belle, elle est exacte. D. Jourdan, professeur de Saint-Laumer, le dicta, au commencement du dix-huitième siècle, à ses écoliers; l'un d'eux (dom Rivet, connu par ses savans ouvrages) l'a donné à la bibliothèque publique d'Orléans.

184. Tractatus de Locis theologicis, seu de Fundamentis quibus Theologia nititur; — *in-4°, 1 vol., 204 p.*

Ce traité sur la même matière que le précédent fait également partie de ceux qui appartenoient à la bibliothèque publique d'Orléans. Quoique son écriture paroisse plus belle, les abréviations qui y sont multipliées en rendent la lecture moins facile.

185. Institutiones theologico-morales, — *in-4°, 3 vol.* (*Il devroit y en avoir quatre ; le troisième ne s'est point trouvé.*)

Ce recueil renferme un grand nombre de traités sur des matières théologiques, dont le détail seroit beaucoup trop long. Ce manuscrit sur papier n'offre rien d'intéressant : son écriture, très-moderne, est assez lisible sans être belle. Il appartenoit à M. Formentin, prêtre de S. Sulpice, et professeur au séminaire d'Orléans vers la fin du dix-huitième siècle.

186. Tractatus Theologiæ scholasticæ, — *4 vol. in-4°.*

Ce recueil renferme, comme le précédent, un grand nombre de traités sur des matières théologiques. C'est la même écriture et la même origine.

187. Varia et diversa Fragmenta, diversis manibus et ætatibus ; — *in-8°, 160 pag.*

Ce manuscrit, sur vélin, contient plusieurs fragmens d'ouvrages écrits en différens siècles. Le premier, du quatorzième siècle, est la relation d'une dispute contre les Grecs : le deuxième est un traité des vertus cardinales et théologales, du quinzième siècle. Il est suivi d'un traité sur l'espérance, et d'un autre sur la charité : ce dernier n'est pas entier. Une explication de l'Evangile de S. Jean, du quinzième siècle, termine ce volume, dont l'écriture, partie à plein feuillet, partie à doubles colonnes, offre des caractères difficiles à lire. Il a appartenu à l'abbaye de Saint-Benoît-sur-Loire.

188. De Utilitate Pœnitentiæ, de Virtutibus et Vitiis, etc. ; — *petit in-4°, 173 pag., bois.*

Une lettre d'Ebbon, évêque de Reims, à Halitgaire, évêque de Cambrai, et la réponse d'Halitgaire à Ebbon, se trouvent au commencement de ce manuscrit du douzième siècle, et sont suivies d'une préface d'Halitgaire touchant l'utilité de la pénitence ; et du traité des vices principaux et de leurs remèdes, précédé d'un prologue. Ce traité est un recueil de plusieurs passages des saints pères, tels que S. Augustin, S. Grégoire, S. Prosper et autres. Il est plus complet dans ce manuscrit que dans la Bibliothèque des pères; cependant la lettre du pape Hormisdas ne s'y trouve pas. A la page 156 est un écrit qui a pour titre *Judicium pœnitentium*. L'écriture de ce manuscrit, sur vélin, à longues lignes, est usée et peu régulière.

Il vient de la bibliothèque de Saint-Benoît.

189. Meditationes in Psalmos pœnitentiales, — *in-8°, 142 pages.*

Ce manuscrit sur vélin, à longues lignes, ne contient que des méditations sur les pseaumes de la pénitence : il y a une préface, qui n'est pas entière.

L'écriture, du quinzième siècle, est en beaux caractères; plusieurs lettres majuscules sont en or. Il vient de la bibliothèque de Saint-Benoît.

190. Meditationes in vitam Domini Jesu-Christi, — *in-12, 228 pages.*

La vie de Jésus-Christ est le sujet des méditations contenues dans ce manuscrit de la fin du quinzième siècle, sur papier, à longues lignes. L'écriture est difficile à lire; les derniers feuillets manquent. Il vient de la bibliothèque de Saint-Benoît. L'auteur est un moine de ce monastère, nommé Robert.

191. Summa de Casibus, auctore Raymundo de Pennafort; — *in-4°, 380 pag.*

La Somme des cas de conscience de Pennafort est précédée d'un prologue, et suivie, à la fin du quatrième livre, de la nomenclature des plus fameux auteurs qui ont écrit sur les décrétales et sur les cas de conscience.

On trouve à la page 364 une compilation faite par Bérenger, évêque de Béziers, sur les cas où l'on peut encourir l'excommunication. On lit au commencement du septième livre, des ordonnances ou décrets faits par les moines de l'ordre de saint Benoît : ils sont imprimés au quatrième tome des Anecdotes de D. Edmond Martenne, page 1205, sous le titre d'anciens statuts de l'abbaye de Saint-Ouen de Rouen. Ils sont un peu différens de ceux qui se trouvent dans ce manuscrit, mais la différence n'est pas grande.

Ecriture du quatorzième siècle, sur vélin, à doubles colonnes.

Il vient de Saint-Benoît.

192. Institutiones Catholicæ in modum Catecheseos, — in-4°, 788 pages.

C'est une copie du catéchisme de Montpellier, imprimé sous le même titre à Paris, 1725, en deux volumes in-folio. Le copiste s'est arrêté à la page 612 du deuxième volume de l'édition précitée.

Le catalogue dont nous nous occupons deviendroit trop volumineux, et n'offriroit aucun intérêt, si nous donnions la notice de tous les livres imprimés, soit latins, soit français, que les religieux et les religieuses ont cru devoir copier.

L'écriture de ce manuscrit, sur papier, à longues lignes, est très-moderne. Il appartenoit à la bibliothèque publique.

JURISPRUDENCE.

Droit canonique.

193. Antiqua Canonum Collectio, — *in-fol.*, 212 pag.

Ce recueil commence par les anciennes lois extraites du livre de Moïse, et sur-tout du lévitique.

On traite, dans la deuxième pièce, des vertus dont le Seigneur ordonne la pratique le saint jour du dimanche. A la suite on trouve des canons relatifs aux évêques, aux prêtres, aux diacres et aux ordres inférieurs.

Les anciennes lois des Romains et des Francs, page 206, terminent ce manuscrit du onzième siècle, sur vélin, à plein feuillet. L'écriture, un peu abrégée, est néanmoins lisible.

Il vient de la bibliothèque de Saint-Benoît-sur-Loire.

194. **Summa Canonum Yvonis Carnutensis**, — *in-fol.*, 216 *pages*, *bois*.

Ce manuscrit contient le recueil des canons formés par Yves de Chartres sous le titre de *Panormia*. Il est précédé d'un prologue, après lequel on lit ce que les pénitens qui ont commis de grands crimes sont obligés de faire ; ce qui paroît placé là pour remplir le vide de la page. Ce recueil, intitulé *Panormia*, est divisé en huit livres ; le huitième n'est pas complet. Le témoignage du pape Innocent II ne se trouve pas dans ce manuscrit.

A la page soixante-treize est une explication par Bède du livre de Tobie : elle se trouve imprimée au quatrième tome des œuvres de Bède, édition de Cologne. Cette explication est suivie d'un traité du mariage. A la suite de ce traité sont les lettres d'Yves de Chartres, au nombre de quatre-vingt-dix, après desquelles est une lettre de S. Jérôme *ad Riparium*, suivie de l'ouvrage d'Origène intitulé *Periarchon*. Enfin trois livres de S. Augustin sur le libre arbitre, imprimés au premier tome de la nouvelle édition, page 570, précèdent le livre qui a pour titre *De natura boni*, fait contre les manichéens, et imprimé au huitième tome des œuvres de ce saint docteur, page 509 : mais la moitié manque dans ce manuscrit du douzième siècle, dont l'écriture, sur vélin, à doubles colonnes, est en petits caractères, difficiles à lire : les lettres majuscules sont en couleurs.

Il vient de la bibliothèque de Saint-Benoît.

195. **Decretales summorum Pontificum**, — *in-folio*, 454 *pages*.

C'est une compilation de décrétales, divisée en cinq livres. Ce manuscrit du quatorzième siècle, dont l'écriture est très-difficile à lire, est sur vélin, à quadruples colonnes, et en mauvais état.

Il appartenoit à l'abbaye de Saint-Benoît.

196. Decretales Gregorii IX, — *petit in-fol.*, *133 p.*

Les décrétales compilées par le pape Grégoire IX forment ce manuscrit, copié sur vélin, à doubles colonnes, par Jean-de-Dieu, prêtre Espagnol.

Il annonce qu'il a fait son possible pour accorder les nouvelles décrétales avec les anciennes ; et s'il n'a pas réussi au gré des professeurs, il les prie de lui pardonner.

Ces décrétales sont divisées en cinq livres. L'écriture, du quinzième siècle, est difficile à lire. Il a appartenu à l'abbaye de Saint-Benoît-sur-Loire.

197. Compilatio Decretalium, — *in-folio*, *186 pag.*, *bois.*

Cette compilation de décrétales est divisée en cinq livres : on a suivi l'ordre des décrétales de Grégoire IX. L'écriture de ce manuscrit du seizième siècle est régulière, mais un peu difficile à lire : elle est à doubles colonnes, sur vélin ; les lettres majuscules sont en couleurs.

Ce manuscrit vient de la bibliothèque de Saint-Benoît.

198. Annotationes ad librum tertium Decretalium, — *in-folio*, *200 pages.*

Jean-Matthieu Legrand, né à Gallardon dans le pays Chartrain, professeur en droit à Angers, et ensuite à Orléans, où il mourut au commencement du dix-septième siècle, est auteur de l'ouvrage sur le troisième livre des décrétales contenu dans ce manuscrit de la fin du seizième siècle, sur papier, à longues lignes. Son fils fut avocat du roi au présidial d'Orléans et professeur en droit.

Il appartenoit à la bibliothèque publique d'Orléans.

199. **Clementinæ**, — *in-4°, 399 pag., bois.*

Ce manuscrit contient différens écrits de différens âges. Le premier est celui qu'on connoît sous le nom de Clémentines, parce qu'il contient les décrétales faites par le pape Clément : elles sont suivies d'une décrétale de Jean XXII. On trouve après ces deux ouvrages un désaveu que fait Jean de Poilly de tout ce qu'il avoit avancé contre les religieux mendians, et il prend tous ses auditeurs pour témoins du repentir qu'il a d'avoir dit des choses qui ont été désapprouvées par le pape et par les cardinaux.

Les Clémentines se trouvent encore à la page 7, précédées d'une bulle du pape Jean XXII, qui a rédigé ces décrétales dans un seul corps. Elles sont suivies d'une bulle du pape en faveur de l'université de Paris; elle commence par ces mots, *Exivi de paradiso*. La Somme de Jean André sur le quatrième livre des décrétales précède la dernière pièce de ce manuscrit, et est intitulée *Arbor consanguinitatis et arbor affinitatis*. L'épitaphe de Jean André se trouve dans le Voyage littéraire de D. Edmond Martenne, page 206. L'écriture de ce manuscrit du quinzième siècle, partie sur vélin, partie sur papier, à doubles colonnes, est difficile à lire. Il vient de la bibliothèque de Saint-Benoît.

200. **Burchardi Decretum**, — *in-fol., 190 pag.*

Véran, abbé de Saint-Benoît-sur-Loire, fit copier, à la fin du onzième siècle, le décret de Burchard, évêque de Wormes. On trouve à la tête de ce manuscrit, qui est écrit en beaux caractères très-lisibles, sur vélin, à doubles colonnes, et en latin, l'épitaphe de l'abbé Véran, qui vivoit en 1070. Le prologue du décret de Burchard est suivi de 224 chapitres qui précèdent ce décret, dont quelques parties ont été enlevées.

Il appartenoit à l'abbaye de Saint-Benoît.

201. **Commentarius in Regulam S. Benedicti**, — *petit in-fol., 303 pag., bois.*

Sméragde, abbé de Saint-Mihiel en Lorraine, est auteur de ce commentaire sur la règle de S. Benoît. Le moine qui l'a copié dans le dixième siècle se nommoit Teutferus, ainsi qu'on le voit à la marge de la page 126. L'écriture, quoiqu'usée, est encore lisible : il est sur vélin, à longues lignes, sans vignettes. Il vient de la bibliothèque de Saint-Benoît.

202. Concordantiæ Benedictinæ, seu Regulæ Benedictinæ Concordia, ad normam Concordantiarum biblicarum contexta ; — *in-folio, 549 pag., relié en veau.*

Ce manuscrit autographe, sur papier, a été écrit en 1739, par Jean-Baptiste-Henri Magnen, religieux bénédictin, pour la bibliothèque de Fleury, *aliàs* Saint-Benoît-sur-Loire.

203. Liber seu Concordia Regularum Patrum, videlicet Benedicti, Macharii, etc. — *in-fol., 549 pag.*

Quelques chapitres manquent dans ce manuscrit du dixième siècle, sur vélin, à longues lignes. S. Benoît, abbé d'Aniane en Languedoc, est auteur de cette concorde : dom Hugues Ménard s'en est servi pour donner l'édition de la Concorde des règles.

On trouve à la page 418 de ce manuscrit un autre ouvrage qui n'a pas encore été imprimé, et dont S. Benoît d'Aniane est également auteur ; il a pour titre *Liber de voluminibus patrum*. C'est un recueil de différens ouvrages extraits des pères latins ; de S. Ambroise dans son ouvrage des six jours, de S. Jérôme contre Jovinien, de S. Grégoire, de S. Isidore, de S. Césaire, de S. Prosper, des conférences de Cassien.

On lit à la fin de ce manuscrit, dont l'écriture est régulière et lisible, que S. Odon, abbé de Fleury ou Saint-Benoît-sur-Loire, l'a fait copier en 935.

204. Institutiones Novitiorum Congregationis beatæ Mariæ Juliensis, — *1 vol. in-8°, 128 pages.*

Ce manuscrit de 1719 est terminé par la vie de dom Jean-de-Saint-Benoît (dit dans le monde De la Barrière), réformateur de l'ordre des feuillans.

Il vient de la bibliothèque des feuillans de Saint-Mesmin.

Droit civil.

205. Commentaria in Pandectas, in Codicem et in Decretales; — *5 vol. in-folio.*

M. Proust de Chambourg, professeur en droit à Orléans, célèbre canoniste, avoit recueilli plusieurs ouvrages des anciens professeurs d'Orléans et des autres universités, dont il forma les cinq volumes in-fol. qui les contiennent, et qui ont été donnés à la bibliothèque publique par madame sa veuve.

Parmi ces commentaires sur les décrétales il s'en trouve un de M. Colas-de-Malmusse, professeur en droit à Orléans, sur le titre quatrième du troisième livre des décrétales, sur la résidence des ecclésiastiques dans leurs églises.

Deux magistrats du même nom, conseillers de la cour royale d'Orléans, jouissent d'une considération justement acquise par la pratique des vertus héréditaires dans cette famille, l'une des plus anciennes de la ville d'Orléans.

206. Institutiones Juris canonici; Jus canonicum de Sacramentis; Paratitla in quosdam libros Digest. et in quosdam Codicis libros, et Commentarii in titulum de Verborum Significatione et in titulum de diversis Regulis Juris; — *10 vol. in-4°.*

Guillaume Prousteau, professeur en droit de l'université d'Orléans, et fondateur de la bibliothèque publique de la même ville, est auteur des différens ouvrages contenus dans ces manuscrits du dix-septième siècle, sur papier, à longues lignes.

Nous ne répéterons point ce que nous avons dit dans les préliminaires de ce catalogue sur la vie et les ouvrages de ce savant jurisconsulte. Plusieurs de ses ouvrages ont été imprimés. Il a légué ses livres et ses manuscrits à la ville d'Orléans, pour être mis à la disposition du public.

207. Codex Theodosianus, et alia Juris Romani Opera ; — 1 vol. in-fol., 304 pag., bois.

Le code Théodosien et les autres ouvrages contenus dans ce manuscrit sont incomplets. Son écriture, du onzième siècle, est assez difficile à lire. Il appartenoit à la bibliothèque publique.

208. Institutiones Justiniani, — 2 vol. in-4°.

Ce manuscrit, dont l'écriture moderne est assez lisible, vient du séminaire d'Orléans.

209. Commentaria ad titul. 18 libri primi Codicis de juris et facti Ignorantia, et ad sexti libri Codicis titul. de Collationibus ; — in-folio, 183 pag.

L'écriture de ce manuscrit du seizième siècle, sur papier, à longues lignes, est difficile à lire.

Les commentaires qu'il contient offrent plus d'érudition que de clarté. Anne Du Bourg, auteur d'un de ces commentaires, avoit enseigné le droit à Orléans avant d'être conseiller-clerc au parlement de Paris.

Ce manuscrit appartenoit à la bibliothèque d'Orléans.

210. Recitationes in quosdam titulos Pandectarum, — in-fol., 404 pag.

Guillaume Fournier et Claude Luillier sont auteurs des ouvrages contenus dans ce manuscrit du seizième siècle, sur papier, à longues lignes.

C'est ainsi que pendant plusieurs siècles l'université d'Orléans a dû aux ouvrages des savans jurisconsultes qu'elle a produits la célébrité dont elle a si justement joui jusqu'à sa suppression.

Ce manuscrit appartenoit à la bibliothèque d'Orléans.

211. Specimen juris Romani-Gallici ad Pandectas seu Digesta, — 2 vol. in-fol.

M. De la Place de Montevray, président à la cour royale

d'Orléans, et président de la société royale des sciences, belles-lettres et arts de la même ville, ayant fait imprimer une notice très-détaillée sur la vie et sur les ouvrages de Jacques De la Lande, auteur du manuscrit autographe que nous annonçons, nous nous bornerons à dire que les huit premiers titres du premier livre des Pandectes ont été imprimés à Orléans en 1690, in-12 ; les autres parties de cet ouvrage important ne l'ont pas été, quoique terminées à la fin du dix-septième siècle.

Jacques De la Lande, né à Orléans en 1622, obtint en 1653 une chaire de professeur en droit dans l'université d'Orléans ; il fut reçu l'année suivante conseiller au présidial de la même ville. Il renonça bientôt aux fonctions de magistrat pour se livrer uniquement à celles de professeur, et à l'étude des droits civil, canonique, français et coutumier. Il mourut en 1703.

Ce manuscrit sur papier, à longues lignes, est du nombre de ceux qui appartenoient à la bibliothèque publique.

212. Commentarii ad titulos Pandectarum de Verborum Obligationibus, de præscriptis Verbis et de Solutionibus ; — *in-fol.*, *241 pag.*

Christophe Angran, natif d'Orléans, et avocat au parlement de Paris, où il mourut en 1703, est auteur des ouvrages contenus dans ce manuscrit du dix-septième siècle, sur papier, à longues lignes. Ceux qui ont porté le nom de ce jurisconsulte ont fait éclater dans la magistrature les vertus dont il leur avoit donné l'exemple, et ses commentaires justifient la célébrité dont il jouissoit, et qu'il devoit à sa profonde érudition.

Ce manuscrit est du nombre de ceux qui appartenoient à la bibliothèque publique.

213. Notæ in Paratitla Jacobi Cujacii, — *2 vol. in-fol.*

M. Monet, gentilhomme savoyard, après avoir fini ses études à Turin, passa en France, et se rendit à Paris pour y suivre le barreau.

Il épousa, le 7 juillet 1619, Marie Beaucorps, d'une famille ancienne et distinguée.

Il plaidoit avec succès lorsque Jean-Matthias Legrand, professeur en droit à Orléans, mourut : on lui conseilla de disputer la chaire que ce professeur laissoit vacante, et il l'obtint en 1626.

Quoique naturalisé français, il fut nommé, en 1643, sénateur dans le souverain sénat de Chambéri.

Malgré le chagrin de quitter ses amis, M. Monet se disposoit à partir pour prendre possession de sa nouvelle dignité, lorsqu'il mourut à Orléans, d'une attaque d'apoplexie, le 26 mai 1646.

Ce savant jurisconsulte est auteur des notes sur Cujas contenues dans ce manuscrit du dix-septième siècle, sur papier, à longues lignes, donné à la bibliothèque publique par madame Proust de Chambourg.

214. Statuta Ludovici X, Philippi VI, etc.; — *in-folio, 96 pages.*

Les éditeurs des Ordonnances des rois de France ont fait usage de ce manuscrit du quatorzième siècle, sur vélin, à longues lignes, ainsi qu'on peut le voir page 433 du onzième volume de la nouvelle édition.

Un second manuscrit in-folio du seizième siècle, sur vélin, à longues lignes, se trouve à la suite du précédent : il contient les actes du concile de Tours tenu en 1510.

On lit à la fin qu'il a été écrit en 1523, par F. De la Morlière.

Ces deux manuscrits sont du nombre de ceux qui appartenoient à la bibliothèque publique.

SCIENCES ET ARTS.

Philosophie.

215. Donatus et Priscianus, et in utrumque Remigius; — *in-4°, 319 pag., bois.*

Les ouvrages sur la dialectique contenus dans ce volume ont été copiés dans le dixième siècle : l'écriture, sur vélin, à longues lignes, est assez lisible malgré les abréviations. Ce manuscrit vient de la bibliothèque de Saint-Benoît.

216. Regulæ magistri Gerlandi de Dialectica in quinque libros distributæ, et alia varia Opera diversorum auctorum; — *in-4°, 229 pag., bois.*

Les règles du docteur Gerland sur la dialectique sont le premier ouvrage contenu dans ce manuscrit du quatorzième siècle : elles sont distribuées en cinq livres, et sont suivies d'un commentaire sur les cinq livres de Boëce de la consolation de la philosophie.

On trouve à la page 175 un commentaire sur le Timée de Platon, précédé d'un prologue dans lequel on fait mention d'une traduction du Timée faite par ordre d'Osius évêque de Cordoue en Espagne, par un archidiacre de son église nommé Colcidius ou Calcidius. Vers le milieu de ce commentaire, page 221, on rapporte le songe de Scipion, tiré de Macrobe.

Un fragment de l'explication de l'Evangile de S. Matthieu termine ce manuscrit, dont l'écriture à longues lignes, sur vélin, est difficile à lire.

Il vient de la bibliothèque de Saint-Benoît.

217. Quædam de Dialectica, et alia diversa; — *in-4°, 151 pag., bois.*

Ce manuscrit contient différens ouvrages copiés dans différens siècles, et recueillis sans ordre de dates. Le premier est un ouvrage sur la dialectique, copié dans le treizième siècle : il est suivi de gloses sur l'ancien et le nouveau Testament (l'écriture est du dixième siècle), et de deux vies de S. Paul de Léon copiées dans le douzième siècle.

Ce manuscrit à longues lignes est sur vélin ; il vient de la bibliothèque de Saint-Benoît.

218. *Præcepta Pythagoræ, et alia varia Opera*; — *in-folio, 133 pages.*

Les préceptes de Pythagore sont suivis d'un ouvrage ayant pour titre *Admonitio Victoris papæ*, après lequel on trouve la liste de tous les papes depuis S. Pierre jusqu'à Urbain III, avec l'indication du temps qu'ils ont occupé le siège pontifical. On voit à la page 7 un autre ouvrage divisé en six livres, qui a pour titre *Hugonis Floriacensis monachi Chronicum*, dédié par l'auteur à Yves évêque de Chartres.

Il y a tout lieu de croire que ce manuscrit est un de ceux qui échurent à Paul Petau dans le partage qu'il fit avec Jacques Bongars, après la mort de Pierre Daniel, des manuscrits que ce dernier avoit choisis dans l'abbaye de Saint-Benoît, dont il étoit bailli, lorsque le cardinal de Châtillon, qui en étoit abbé, fit dévaster ce monastère. Une note qu'on lit au bas de la page 7 annonce que M. Petau, conseiller au parlement, donna à l'abbaye de Fleury ce manuscrit, qui est sur papier, à doubles colonnes, et dont l'écriture, difficile à lire, paroît être du quinzième siècle.

219. *Categoriæ Aristotelis, et alia Opera*; — *in-4°, 176 pages, bois.*

Le premier ouvrage que l'on trouve dans ce manuscrit est un fragment de dialectique attribué à Alcuin. Il n'est pas entier. La préface commence par ces mots, *Incipit Caroli imperatoris ad Albinum magistrum*. Il est suivi des catégories sous le nom de S. Augustin (a), dont les vingt-sept premières lignes manquent. On lit à la fin que ces catégories d'Aristote ont été traduites par S. Augustin. Elles sont suivies d'un ouvrage qui a pour titre *Collecta de topicis argumenta*, et d'un autre intitulé *De paralogismis argumentis*. Le traité de dialectique de Capella, suivi de celui de S. Augustin (b) sur le même sujet, mais qui n'est pas complet, se trouve après l'ouvrage précédent. Enfin la dernière pièce est un fragment du traité d'Alcuin *de divinis officiis*.

Les différens ouvrages contenus dans ce manuscrit à longues lignes sur vélin sont des onzième et treizième siècles.

Il vient de la bibliothèque de Saint-Benoît.

220. Isagogæ Porphyrii, — *in-fol., 184 pages.*

Ce manuscrit du quatorzième siècle, sur vélin, à longues lignes, orné de quelques vignettes et de lettres majuscules en couleurs, contient les isagogues de Porphyre, avec un petit commentaire ou notes marginales et interlinéaires dont l'écriture est moins ancienne que celle du texte.

Il vient de la bibliothèque de Saint-Benoît.

221. Isagogæ Porphyrii in Categorias Aristotelis, — *in-12, 128 pages.*

L'écriture de ce manuscrit du quatorzième siècle, sur vélin, à longues lignes, est très-difficile à lire.

Il vient de la bibliothèque de Saint-Benoît.

222. Commentarius in libros Aristotelis de Interpretatione, — *in-4°, 298 pag., bois.*

Ce commentaire est divisé en deux livres. A la page 43 on lit : *Finiunt glossæ* peri hermêneias, *id est de interpretatione*. Les

---

(a) Voir l'appendix du premier tome des œuvres de S. Augustin, nouvelle édition, page 21.
(b) *Ibid*, page 13.

gloses sur les topiques commencent à la même page. On n'en connoît pas l'auteur, qui est le même que celui du commentaire sur le livre *de divisionibus*, et sur lequel un écrivain nommé Goslin a mis de petites notes. Ces ouvrages sont suivis des commentaires sur les catégories de Boëce, qui suivent, ainsi que ses livres des syllogismes et des divisions.

On trouve à la page 194 un supplément aux petites notes sur les topiques de Boëce, suivi d'un autre commentaire sur un ouvrage qui parle des genres et des différences : une deuxième copie du commentaire sur les topiques de Boëce précède le livre *peri herméneias*, ainsi qu'il est imprimé dans les œuvres de Boëce.

A la page 252 est une explication du cinquième traité d'Aristote *de interpretatione* ; cette explication commence ainsi : *De modalibus in sensu modalium*, etc. Enfin le traité de Boëce *de hypotheticis syllogismis* termine ce manuscrit du onzième siècle, sur vélin. L'écriture, à doubles colonnes, en petits caractères, est difficile à lire.

Il vient de la bibliothèque de Saint-Benoît.

223. Boëtius in Isagogas Porphyrii, — *in-folio*, 217 *pages, bois.*

Le commentaire de Boëce sur les isagoges de Porphyre, en cinq livres, est le premier ouvrage qu'offre ce manuscrit du dixième siècle. Il est suivi des traités sur la différence et les divisions, les topiques, les syllogismes hypothétiques, les prédicamens, les syllogismes catégoriques.

On trouve à la page 201 les topiques de Cicéron, suivis, à la page 209, du songe de Scipion ; et enfin, à la page 212, le livre des isagoges de Porphyre termine ce manuscrit, dont l'écriture à longues lignes, sur vélin, est assez correcte.

Il vient de la bibliothèque de Saint-Benoît.

Cicéron, dans ses topiques, a prétendu faire une espèce de commentaire sur les topiques d'Aristote, pour les expliquer à son ami Trébatius, qui ne les entendoit pas ; mais les critiques ont remarqué que les topiques de Cicéron s'accordent si peu avec ce que nous avons dans les huit livres des topiques qui passent sous le nom d'Aristote, qu'il faut nécessairement ou que Cicéron se soit trompé, ce qui n'est guère probable, quoiqu'il ait fait ses topiques fort à la hâte et étant sur la mer, ou que les huit livres qu'on attribue à Aristote ne soient pas entièrement de lui.

224. Commentarius Severini Boëtii in Isagogas Porphyrii; liber de Virtutibus et Vitiis animæ, Odonis abbatis; — *petit in-fol., 299 pages, bois.*

Saint Odon, abbé de Cluny, et de Saint-Benoît-sur-Loire, dont il fut le réformateur, est auteur de quelques ouvrages qui se trouvent en partie dans ce manuscrit du dixième siècle: cependant le premier ouvrage que l'on y voit n'est pas de ce saint abbé, mais un commentaire de Boëce sur les isagogues de Porphyre. Le prologue de l'ouvrage de S. Odon commence à la page 81. Il le dédie à Turpion, évêque de Limoges, qui avoit engagé ce saint abbé à composer ce traité des vices et des vertus de l'ame. Il est divisé en trois parties. Quelques feuillets en ont été enlevés, depuis le chapitre huitième jusqu'au vingt-septième, et depuis le chapitre vingt-huitième jusqu'à la fin.

Ce traité est suivi d'un ouvrage qui a pour titre *De vita et moribus Bragmanorum*. On le trouve imprimé dans l'édition de S. Ambroise de 1642. La vie de S. Luc évangéliste précède les leçons qui se disoient aux grandes fêtes à matines. Un fragment des prières qui se disoient alors à la bénédiction des abbesses termine ce manuscrit, dont l'écriture sur vélin, partie à longues lignes, partie à doubles colonnes, est difficile à lire.

Il vient de la bibliothèque de Saint-Benoît.

225. Commentaria diversa Boëtii, — *in-4°, 311 pag., bois.*

Ce volume renferme quelques traités de Boëce. Le premier est son commentaire sur la dialectique, adressé à Ménantius sur les isagogues de Victorin.

A la page 42 est le second, sous le titre *de differentia*, suivi du commentaire de Boëce sur les isagogues de Porphyre, divisé en plusieurs livres, sous les titres *de specie, de differentia, de quantitate*.

Le dernier ouvrage a pour titre *De relativis*.

Ce manuscrit du douzième siècle, sur vélin, à longues lignes, vient de la bibliothèque de Saint-Benoît.

226. Diversa Boëtii Opera, — *in-4^b, 320 pag., bois*.

Ce manuscrit sur vélin, à longues lignes, contient plusieurs ouvrages de Boëce, dont le premier est celui de la Consolation de la philosophie. Le quatrième livre est terminé par ces mots, *consule ordinario et magistro officiorum*. C'est un des titres que prenoit Boëce.

On trouve à la page 231 l'ouvrage de Boëce sur la Trinité, adressé *ad amicos, maximè ad Symmachum, patricium et socerum*. Il est suivi d'une autre pièce sur le même sujet, adressée à Jean, diacre de l'église Romaine : mais ce livre, qui regarde la métaphysique, ainsi que le suivant, est intitulé *Liber Boëtii ad Joannem diaconum ; quomodò substantiæ in eo quod sint, bona sint; cùm sint substantialia bona*. Un ouvrage sur la foi précède celui du même auteur contre Eutichès et Nestorius.

L'écriture de ce manuscrit du dixième siècle est correcte et assez lisible.

Il vient de la bibliothèque de Saint-Benoît.

227. Libri tres Boëtii de Consolatione philosophiæ, — *in-fol., 68 pag., bois*.

On trouve dans ce manuscrit le traité de la consolation de la philosophie de Boëce. Il est divisé en trois livres, mais le dernier n'est pas entier. L'écriture, sur vélin, à longues lignes, est du douzième siècle : les caractères sont assez lisibles; les lettres majuscules sont en couleurs.

Il vient de la bibliothèque de Saint-Benoît.

228. Boëtius de Consolatione philosophiæ, et Priscianus de Constructione ; — *in-4°, 212 pages.*

Ce manuscrit du treizième siècle contient aussi l'ouvrage de Boëce de la consolation de la philosophie. On voit à la page 97 l'ouvrage de Priscien intitulé *De constructione*. On lit à la fin, *Fr. Johannes de Fontanedo*, qui probablement a été le copiste ou le propriétaire de ce manuscrit, dont l'écriture sur vélin, à longues lignes, est assez difficile à lire. On y trouve quelques vignettes grossières. Il vient de Saint-Benoît.

229. Boëtii libri quinque Consolationis philosophiæ, et alia varia Opera ; — *in-8°, 222 pages, bois.*

L'ouvrage de Boëce de la consolation de la philosophie, divisé en cinq livres, se trouve au commencement de ce manuscrit du quatorzième siècle. A la suite de cet ouvrage on voit la conjuration de Catilina et la guerre de Jugurtha. En les comparant avec celles qu'on lit dans Salluste on trouve qu'il y manque bien des choses.

Une courte explication des pseaumes et des cantiques qui se disent à laudes dans les féries de l'année précède le livre des miracles de la Sainte-Vierge, attribué à S. Ildefonse, évêque de Tolède. Enfin ce manuscrit, qui nous vient de Saint-Benoît, est terminé par une homélie pour le jour de S. Jean-Baptiste. L'écriture, à longues lignes, sur vélin, est difficile à lire.

230. Glossulæ Willielmi De Conches in librum Consolationis philosophiæ Boëtii, et alia diversa ex diversis ætatibus et manibus ; — *petit in-4°, 176 pag., bois.*

On a conservé dans ce manuscrit des treizième et quatorzième siècles une glose ou explication sur l'ouvrage de Boëce de la consolation de la philosophie, faite par maître Guillaume De-Conches, qui professoit, dans le douzième siècle, la grammaire et la philosophie à Paris, et qui a reconnu de la manière la plus précise qu'il y avoit des antipodes. (Voir à ce sujet le journal de Verdun du mois de juillet 1763.)

Cet ouvrage est suivi de trois sermons, après lesquels sont les dix traités de S. Augustin sur l'épître de S. Jean. On les trouve imprimés dans le troisième tome des œuvres de ce saint (édition des bénédictins). Le livre d'Alcuin intitulé *Des vertus*, et qui n'est pas entier, termine ce manuscrit, dont l'écriture sur vélin, partie à doubles colonnes, partie à longues lignes, est très-difficile à lire, sur-tout celle du treizième siècle.

Il vient de la bibliothèque de Saint-Benoît.

231. Expositio super librum Boëtii de Consolatione philosophiæ, — *in-8°, 370 pag.*

Nicolas de Traveth, docteur en théologie, est auteur de l'ouvrage que ce volume renferme. Le copiste l'a terminé par une note qui annonce que la copie a été finie le 14 août 1434.

L'écriture de ce manuscrit du quinzième siècle, sur vélin, est très-difficile à lire.

Il appartenoit à la bibliothèque publique.

232. Liber Boëtii de Trinitate, et alia varia; — *petit in-8°, 129 pag., bois.*

Ce manuscrit est un recueil de différens ouvrages copiés dans différens siècles. Le premier est le livre de Boëce de la Trinité et du comput, suivi de celui contre Eutichès et Nestorius : ils sont du quatorzième siècle. On trouve ensuite l'ouvrage d'Alcuin *de virtutibus*, du douzième siècle. Le premier chapitre parle de la sagesse. L'écriture, sur vélin, à petits caractères et longues lignes, est difficile à lire. Quelques feuillets manquent dans ce manuscrit, qui vient de Saint-Benoît.

233. Commentarium Boëtii *peri Herméneias*, — *in-fol., 77 pag., bois.*

Le commencement du premier livre de ce commentaire est enlevé. On trouve à la page 52 un ouvrage d'Apulée intitulé *Peri herméneias*, suivi des isagogues de Porphyre, et des catégories d'Aristote traduites mot à mot par Boëce.

Le traité des propositions hypothétiques et des modes des syllogismes hypothétiques termine ce manuscrit du quatorzième siècle, sur vélin, à doubles colonnes, dont l'écriture est très-difficile à lire.

Il vient de la bibliothèque de Saint-Benoît.

234. Polycrates Johannis Salisberiensis de Curialium Nugis et Vestigiis Philosophorum, — *1 vol. in-fol., 308 p.*

Jean de Salisbéri, anglais de nation, né en 1110, fut attaché à Thomas Bequet, grand-chancelier d'Angleterre sous Henri II, et ensuite archevêque de Cantorbéri. Lorsque ce prélat fut assassiné dans son église, Jean de Salisbéri fut blessé à côté de lui en le défendant. Retiré en France, il fut nommé évêque de Chartres. Il mourut en 1180. C'étoit un des plus beaux esprits de son siècle. Parmi les différens ouvrages qu'il composa, le plus connu est son traité latin des Vanités de la cour, contenu dans ce volume. L'écriture, du quinzième siècle, sur papier, à longues lignes, est assez correcte.

Ce manuscrit est terminé par une note qui annonce que ce livre fut écrit à Bourges l'an mil quatre cent quatre-vingt-cinq, et que c'est Fr. Pavan, prieur de Vouzenon, qui l'a fait écrire. Il est parvenu dans la bibliothèque publique après avoir appartenu à Pierre Daniel, dont on lit le nom au commencement et à la fin.

235. Commentarius in Physicam Aristotelis, et in libros de Anima, de Cœlis et Elementis; — *3 vol. in-folio.*

On ne connoît pas l'auteur des commentaires contenus dans ces trois volumes, proprement reliés en veau. L'écriture de ce manuscrit du seizième siècle, sur papier, à longues lignes, est belle et lisible.

Il appartenoit aux bénédictins d'Orléans.

HISTOIRE NATURELLE.

Médecine.

236. Tractatus de Viribus Plantarum, et alia Opera diversorum auctorum et diversæ ætatis ; — *in-*4°, *159 pages, bois.*

Les ouvrages contenus dans ce manuscrit, copiés en différens temps, sont, 1°. un traité des plantes, copié dans le treizième siècle. Il est suivi du livre intitulé *Pronosticon Hippocratis*, du quatorzième siècle, après lequel on trouve le traité de Philaret *de pulsu*. Un traité de *ponderibus medicinalibus* commence à la page 63, mais il n'est pas entier : il est suivi d'un traité sur les fièvres, qui est imparfait. L'ouvrage de Remi d'Auxerre sur la grammaire, copié dans le treizième siècle, précède celui qui termine ce manuscrit, sous ce titre, *Institutio Prisciani grammatici, de nomine, pronomine, verbo*, etc. C'est un abrégé de Priscien, du douzième siècle. L'écriture de ce manuscrit à longues lignes, sur vélin, est difficile à lire.

Il vient de la bibliothèque de Saint-Benoît.

237. Opera de Materia medicabili, et varia Opera diversorum auctorum et diversæ ætatis ; — *in-*4°, *207 pages, bois.*

Ce manuscrit renferme plusieurs ouvrages copiés par des moines qui ont vécu en différens siècles. Le premier est un traité d'Hippocrate sur les indices des maladies ; il est incomplet : le deuxième a pour titre, *Passionalis liber Theodori Prisciani de diversis morbis, et curis eorum*. Ce traité est divisé en trois livres. On lit à la fin du deuxième, *Explicit secundus Alexandri iatrosophistæ therapeuticon*. Le troisième livre n'est pas entier. Il paroît que cet ouvrage est de deux auteurs, l'un nommé Théodore, et l'autre Alexandre. Ce Théodore Priscien n'est pas le grammairien. On trouve à la page 78 un fragment sous le titre *de materia medicabili*, dont le commencement et la fin ont été enlevés. Il est du onzième siècle. L'écriture de ce manuscrit à doubles colonnes, sur vélin, est difficile à lire.

Il vient de la bibliothèque de Saint-Benoît.

238. Tractatus de Medicina, et alia varia Opera et Fragmenta diversorum auctorum; — *in-8°, 208 p., bois.*

Ce manuscrit contient un mélange d'ouvrages bien différens les uns des autres, et dont il est difficile de fixer l'âge. Le premier est un traité de médecine, suivi des pronostics d'Hippocrate : on trouve ensuite un traité des urines, et deux autres traités de médecine, dont le deuxième est incomplet.

On lit à la page 119 de courtes questions de théologie, suivies de plusieurs fragmens des œuvres de S. Basile, dont le premier est une explication du premier pseaume, un peu différente de celle qui se trouve dans les éditions de ce père. Le deuxième, pagé 136, commence par ces paroles, *Attende tibi, ne fortè fiat in te sermo absconsus.* Le troisième fragment est sur la crainte du Seigneur, qui est le commencement de la sagesse.

Après ce fragment on en lit deux d'une explication de l'apocalypse, suivis d'un autre qui a pour titre, *Speculum ecclesiæ*; du docteur Hugues de Saint-Victor. On trouve ensuite une question dans laquelle on demande si la nature humaine que le Verbe a prise pouvoit pécher. Un rhythme sur l'instabilité des choses humaines, sur la même rime, précède un petit traité sur le premier chapitre du cantique des cantiques. Deux sermons de S. Augustin terminent ce manuscrit du quatorzième siècle, sur vélin. L'écriture, à longues lignes, est difficile à lire.

Il vient de la bibliothèque de Saint-Benoît.

239. Liber de Medicina, — *in-4°, 170 pag., bois.*

Ce manuscrit sur vélin, du quatorzième siècle, offre des ouvrages de médecine, dont le premier se trouve dans les manuscrits précédens qui traitent de cet art ; il est suivi d'un traité de Philaret *de pulsibus*.

Constantin, qui prit l'habit monastique en 1072 dans le monastère du Mont-Cassin, et qui s'est fait connoître à la fin du onzième siècle par différens ouvrages sur la médecine, est auteur de celui qui termine ce manuscrit, dont le commencement et la fin ont été enlevés. L'ordre de cet ouvrage est tout renversé, par la faute du copiste. L'écriture, à longues lignes, est assez lisible.

Il vient de la bibliothèque de Saint-Benoît.

240. Liber de Medicina, — *in-4°*, *64 pag., bois*.

Deux livres de médecine, dont le premier est incomplet, et un fragment d'un traité de musique, forment ce manuscrit du quinzième siècle. Le traité de musique a pour titre, *Compositio monochordi secundùm Boëtium*. L'écriture à longues lignes, sur vélin, est d'un caractère difficile à lire.

Il vient de la bibliothèque de Saint-Benoît.

241. Æsculapius cum suo prodromo, seu Medicina speculativa et practica, item Medicina recondita ; — *1 vol. in-fol., 1020 pages*.

Louis Godefroi, médecin à Orléans, où il est mort le 3 novembre 1722, est auteur des ouvrages contenus dans ce volume autographe. L'écriture, sur papier, à longues lignes, est lisible et correcte.

Ce manuscrit a été donné à la bibliothèque publique par les héritiers de ce laborieux médecin.

242. Carmen de Mortibus Boum, — *in-4°, 180 pag.*

Ce volume contient des ouvrages différens, dont plusieurs sont parfaitement écrits, sur papier, partie à doubles colonnes, partie à longues lignes. On trouve à la suite de celui que nous annonçons une chronique du comté de Montfort. Ce manuscrit du dix-septième siècle est terminé par un traité de paix entre Louis IX et le comte de Toulouse.

Il appartenoit à la bibliothèque publique.

243. Pretiosa Margarita novella, composita per magistrum Bonum Lombardum de Ferraria, in civitate Pola, in provincia Istriæ ; — *in-folio, 377 pag., bois.*

L'écriture de ce manuscrit sur papier, à longues lignes, annonce qu'il est du quinzième siècle.

Il contient le traité de Pierre Bon de Ferrare, qui a pour titre *Pretiosa margarita novella* ; ouvrage estimé, dont on a plusieurs éditions. On le trouve aussi dans le cinquième tome du *Theatrum chimicum*, et dans le deuxième tome de la *Bibliotheca chimica curiosa* de Manget. Si on donnoit une nouvelle édition de cet ouvrage, ce manuscrit pourroit fournir quelques corrections dont on feroit bien de profiter. Il est bien écrit, bien conservé. Les abréviations assez fréquentes dans les anciens manuscrits sont peu nombreuses dans celui-ci, qui appartenoit à la bibliothèque publique. Il est terminé par ces mots : *Explicit pretiosa margarita composita sub anno Domini 1338.*

244. Tractatus magistri Boni de Ferraria, physici, introductorius ad artem Alchimiæ, compositus anno 1330, in civitate Pola, de provincia Istriæ ; — *in-folio, 476 pages.*

C'est encore la *pretiosa margarita novella* de Pierre Bon. La préface manque. Cette copie n'est pas aussi correcte que celle du manuscrit précédent, et on lit à la page 96 le conseil de la comparer avec un autre exemplaire, à cause des erreurs et des omissions qui s'y trouvent. Ce volume, proprement relié, correctement écrit, dans le seizième siècle, sur papier, à longues lignes, contient plusieurs autres ouvrages sur la même matière, dont on va donner la notice.

1°. On lit à la page 97 un ouvrage qui a pour titre, *Resolutio philosophorum antiquorum et modernorum in philosophia secreta quæ dicitur alchimia.*

Ce traité est considérable. Il paroît être une espèce de compilation dans le genre du Grand-rosaire, ou de l'Harmonie de l'agneau. On y trouve cités Geber, Ovide, Rasis, le *textus alchimiæ*, le *liber trium verborum*, Jean de Muris, Avicène, Raimond Lulle, Hermès, la lettre supposée d'Aristote à Alexandre, Arnaud de Villeneuve, L'hortulain, Gastebois, Latourbe et quelques autres.

Ce Jean de Muris qui vient d'être cité est l'auteur du livre qui a pour titre *De magni lapidis compositione*, imprimé comme d'un anonyme au commencement du *Theatrum chimicum*.

2°. Page 125, *Liber conjugii solis et lunæ*. — Ce traité, généralement estimé des amateurs de la science, est imprimé dans le quatrième tome du *Theatrum chimicum*, et dans le deuxième de Manget. La plus ancienne édition connue, et probablement la première, est celle de Samuel Emmel, Strasbourg, 1566, in-8°. On le trouve aussi dans le volume intitulé *Philosophiæ chimicæ quatuor vetustissima scripta* (*Francofurti*, *Joan. Bernerus*, *1605*), petit in-8° de 321 pages, dans lequel il est faussement annoncé comme traduit de l'arabe. Toutes ces éditions sont copiées l'une sur l'autre, et ce manuscrit pourroit fournir des corrections à faire dans les imprimés de cet excellent ouvrage.

3°. Page 164, un fragment qui n'occupe qu'une page, intitulé *De aëre philosophorum*.

4°. Page 165, *Liber de transmutationibus et multiplicationibus metallorum*. — Cet ouvrage commence ainsi : *Sanctissimo in Christo patri et domino Benedicto*, etc. Il paroît vraisemblable que dédié à un pape, il l'a été à Benoît XI, quoiqu'il n'ait régné que huit mois et demi, en 1303 et 1304. Ce pape fut le successeur de Boniface VIII, auquel Arnaud de Villeneuve avoit aussi adressé des ouvrages d'alchimie ; et c'est même à Benoît XI que ce célèbre adepte a envoyé son *Semita semitæ*.

Le traité dont nous nous occupons ne cite que des auteurs antérieurs à Arnaud de Villeneuve, dont il parleroit sans doute s'il avoit été composé après Benoît XI. L'auteur se dit ecclésiastique (*clericus*) : il promet, dans sa préface, qu'il donnera le secret que les sages ont juré de ne communiquer à personne.

Cet ouvrage, qui n'a jamais été imprimé, est divisé en onze chapitres.

5°. Page 185 verso, *Carmen Senioris majoris et omnium philosophorum, quæ massa aurea vocatur.* — Cette pièce, qui commence ainsi, *Spiritus inspirans Deus*, est composée d'environ trois cent douze vers rimés, et n'a jamais été imprimée. Elle n'est pas de Sénior, comme le titre semble l'annoncer ; elle est plutôt de l'auteur du *Conjugium de massa solis et lunæ*, qui parle dans ce traité d'une pièce de trois cents vers qu'il a composée. Ces vers, quoiqu'obscurs, méritent d'être recueillis.

6°. Page 190, *Secretum Hermetis, cum quadam exceptione nobili.* — C'est le commentaire de L'hortulain sur la table d'éméraude de Hermès. Ce commentaire a été imprimé dans les collections alchimiques in-4° de 1541 et 1545, publiées à Berne par Pétréius ; on le trouve aussi avec le *Conjugium de massa solis et lunæ* (*Argentorati*, Samuel Emmel, 1566, in-8°). On en a même une traduction française dans le premier tome de la Bibliothèque des philosophes chimiques.

Toutes ces éditions pourroient être améliorées par les corrections et les variantes que ce manuscrit fournit.

7°. Page 193, *Bona notabilia extracta ex libro Rosarii.* — Ce sont des remarques extraites en lisant le Rosaire des philosophes.

8°. Page 194, *Dicta philosophorum sub brevitate composita in arte occulta.* — C'est un recueil de passages et de maximes des philosophes bien choisis, mais accumulés avec peu d'ordre.

9°. Page 197, *Liber sancti Asrob senis meridiani.* — Les deux premiers tiers de cet ouvrage sont conformes au Rosaire d'Arnaud de Villeneuve, le reste en diffère absolument. La partie qui est semblable à ce Rosaire peut fournir nombre de corrections et variantes qui rendroient l'imprimé plus parfait. Soit que ce traité vienne d'Arnaud de Villeneuve, soit qu'on l'attribue à S. Asrobe, qu'on ne connoît pas, il mérite une place distinguée parmi les bons livres d'alchimie.

10°. Page 207, *Summa Platonis alchimiæ.* — Ce petit traité, qui n'est pas sans mérite, paroît être faussement attribué à

Platon : on ne connoît pas d'ouvrage de ce philosophe imprimé sous ce titre, quoiqu'il soit cité par les auteurs des quatorzième et quinzième siècles qui ont écrit sur le même sujet.

11°. Pag. 209, *Thesaurus philosophiæ*. — Ce traité a été imprimé dans le troisième tome du *Theatrum chimicum*, et dans la Bibliothèque curieuse de Manget, tome deuxième. Il est aussi en français dans la Bibliothèque des philosophes chimiques, sous le titre du Désir désiré de Nicolas Flamel ; ce qui n'est pas son vrai titre. On trouve dans ces imprimés des articles qui ne sont pas dans notre manuscrit, mais il en contient quatre qui ne sont pas dans les imprimés. En général ces éditions pourroient être perfectionnées en recueillant les corrections et les variantes que le manuscrit peut fournir. En comparant l'édition latine avec la française on y trouve quelques différences. Le *Thesaurus philosophiæ* jouit depuis long-temps de l'estime de ceux qui s'adonnent à la philosophie hermétique.

12°. Page 218, le livre qui a pour titre *De natura solis et lunæ et Mercurii, sive Lilium è spinis evulsum*. — Ce traité, dont l'auteur est *Joannes* (et non *Guillelmus*) *Ticinensis*, c'est-à-dire Jean de Tetzin, se trouve imprimé au quatrième tome du *Theatrum chimicum*. Il est aussi imprimé en allemand dans la collection de 1670, et dans le troisième tome du Théâtre chimique de Rothscolez. Les vingt-six premières lignes de l'ouvrage imprimé ne se trouvent pas dans le manuscrit, qui est en général moins correct que l'imprimé du *Theatrum chimicum*.

13°. Page 228, le dernier traité de ce manuscrit est le *Correctorium*, ou la *Correctio fatuorum*, dont le premier feuillet est en blanc, cet ouvrage ayant été copié sur un manuscrit plus ancien dont le premier feuillet manquoit.

Notre manuscrit commence par le troisième chapitre. Les deux premiers, qui manquent, sont une espèce de préface et de prologue qui se trouve avec le traité même dans les trois éditions du livre intitulé *Tractatus artis auriferæ*, tome premier, page 349, édition de 1610, et dans le deuxième tome de la Bibliothèque curieuse de Manget, page 165.

Cet ouvrage est estimé ; Olaus Borrichius, dans son *Conspectus chimicorum celebriorum*, en parle avec éloge.

La *Correctio fatuorum* se trouve aussi, mais tronquée, à la page 46 de l'ouvrage intitulé *Philosophia reformata*, de Daniel Mylius.

Manget n'a fait que copier l'édition de l'*Ars aurifera*, qui n'est elle-même, quant à la *Correctio fatuorum*, qu'une copie de la collection de 1550 publiée à Francfort par Cyriacus Jacobus, in-4°, sous le titre de *Alchimiæ opuscula complura*, avec cette différence, que les deux derniers chapitres ne sont pas dans l'*Ars aurifera*.

Toutes ces éditions n'en font qu'une plusieurs fois répétée. Il y a cependant une autre édition plus complète du même traité sous le titre peu différent de *Correctorium alchimiæ Richardi angli*, qui a eu le même sort que la précédente, c'est-à-dire qu'elle a été imprimée plusieurs fois ; 1°. dans la collection latine de quelques ouvrages d'alchimie publiée en 1541 par Pétréius, in-4°, Nuremberg ; 2°. dans la même collection imprimée à Berne en 1545 ; 3°. dans la collection de Guillaume Gratarolle, à Bâle, in-folio, 1561 ; 4°. dans la collection du même Gratarolle, à Bâle, en 1572 ; 5°. dans les deux éditions du *Theatrum chimicum*, tome deuxième ; 6°. dans la *Bibliotheca chimica* de Manget, tome deuxième, page 265. Ces deux éditions pourroient être corrigées l'une par l'autre : ce manuscrit fourniroit plusieurs variantes, et cet ouvrage estimé obtiendroit la perfection que l'on peut y désirer.

245. Investigatio Secreti magistri Raymundi de Insula super Opere magno, — *in-fol., 325 pages.*

Raimond Lulle, natif de l'île de Majorque, et, à cause de son origine, désigné quelquefois sous le nom de l'Ile, vivoit à la fin du treizième siècle et au commencement du quatorzième. Il avoit une grande connoissance de la philosophie des Arabes, de la chimie et de la médecine ; il s'en servit pour la composition de ses ouvrages.

Le premier que nous annonçons est une recherche sur le grand œuvre en latin et en français : il est suivi d'un abrégé du même auteur sur la transmutation des métaux. Le nom de

Raimond Lulle suffit pour attirer l'attention des curieux sur les deux petits traités, qui semblent être des extraits d'ouvrages plus considérables. En effet le dernier paroît avoir été imprimé plus complet qu'il ne l'est dans ce manuscrit, sous le titre de *Magia naturalis*, à la suite du *Mercuriorum liber* (*Coloniæ Agrippinæ, Birckmann, in-8°, 1567*). Le vrai *Compendium animæ transmutationis metallorum*, qui se trouve imprimé parmi les autres ouvrages d'alchimie de Raimond Lulle, et dont on a même deux éditions assez différentes, ne ressemble point à notre manuscrit; il est beaucoup plus considérable.

2°. On trouve à la page 7 un ouvrage qui a pour titre *Epistola magistri Antonii Patavini*, *loci* Caste, *prope Sanctum-Antonium Gratianopolitanæ diœcesis, de transmutatione metallorum*. Antoine Patavinus, auteur d'ailleurs inconnu de cette lettre, dit qu'il est parvenu à la connoissance du secret, quoiqu'après bien des travaux inutiles. Sa doctrine paroît être calquée sur celle de Raimond Lulle, qu'il cite plusieurs fois. Il prétend avec raison que les philosophes se sont tellement déguisés dans leurs écrits qu'il n'y a rien à apprendre avec eux, quoique tous disent la vérité chacun dans leur propre sens. Il rejette pour matières l'arsenic, le réalgal, le mercure vif, les marcassites, le tartre, le talc, etc. Cette lettre peut avoir son mérite.

On lit au bas de la seconde page: *Sed scias quòd oportet habere unam rem sine qua nihil potest fieri in magisterio, quam rem Raymundus vocat nigrum, nigrius, nigrissimum; quæ res extrahitur de bono vino nigro, id est rubro, de meliori quod inveniri potest; et facias de ipso aquam vitæ perfectam et benè rectificatam.*

3°. Page 11, *Tractatus sive dicteria alchimiæ magistri Joannis Meheum*, partie latin, partie français.

Ce sont différens morceaux assez peu intéressans, extraits de Jean de Meung, très-connu par son roman de la rose; la plupart sont en vers gaulois.

4°. Page 14, *Opus Kibric cum mercurio*. — Ce traité, qui n'a jamais été imprimé, n'en apprend pas beaucoup plus que d'autres, mais on ne peut pas dire non plus qu'il s'éloigne de la route tracée par les maîtres de l'art.

5°. Page 20, le Rosier des rosiers, composé par frère Jehan, touchant l'art de philosophie au blanc et au rouge, tout partant d'une racine, c'est à savoir de mercure, etc. — Cet ouvrage est le livre de Jehan *de confectione veri lapidis philosophorum clarè absque quacunque palliatione*, etc., que Guillaume Gratarolle a inséré dans ses collections (la première partie en 1561, in-fol., et la deuxième en 1572, en deux volumes in-8°). Les chapitres de la construction du fourneau, et de la manière de se servir de l'élixir, que Gratarolle a jugé à propos de supprimer parce qu'on les rencontre par-tout aîlleurs, sont dans notre manuscrit. Sans examiner particulièrement le mérite de ce traité, je dirai seulement que son auteur jouit d'une grande réputation dans toute l'école hermétique. L'explication de plusieurs caractères chimiques et différentes notes se trouvent à la suite de cet ouvrage.

6°. Page 34, le livre de frère Hélye intitulé *Va-avecque-moi*. — Ce livre contient quelques opérations chimiques qui paroissent curieuses, et quelques autres si connues aujourd'hui en chimie qu'elles ne peuvent avoir que le mérite relatif au temps où vivoit l'auteur. Pour ce qui regarde le grand-œuvre, la doctrine de frère Hélye est bien peu ressemblante à celle des autres adeptes.

7°. Page 45, le Portier des douze portes d'alkimie, qui parle de la pierre benoiste. — Ce petit traité a été imprimé à Paris en 1618, chez Jean Sara, avec la Tourbe et la Parole délaissée du Trévisan, et sous ce titre, Les douze portes d'alkimie, autres que celles de Cripta : mais le manuscrit le donne plus complet ; il commence même par un court préambule qui manque dans l'imprimé, ainsi que d'autres parties. S'il méritoit une réimpression, on ne pourroit mieux faire que de se servir de notre manuscrit.

8°. Page 50, Cy commencent aucunes bonnes autorités de philosophie naturelle par lesquelles on peut véritablement connoistre de quoi est composée la benoiste pierre des philosophes. — Cet ouvrage, qui n'est pas imprimé, me paroît écrit dans les bons principes des adeptes.

9°. Page 57, Doctrine des philosophes, laquelle maistre

Jehan Saulnier bailla à son fils sur la transmutation des métaux. — Le père Gabriel Castaigne, religieux conventuel d'Avignon, devenu, soit par mérite, soit par intrigue, aumônier du roi, abbé de Saint-Ruf et évêque désigné de Saluces, a fait imprimer parmi ses œuvres cette doctrine de Jehan Saulnier, qu'il dit avoir vu pratiquer avec succès par une demoiselle du Dauphiné. Gabriel Castaigne ne méritoit peut-être pas une grande confiance ; cependant son témoignage est si précis, et en même temps si favorable au procédé de Jehan Saulnier, qu'il balance le jugement d'Olaüs Borrichius, qui a rejeté ce procédé parce qu'il a cru que le sel commun en étoit l'unique base. On pourroit observer que Castaigne n'est pas le seul qui ait parlé favorablement de l'œuvre de Saulnier. Notre manuscrit est plus complet que l'édition de Gabriel Castaigne, et même que celle de 1661, où l'on dit avoir corrigé le traité de Jehan Saulnier sur plusieurs manuscrits : il contient même une partie considérable qu'on chercheroit inutilement dans l'imprimé. Cette doctrine est à peu près la même chose que celle contenue dans le traité latin in-4° publié à Brême en 1664, sous ce titre, *Joannis Seignier Parisini magni lapidis naturalis philosophia et vera ars in opus deducta, et filio suo Carolo relicta.*

10°. Page 74, la Trinité, touchant les faits d'alkimie. — Le livre de la Trinité est connu depuis long-temps. Pétréius, libraire de Nuremberg, qui fit imprimer en 1541 à Nuremberg, et en 1545 à Berne, une collection latine de quelques traités d'alchimie, donne une liste des manuscrits de cette science dont il étoit possesseur, et qu'il se proposoit de publier : il invite en même temps les curieux à lui communiquer ceux qu'ils pourroient avoir. Le *Liber trinitatis* est dans cette liste, et cependant il ne paroît pas qu'il ait jamais été imprimé. On le trouve cité dans quelques écrits, et notamment dans le traité d'Alexandre Suchten qui a pour titre *Explicatio paradoxorum physicorum Theophrasti Paracelsi.* Il est cependant possible que le *Liber trinitatis* cité par Suchten ne soit pas celui de notre manuscrit, que les amateurs liront avec plaisir, quoique l'auteur ne paroisse pas avoir connu le grand secret des philosophes, ou qu'il y soit arrivé par une route peu fréquentée.

11°. Page 83, Livre de la trinité touchant le fait d'alkimie, autre que le précédent. — L'auteur de ce petit traité est Arnaud de Villeneuve. Son vrai titre est *Thesaurus secretus operationum naturalium Arnaldi de Villanova* : c'est du moins ainsi qu'il est intitulé dans le codex 7162 de la bibliothèque du roi, où ce traité se trouve parmi plusieurs autres qui appartiennent à la science hermétique. Il y a plusieurs éditions des œuvres d'Arnaud de Villeneuve ; mais la seule où se trouve le traité que notre manuscrit renferme est celle de Lyon en 1532, *impressa in chalcographia Jacobi Myt*, in-folio, sous ce simple titre, *Liber de lapide philosophorum*. L'éditeur a laissé échapper quelques fautes, qui probablement viennent du manuscrit qu'il avoit, et qu'on pourroit corriger avec celui de la bibliothèque du roi.

12°. Page 86, le Testament de maître Geber. — Il n'y a rien à dire sur ce traité, qui vient d'un célèbre adepte. On le trouve en latin dans le Geber de Dantzick, dans Manget, etc.

13°. Page 89, Œuvres du marquis de Saluces. — On trouve dans cette partie du manuscrit la préparation d'une matière que l'auteur ne nomme point : il dit que son ami a vu faire projection de cette médecine sur argent fondu, qu'elle convertit en fin or. En supposant que cela soit vrai, c'est un particulier qui le dit, mais on n'en peut pas conclure que ce soit la pierre philosophale.

14°. Page 90, Epître de maître Jean Gastebois touchant l'alkimie, envoyée au roi de France. — Jean Gastebois prend le vif-argent ou mercure commun pour sa matière ; moyen suspect à la pure vérité, et qui même a été proscrit par le plus grand nombre des disciples de la science : cependant il est si bien indiqué et recommandé, du moins en apparence, par plusieurs maîtres de l'art, que les adeptes seuls auroient le droit de le condamner comme erroné. Il n'en est pas moins difficile d'approuver la manière de volatiliser le fixe et de fixer le volatil.

15°. Page 93, l'Epître d'Almazach le philosophe, envoyée au roi de Tramessant. — Cette épître commence ainsi : *In nomine Patris*, etc. Moi Almazach, considérant les très-agréables

et grands services, etc. Elle finit par ces mots : « Fin de l'épître
» de Almazach philosophe, envoyée par le commandement
» du roi de Tramessant, à révérend père en Dieu M. l'arche-
» vêque de Sarragosse. »

C'est encore un ouvrage que les partisans du mercure commun verroient avec plaisir.

16°. Page 96, Pratique physicale sur le fait d'alkimie. — Il
n'y a rien dans cet ouvrage qui ne soit conforme à la saine
doctrine, et rien aussi qu'on ne trouve dans la plupart des bons
livres.

17°. Page 98, Advertissement sur le fait et opération de la
pierre des philosophes. — Ce sont quelques bonnes maximes
puisées dans les bonnes sources.

18°. Page 100, le Livre de nature. — Ce traité n'est pas
complet ; il contient seulement quelques opérations de chimie
sur différentes matières.

19°. Page 103, le Secret de maistre Artus Leblanc, chevalier
et serviteur du roi Henri d'Angleterre. — On lit à la fin :
« Cy fine le Trésor de maistre Artus Leblanc, expérimenté à
» Paris par les troys nepveus monsieur Hacqueville et Jehan
» Sagone l'an 1512, etc. »

Ce traité, qui occupe à peine trois pages du manuscrit, est
composé par un père en faveur de son fils : il n'est pas sans
mérite pour ceux qui sauront l'entendre.

Je ne crois pas qu'aucun des sept derniers articles ait été
imprimé.

Le reste du manuscrit n'est plus qu'un recueil de recettes
et de procédés.

Les ouvrages contenus dans ce manuscrit ne sont peut-être
pas aussi bien choisis que ceux du manuscrit précédent ; il renferme cependant quelques morceaux curieux et intéressans, qui
eussent mérité d'être imprimés aussi-bien que beaucoup d'autres
qui ont eu plus d'une fois les honneurs de la presse.

Ce volume, du seizième siècle, sur papier, à longues lignes,
a été écrit par frère Buretеau, religieux célestin, à Sens, en

1516. Il appartenoit à la bibliothèque publique, ainsi que le précédent.

246. Etrusca Disciplina, — *1 vol. in-8°, 435 pages.*

Tel est le titre d'un manuscrit de Godefroi, médecin à Orléans, qui contient plusieurs ouvrages de cet homme laborieux.

La première pièce est un traité sur l'astrologie, et sur les horoscopes qu'on peut tirer d'après les éclipses et les changemens qui peuvent survenir dans l'atmosphère.

Un calendrier précède le jugement qu'on peut tirer de l'époque de la naissance ; quelques figures, partie gravées, partie dessinées, ornent ce manuscrit moderne, qui vient des bénédictins d'Orléans.

Arts.

247. Boëtius de Musica, — *in-folio, 142 pages.*

Les livres de Boëce sur la musique sont l'unique ouvrage contenu dans ce manuscrit, dont la première feuille est enlevée. L'écriture, du treizième siècle, à plein feuillet, sur vélin, est assez régulière.

Il vient de la bibliothèque de Saint-Benoît.

Belles-Lettres.

248. Opera Donati ; Prisciani et Servii Grammatica ; Beda de Arte metrica ; Sedulii presbyteri Opus paschale ; — *in-folio, 168 pag., bois.*

Ce manuscrit, mal conservé, renferme plusieurs pièces disparates.

On lit à la première page : *Libri Donati grammatici ; partes orationis quot sint ; octo*, etc. A la page 13 : *Incipit editio secunda Donati grammatici urbis Romæ.* A la page 43 : *Incipit ars Prisciani, sive institutio Cæsariensis grammatici de nomine, pronomine et verbo.* A la page 51, une lettre de Servius adressée à Aquilin commence ainsi : *Servius Honoratus Marius, Aquilino, salutem..... Ultimarum syllabarum naturas sicut proposueras*, etc.

On trouve à la suite une lettre de Caton relative au réglement des mœurs, et qui commence par ces mots : *Cùm animadverterem quamplurimos graviter in via morum errare*, etc. Cette lettre n'est pas entière. Elle est suivie d'un ouvrage de Bède intitulé *De arte metrica.* Il commence ainsi : *Qui notitiam metricæ artis habere desiderat....* Les livres ne sont point divisés.

On trouve à la page 73 un traité de Sédulius qui a pour titre *Opus paschale, hoc est, de Christi Jesu miraculis.* Il est divisé en cinq livres, dont le premier commence ainsi :

Paschales quicumque dapes conviva requiris,
Dignatus nostris accubitare thoris, etc.

Deux hymnes de Sédulius suivent ce traité, dont un se chante le jour de Noël. On trouve ensuite la préface de Juvencus sur l'Evangile, qu'il caractérise selon les symboles attribués aux quatre écrivains de ce livre sacré, qui est en vers, divisé en quatre livres.

Un ouvrage d'Arator sur les Actes des apôtres se trouve à la page 142 ; il est précédé d'un prologue adressé à Florien et au pape Vigile. Cet ouvrage est divisé en deux livres : la fin du deuxième est enlevée.

Ce manuscrit, du dixième siècle, sur vélin, à doubles et triples colonnes, est déshonoré par des notes marginales et interlinéaires qu'un ignorant a osé ajouter. L'écriture de ce manuscrit est de différentes mains, et quelquefois peu lisible, à cause de la petitesse des caractères. On y trouve quelques vignettes d'un mauvais dessin.

Il vient de la bibliothèque de Saint-Benoît.

249. Beda de Grammatica, Arte metrica, Schematis Scriptura ; — *in-4°, 94 pag., bois.*

Le livre intitulé *De grammatica* est le premier qui se trouve dans ce manuscrit du onzième siècle. Ce livre n'est pas entier ; voici les titres des quatre chapitres conservés : chapitre douzième, *de notis vulgaribus* ; chapitre treizième, *de notis juridicis* ; chapitre quatorzième, *de notis militaribus* ; chapitre quinzième, *de notis litterarum.*

Le livre intitulé *Institutio Prisciani grammatici* est à la page 25, et il est suivi de celui *de arte metrica*, imprimé au tome premier, page 26, des ouvrages de Bède, ainsi que du traité *de schematis scriptura*, et de celui *de tropis*, imprimés dans le même volume, pages 42 et 47. Le pseaume 147 termine ce manuscrit, dont l'écriture, sur vélin, à longues lignes, est facile à lire.

Il vient de la bibliothèque de Saint-Benoît.

250. Donatus et Priscianus, — *in-4°, 367 pag., bois.*

Ce manuscrit du onzième siècle contient divers ouvrages de grammaire très-difficiles à lire, les caractères étant presque effacés.

Ce manuscrit, sur vélin, à longues lignes, vient de la bibliothèque de Saint-Benoît.

251. Opera grammatica Prisciani, — *in-4°, 177 pag., bois.*

Ce manuscrit, sur vélin, à longues lignes, contient un ouvrage de Priscien sur la grammaire, copié dans le douzième siècle : l'écriture est belle et lisible.

Il contient en outre le livre de l'Apocalypse, et des gloses sur le texte de ce livre, dont l'écriture, à doubles colonnes, est difficile à lire, et moins ancienne que l'ouvrage précédent : elle est du quinzième siècle.

Ce manuscrit vient de la bibliothèque de Saint-Benoît.

252. Alexandri de Villa-Dei grammaticæ Institutiones, — *in-4°, 186 pag., bois.*

L'écriture de ce manuscrit du treizième siècle, sur vélin, à doubles et triples colonnes, est difficile à lire.

Il vient de la bibliothèque de Saint-Benoît.

253. De Grammatica, — *in-4°, 140 pages.*

L'auteur de cet ouvrage sur la grammaire est inconnu. L'écriture de ce manuscrit du quinzième siècle, sur vélin, à doubles colonnes, est des plus difficiles à lire.

Il vient de la bibliothèque de Saint-Benoît.

254. Varia Opera et Fragmenta diversæ ætatis — *in-4°, 247 pag., bois.*

Nous trouvons dans ce manuscrit un mélange d'ouvrages sur l'Ecriture-sainte, la grammaire et la médecine; ils sont écrits en divers temps.

L'abrégé de Priscien sur la grammaire est du quinzième siècle : le suivant, qui est un fragment d'explications sur l'apocalypse, est du quatorzième. Un autre fragment sur la prophétie d'Isaïe paroît être du même temps, ainsi qu'un traité de physique et de médecine. On voit à la suite trois fragmens de médecine différens les uns des autres, et suivis d'un traité sur la composition de certains antidotes. Le tout est terminé par un ouvrage intitulé *Liber graduum,* qui traite aussi de la médecine.

L'écriture de ce manuscrit, sur vélin, à longues lignes, est difficile à lire.

Il vient de la bibliothèque de Saint-Benoît.

255. Opera Sedulii presbyteri, — *in-8°, 201 p., bois.*

Ce manuscrit renferme plusieurs ouvrages de Sédulius, dont l'écriture correcte et régulière paroît être du huitième siècle. D'autres ouvrages du même auteur, tels que son épître à Macédonius, qui est sans titre, les deuxième et troisième livres du même sur les miracles de Jésus-Christ, et enfin le traité de Bède *de arte metrica*, qu'on trouve dans ce même manuscrit, offrent une écriture du onzième siècle, sur vélin, à longues lignes, assez lisible.

Il vient de la bibliothèque de Saint-Benoît.

256. Sedulii presbyteri varia Opera, — *in-4°*, 223 p.

Une lettre de Sédulius adressée à Macédonius, qu'il qualifie de vénérable prêtre, est la première pièce qu'on trouve dans ce manuscrit : elle en est comme la préface, quoiqu'il y en ait encore une autre.

Aux pages 9 et 10 sont deux pièces de vers acrostiches faits par Bélisaire et Libérius à la louange du poète Sédulius, dont l'ouvrage transmis à la postérité par Rufinus et Astérius, est une exhortation à lire l'ancien Testament. Cette exhortation, précédée d'une préface, est en cinq livres, et est appelée dans le manuscrit *sacrum opus*. Elle est suivie d'un hymne du même auteur, qui commence par ces mots, *Cantemus Domino, socii; cantemus honorem*, etc. Cet hymne est suivi de celui qui se chante selon le bréviaire romain le jour de Noël à laudes, et qui commence par ces mots, *A solis ortus cardine*.

Tous les ouvrages poétiques de Sédulius contenus dans ce manuscrit sont chargés de petites notes, excepté le dernier : ils sont suivis d'un écrit sur la grammaire, intitulé *De constructionis ordine*.

Après cette pièce on trouve des vers sur Sédulius.

Dans la lettre que ce poète écrit au prêtre Macédonius il lui marque, page 149, qu'il a mis en prose l'ouvrage qu'il l'avoit prié d'écrire en ce genre.

L'écriture de ce manuscrit du dixième siècle, sur vélin, est assez correcte, mais les notes mêlées avec le texte en rendent la lecture difficile.

Il vient de la bibliothèque de Saint-Benoît.

257. Opera Virgilii, — *in-4°, 620 pages, bois.*

Ce volume contient les ouvrages de Virgile. La première églogue et le dernier livre de l'énéide manquent dans ce manuscrit du quinzième siècle, sur papier, à longues lignes. Il a été écrit par Tassin-Bettelin, d'Orléans, dans le collège de Saint-André, en 1456.

Il appartenoit à la bibliothèque publique.

258. Priscianus de Versibus Virgilii, et Remigius in Priscianum; — *in-4°, 128 pages, bois.*

Ce manuscrit du dixième siècle, sur vélin, à longues lignes, est orné de quelques majuscules en couleurs : son écriture est assez régulière.

Il vient de la bibliothèque de Saint-Benoît.

259. Macrobius in Somnium Scipionis; Collectio antiqua Canonum; — *in-4°, 332 pag., bois.*

Ce manuscrit du dixième siècle, sur vélin, à longues lignes, contient, 1°. l'ouvrage de Macrobe sur le songe de Scipion. Il est divisé en deux livres. Il commence ainsi : *Inter Platonis et Ciceronis libros quos de republica*, etc. On lit à la page 16, que ce songe est tiré du livre de Cicéron *de republica*.

2°. On trouve à la suite une collection de cinq cent cinq canons, dont le premier veut que les prêtres soient plus savans que les laïques. On y fait mention des quatre premiers conciles généraux, et on dit sous quels papes, sous quels empereurs ils ont été célébrés.

Cette collection paroît n'avoir été faite qu'après les fausses décrétales. L'écriture e ce manuscrit, qui vient de Saint-Benoît, est difficile à re.

260. Sedulii Carmen cui titulus, Paschale Opus, etc.; — *petit in-4°, 243 pag., bois.*

On trouve dans ce manuscrit une collection de fragmens de

poésies de Sédulius et de Prudence, dont le titre est *Opus paschale.* Cet ouvrage est en cinq livres.

Il est suivi du fragment du traité *de psychomachia* de Prudence. Il commence à l'entretien de la pénitence et de la colère, que le poète personnifie, dont la fin est la même que celle qui est imprimée.

Le livre intitulé *Catereminon* manque en entier dans ce manuscrit ; on n'y trouve que la préface, suivie d'un petit fragment d'un hymne que l'on dit avant le repas.

L'ouvrage qui a pour titre *Liber locutionum Scripturæ sacræ* est à la page 127, suivi de celui de Bède *de arte metrica*, divisé en trois livres.

Ce manuscrit du onzième siècle, sur vélin, à longues lignes, offre plusieurs lacunes, et une écriture qui n'est pas toujours facile à lire.

Il vient de la bibliothèque de Saint-Benoît.

261. Elegans Equi Descriptio carminibus expressa ; varia Origenis et Hieronymi Excerpta ; — *in-12, 224 pag., bois.*

Le premier ouvrage qu'on trouve dans ce manuscrit du treizième siècle est une magnifique description du cheval en vers latins : elle est suivie de quelques morceaux des œuvres d'Origène, et d'un fragment de S. Jérôme sur Isaïe. De petites notes sur différens versets de l'Ecriture-sainte terminent ce manuscrit, dans lequel on trouve trois fois le nom d'Artaudus, qui paroît en avoir été le copiste. L'écriture, sur vélin, à longues lignes, est difficile à lire.

Ce manuscrit appartenoit à la bibliothèque publique.

262. Marcianus Capella de Nuptiis Philologiæ et Mercurii, — *in-12, 100 pag., bois.*

Cet auteur vivoit vers l'an 490. L'écriture de ce manuscrit du commencement du quinzième siècle est tellement surchargée de notes qu'elle est difficile à lire. Il a été imprimé à Venise en 1499 et en 1577. Cet ouvrage se trouve aussi parmi les anciens écrivains sur la musique recueillis par Marc Méibonius, et imprimés à Amsterdam en 1652, in-4°, avec des notes.

Il vient de Saint-Benoît-sur-Loire.

263. Senecæ Epistolæ, — *in-4°, 378 pages.*

Ce manuscrit du quinzième siècle est sur vélin, à doubles colonnes ; écriture difficile à lire : les titres et les lettres initiales sont en couleurs.

Il vient de la bibliothèque de Saint-Benoît.

264. Epistolæ et alia quædam Opera Nicolai de Clemangis, — *in-4°, 98 pages.*

Nicolas de Clémangis fut nommé recteur de l'université de Paris en 1393. C'est en cette qualité qu'il écrivit, cette même année, à Charles VI, roi de France, une lettre sur les moyens que l'on devoit prendre pour éteindre le schisme. Il écrivit successivement deux lettres à Clément VII sur le même sujet : il en adressa également aux églises cathédrales du royaume, à l'université de Cologne, au collège des cardinaux, à Jean roi d'Arragon et à Benoît XIII.

Ces neuf lettres sont suivies de plusieurs opuscules du même auteur, dont le dernier est la description de la vie champêtre.

Clémangis fut l'auteur de la bulle d'excommunication contre le roi de France : il eut bien de la peine à se purger de cette accusation. Il mourut au collège de Navarre, dont il étoit proviseur.

Ce volume a été donné à la bibliothèque publique par M. Jousse. Les ouvrages qu'il renferme sont inédits. L'écriture, sur papier, à longues lignes, est du dix-septième siècle, M. de Givès, qui l'a copié sur un ancien manuscrit de Nicolas Vignier, étant mort en 1699.

HISTOIRE.

Géographie.

265. Itinerarium Antonini Pii, — *1 vol. in-12, 280 pag.*

On lit dans un avertissement qui précède cet ouvrage, qu'il a été copié en 1511, dans deux exemplaires, dont l'un étoit beaucoup plus ancien que l'autre. Tout ce qui est écrit en rouge et en noir a été pris dans le plus ancien : on a souligné en bleu ce qui a été reconnu ne pas se trouver dans le moins ancien, dont on a extrait quelques additions écrites en couleur de rose dans notre manuscrit, dont l'écriture, sur papier, est belle et très-soignée.

Il appartenoit à la bibliothèque publique.

Chronologie.

266. Beda de Ratione temporum seu Computo : in fine habetur Isidori Hispalensis Epistola ad Massonem episcopum, de Lepra sacerdotis : — *in-folio, 386 pag., bois.*

Tel est le titre de ce manuscrit du neuvième siècle, sur vélin, à longues lignes, bien conservé dans le monastère de Saint-Benoît-sur-Loire. Il renferme plusieurs pièces sur divers sujets. La première est un fragment du livre des Juges et de celui de Ruth. On trouve, page 5, un traité du cours de la lune dans les douze signes, suivi, page 7, d'un calendrier différent de celui qui se trouve imprimé dans les œuvres de Bède ; d'un traité des épactes, et d'un autre du cycle de dix-neuf ans. La préface du livre *de ratione temporum* commence à la page 37. L'ouvrage a soixante-douze chapitres. Il est imprimé avec quelques différences ; le manuscrit est beaucoup plus étendu. Le livre *de natura rerum* se trouve page 256 ; il a été imprimé :

il est suivi du livre des Temps, et d'une lettre de Bède au prêtre Vuthède, imprimée dans les œuvres de ce père, tome deuxième, page 230, sur la manière de trouver le quatorze de la lune pour connoître le temps de Pâques et le commencement du carême. On lit à la page 332 une pièce intitulée *De mundano anno qui quindecim millibus solarium conficitur annorum*. Elle est suivie d'une chronique abrégée, ou manière de trouver le jour auquel Notre-Seigneur a souffert la mort, et de fixer le jour de Pâques; d'une méthode pour arranger un calendrier et y placer les fêtes de Pâques, par Théophile évêque de Césarée, et par plusieurs autres évêques assemblés dans un concile. On y trouve aussi la manière de fixer à quelle férie le quatorze de la lune peut tomber. Ce manuscrit, dont l'écriture est très-lisible, est terminé par un fragment de l'épître de S. Grégoire à Secondin, et par une lettre de S. Isidore à Masson.

Histoire ecclésiastique.

267. Chronicon Abbatiæ Sancti-Maxentii Pictaviensis, — *in-4°, 518 pages.*

L'écriture de ce manuscrit du commencement du dix-huitième siècle, sur papier, à longues lignes, est assez lisible.

Il vient de la bibliothèque de Saint-Benoît.

268. Historia Ecclesiæ, auctore Eusebio, ex versione Rufini; item Continuatio Historiæ Ecclesiasticæ, auctore eodem Rufino; — *in-fol., 442 pages.*

Ce manuscrit précieux renferme l'histoire ecclésiastique d'Eusèbe de Césarée, de la version de Rufin. Le premier livre n'y est point; le deuxième commence au dixième chapitre, et finit au vingt-deuxième.

Quelques feuillets manquent à la continuation de cette même histoire par Rufin.

L'écriture, du dixième siècle, sur vélin, partie à plein feuillet, partie à doubles colonnes sans vignettes, est assez lisible, et fait regretter qu'il ne soit pas plus complet.

Il vient de la bibliothèque de Saint-Benoît.

269. Historia Ecclesiastica Petri-Comestoris, — *in-fol.*, *350 pag., bois.*

C'est l'ouvrage de Pierre surnommé le Mangeur, dédié à Guillaume archevêque de Sens. Il renferme l'abrégé de l'histoire sainte. L'écriture, à doubles colonnes, sur vélin, est en beaux caractères très-réguliers : les lettres majuscules sont en couleur d'azur, et forment de petites vignettes. Ce manuscrit du treizième siècle, bien conservé, est à larges marges et d'une belle exécution.

Il vient de la bibliothèque de Saint-Benoît.

270. Fragmentum Historiæ tripartitæ Cassiodori, — *in-4°, 184 pages.*

Ce manuscrit sur vélin contient une épître de Sédulius, et les cinq livres des miracles de Jésus-Christ, chargés de notes marginales et interlinéaires. Il renferme aussi le livre de Bède *de arte metrica*, et un fragment de l'histoire tripartite de Cassiodore (a).

L'écriture de ce manuscrit du dixième siècle est surchargée de notes peu lisibles.

Il vient de la bibliothèque de Saint-Benoît.

271. Historia Antiquitatum et Annalium Ecclesiæ Jargoliensis, — *1 vol. in-4°, 600 pages.*

François Chesneau, né à Jargeau, et professeur au collège

(a) Cassiodore ayant engagé son ami Epiphane-le-scholastique de traduire de grec en latin les histoires de Socrate, de Sozomène et de Théodoret, il rangea les faits rapportés par ces trois historiens, selon l'ordre des temps, et donna à cette collection le nom d'Histoire tripartite, parce qu'elle étoit composée des histoires de ces trois auteurs.

des Jésuites à Orléans, est auteur de ce manuscrit, augmenté et écrit par Pierre Defay, chanoine de Jargeau.

L'effigie de S. Véran (ou S. Vrain), dix gravures représentant les miracles de ce saint, et l'effigie de sainte Hélène, première fondatrice de cette église sous l'invocation de Sainte-Croix, précèdent la dédicace de cet ouvrage, que l'auteur offre aux doyen, chantre et chanoines de l'église collégiale de Jargeau.

Ce manuscrit est divisé en plusieurs chapitres. L'auteur commence par une dissertation sur cinq évêques qui ont porté le nom de Véran, et il désigne comme patron de l'église de Jargeau celui des cinq qui étoit évêque de Cavaillon. Il entre dans le plus grand détail sur la vie et les miracles de ce saint, sur la translation de ses reliques, sur l'antiquité de l'église de Jargeau, de ses usages et de sa liturgie; détail qu'il a copié dans le manuscrit dont nous avons donné la notice sous le numéro 112. Il parle aussi du siège de Jargeau par les Anglais, que Jeanne d'Arc fit lever en 1429, et des massacres de la S. Barthélemi en 1572. Rien de ce qui appartient à l'histoire de Jargeau n'est oublié dans ce manuscrit du dix-septième siècle, sur papier, et dont l'écriture est belle et très-lisible. On y trouve des stances adressées à la fontaine de Vaucluse, et il est terminé par des vers sur l'antiquité de la ville de Jargeau.

C'est un de ceux qui ont été légués à la bibliothèque publique par M. l'abbé Pataud, chanoine honoraire de la cathédrale d'Orléans.

272. Bibliotheca Carmelitana, notis criticis et dissertationibus illustrata; — *2 vol. in-folio.*

Le père Cosme de Saint-Etienne, religieux de l'ordre des carmes, est auteur de cet ouvrage. Il obtint en 1747 la permission de le faire imprimer. L'écriture, moderne, est belle et régulière.

Il vient de la bibliothèque des grands-carmes.

HISTOIRE SAINTE,

OU

Martyrologes, Vies des Saints, etc.

273. Martyrologium Usuardi, et Regula S. Benedicti; — *in-4°, 399 pages.*

Ce manuscrit sur vélin est du neuvième siècle : son écriture à plein feuillet est en caractères assez lisibles.

Il appartenoit à l'abbaye de Saint-Benoît.

274. Martyrologium ad usum Ecclesiæ Senonensis, — *in-4°, 112 pages.*

La moitié de ce martyrologe a été enlevée : il est suivi d'un traité incomplet d'Alcuin *de virtutibus et vitiis*. Ce manuscrit du neuvième siècle n'offre pas un grand intérêt. Il est sur vélin, à longues lignes ; les caractères de l'écriture sont assez réguliers.

Il vient de la bibliothèque de Saint-Benoît.

275. Regulæ generales Martyrologii Ecclesiæ Aurelianensis, — *in-fol., 406 pages.*

Indépendamment des règles générales du martyrologe de l'église d'Orléans, ce manuscrit contient plusieurs fondations. Il est relié en bois, les coins bordés de cuivre, avec des clous de même métal.

L'écriture de ce manuscrit bien conservé, sur vélin, à longues lignes, sans vignettes, est du treizième siècle.

Il appartenoit à la bibliothèque du chapitre de Sainte-Croix d'Orléans.

276. Martyrologium insignis Ecclesiæ Aurelianensis, — *in-fol.*, *196 pages*.

>Ce volume, légué au séminaire d'Orléans par M. Seurrat, a été écrit sur papier en 1732.
>
>Il vient du séminaire d'Orléans.

277. Martyrologium Ecclesiæ Aurelianensis, — *1 vol. in-fol.*, *97 pages*.

>Ce volume, écrit sur papier en 1755 par M. Charles-François-Picault de la Rimbertière, chanoine de Sainte-Croix, est plutôt un nécrologe qu'un martyrologe.
>
>Il vient du chapitre de Sainte-Croix.

278. Martyrologium Ecclesiæ regalis S. Aniani Aurelianensis, — *in-4°*, *350 pages*.

>Les usages et les statuts du chapitre de Saint-Aignan, le cérémonial observé dans l'administration du saint Viatique et de l'extrême-onction aux dignitaires, chanoines et officiers de la même église, la marche de la procession du chapitre à Saint-Laurent, tout ce qui s'observoit à la réception des évêques d'Orléans lorsqu'ils prenoient possession de leur évêché, précèdent le martyrologe, qui est suivi de l'état nominatif de tous les dignitaires, chanoines et officiers de Saint-Aignan.
>
>L'écriture de ce manuscrit des dix-septième et dix-huitième siècles, attribué à M. Hubert, chanoine de Saint-Aignan, est assez lisible.
>
>Il a été donné à la bibliothèque publique d'Orléans par M. Landré-du-Rochay.

279. Legendæ plurium Sanctorum, — *in-folio*, *450 pages*, *bois*.

>Ce manuscrit sur vélin contient les légendes de plusieurs saints, avec des leçons relatives aux fêtes de quelques-uns de ces saints. L'écriture, en lettres onciales, à deux colonnes, et

assez lisible, paroît être du quinzième siècle : les lettres initiales sont en couleurs.

Il vient de la bibliothèque du chapitre de Sainte-Croix.

280. Actus et Passiones Martyrum, et Vitæ plurium Sanctorum ; — *grand in-fol., 370 pages.*

Ce manuscrit offre les vies de plusieurs saints. La première est celle de S. Jean l'évangéliste, incomplète, les premiers feuillets ayant été enlevés.

On trouve après la vie de S. Sylvestre pape deux hymnes à l'honneur de sainte Colombe, qui précèdent la vie de cette sainte, suivie de celles de sainte Geneviève, de S. Siméon, de S. Théogène, de S. Julien, de S. Lucien, martyr à Beauvais. La vie de S. Hilaire contient deux livres, qui sont suivis des miracles opérés après la mort de ce saint, ainsi que de la lettre qu'il adressa à sa fille Abra. Toutes ces pièces sont imprimées dans les œuvres de S. Hilaire.

On trouve dans la suite de ce recueil trente-cinq vies de saints martyrs ou confesseurs, dont quelques-unes sont imprimées dans les Actes des saints de l'ordre de S. Benoît, telles que celles de S. Laumer, de S. Prix et de S. Aubin. Dom Thierri Ruinart a aussi fait imprimer d'après ce manuscrit la vie de S. Philéas évêque. (*Vide Acta martyrum selecta, pag. 548.*)

L'écriture de ce manuscrit du dixième siècle, sur vélin, à doubles colonnes, est en caractères lisibles.

Il vient de la bibliothèque de Saint-Benoît.

281. Passio S. Christophori, Gesta Dei, Nativitas et Assumptio Mariæ, et alia varia sub nomine Bedæ ; — *petit in-fol., 218 pages.*

Ce manuscrit contient quelques légendes de martyrs. La première, qui n'est pas entière, est celle de la mort de S. Christophe. Le deuxième traité, qui n'a ni commencement ni fin, a pour titre *Gesta Domini*. Il est suivi des discours de la Nativité, de l'Assomption, et du livre des merveilles de la Sainte-

Vierge, imprimés dans les ouvrages de S. Grégoire de Tours, page 250 de la nouvelle édition.

On trouve également dans ce manuscrit l'histoire d'un enfant jeté dans le feu et d'un incendie appaisé, suivie du martyre de S. Xiste et de S. Laurent.

On lit à la page 94 ces paroles, *Incipiunt capitula libelli Scintillæ Scripturarum.* Ces chapitres sont au nombre de quatre-vingt-un. Le livre des sentences, qu'on trouve au tome septième des œuvres de Bède, page 370, termine ce manuscrit du dixième siècle, sur vélin. Les caractères de l'écriture, à longues lignes, sont nets.

Il vient de la bibliothèque de Saint-Benoît.

282. Vitæ et Passiones plurimorum Sanctorum, et alia varia Opera; — *in-4°, 226 pag., bois.*

Ce manuscrit du onzième siècle, sur vélin, à longues lignes, contient les vies de plusieurs saints, quelques opuscules de S. Ephrem, et le livre des vertus. Les dernières pages sont beaucoup moins lisibles que les premières.

Il vient de la bibliothèque de Saint-Benoît.

283. Vitæ et Passiones plurium Sanctorum, — *in-4°, 305 pages, bois.*

La vie de S. Sulpice évêque de Bourges, précédée d'un prologue, se trouve en tête de ce recueil, formé de plusieurs écrits de différens âges. Cette vie est partagée en trois livres, ainsi que la partie de ce manuscrit qui parle des miracles de ce saint. Ils sont imprimés au deuxième siècle des Actes des saints de l'ordre de S. Benoît, page 1681, excepté le troisième livre des miracles, qui se trouve dans ce manuscrit, et qui n'a pas été imprimé.

On voit ensuite la vie de S. Ursin évêque de Bourges, qu'on désigne dans le manuscrit comme un des soixante et dix disciples de Notre-Seigneur.

Après cette vie est celle de S. Léocade, et celle de S. Eudre son fils, qui est suivie de celle de S. Vrain évêque de Cavaillon, dont les reliques ont été transportées à Jargeau : suivent les vies de S. Jacques et de S. Philippe, de S. Simon et de S. Jude, apôtres.

A la page 226 se trouve le prologue de la vie de S. Germain évêque d'Auxerre, dont l'écriture est du dixième siècle. Le martyre de sainte Catherine est la dernière pièce de ce recueil. L'écriture de cette pièce et de celles qui précèdent le prologue de la vie de S. Germain paroît être des onzième et douzième siècles, sur vélin, à longues lignes, sans vignettes, caractères assez lisibles.

Ce manuscrit est un de ceux de la bibliothèque de Saint-Benoît.

284. Diversa Opera diversæ ætatis, — in-4°, 203 pag., bois.

Les ouvrages contenus dans ce manuscrit sont de différens auteurs, et des douzième, treizième et quatorzième siècles.

Le premier est le martyre de sainte Ursule et de ses compagnes, à Cologne : l'auteur de cette légende en porte le nombre à onze mille. Il est suivi du livre de S. Augustin contre Félix le manichéen, et d'un ouvrage de S. Anselme qui a pour titre, *Cur Deus homo?*

Le livre de la Trinité, ou plutôt de la foi de la Trinité, est précédé d'une préface qu'on trouve à la page 49.

Après cet ouvrage est une préface *in opus de veritate*. Trois traités sur l'étude de l'Ecriture-sainte terminent ce manuscrit, dont l'écriture, sur vélin, à longues lignes, est très-difficile à lire. Ces ouvrages se trouvent imprimés parmi ceux de S. Anselme.

Ce manuscrit a appartenu à la bibliothèque de Saint-Benoît.

285. Revelatio et Inventio corporis sancti Stephani martyris, — *in-4°, 141 pages.*

La première pièce de ce manuscrit du neuvième siècle, sur la vie et la mort de S. Etienne, se trouve imprimée au tome septième de la nouvelle édition des œuvres de S. Augustin : elle est suivie d'un fragment sur l'invention des reliques de ce saint, attribué à Bède. On trouve à la page 16 le livre des miracles de S. Etienne, divisé en deux parties : il est suivi d'un écrit intitulé *De gestis gloriosi martyris Stephani*. On trouve ensuite une homélie de S. Fulgence et deux sermons de S. Augustin sur S. Etienne. La page 114 offre un traité sous le titre *De assumptione sancti Joannis evangelistæ*. Un sermon sur la fête de la translation de S. Benoît, qu'on lisoit le soir à la collation avant complies pendant l'octave de cette fête, termine ce manuscrit sur vélin, dont l'écriture à longues lignes offre des caractères lisibles, avec les titres et les initiales en couleurs.

Il vient de la bibliothèque de Saint-Benoît.

286. Vita S. Gregorii papæ, auctore Paulo diacono, etc.; — *in-folio, 290 pages, bois.*

La vie de S. Grégoire pape se trouve dans ce manuscrit du neuvième siècle, à longues lignes, avec un bon caractère d'écriture. L'auteur est Paul, diacre du Mont-Cassin. Elle a été imprimée au premier tome des Actes des saints de l'ordre de S. Benoît, page 385. Elle est suivie de quelques homélies de S. Grégoire.

Le livre des vertus, attribué à S. Benoît d'Aniane, fait partie de ce manuscrit. Ce livre a pour titre, *De Virtutibus liber sancti ac beatissimi Benedicti patris monachorum*. Cependant les écrivains qui ont parlé des ouvrages de S. Benoît abbé d'Aniane ne font point mention de ce livre des vertus.

Des sentences extraites des saints peres pour exhorter les moines à la perfection de leur état, par Jean diacre, terminent ce manuscrit : mais on a de la peine à le lire, parce que les derniers feuillets sont déchirés en partie et gâtés par l'humidité.

Il vient de la bibliothèque de Saint-Benoît.

287. Vita S. Gregorii papæ, à Paulo diacono edita, — *in-folio, 64 pag., bois.*

La vie de S. Grégoire pape remplit ce manuscrit du onzième

siècle, sur vélin, à doubles colonnes, écriture assez régulière. Cette vie est celle dont Paul diacre est auteur. Le commencement y manque, ainsi que les deux derniers livres.

Ce manuscrit vient de la bibliothèque de Saint-Benoît.

288. Vita S. Gregorii papæ, à Joanne diacono edita; — *in-4°, 174 pages.*

Cette vie de S. Grégoire est la même que celle qui se trouve dans le manuscrit précédent : il manque dans celui-ci trente-quatre chapitres du premier livre et trente-deux du quatrième.

L'écriture de ce manuscrit du douzième siècle, sur vélin, à longues lignes, est nette, mais très-abrégée.

Il vient de la bibliothèque de Saint-Benoît.

289. Diversa Opera et Fragmenta, maximè Vitæ Sanctorum; — *in-4°, 460 pages, bois.*

Ce recueil offre une collection de vies de saints. Les premiers écrits regardent la vie de S. Martin évêque de Tours, par Grégoire et Sulpice-Sévère, dont on trouve quelques fragmens au tome septième de la bibliothèque des pères et dans Grégoire de Tours.

On voit ensuite plusieurs sermons de S. Augustin sur les fêtes de Noël et de l'Epiphanie.

Le livre de l'apocalypse se trouve incomplet à la page 93. Il est suivi de dix-sept vies de saints des premiers siècles, tels que les apôtres et les évangélistes, avec les secrètes qui se trouvent dans le canon de la messe. On voit ensuite la vie de S. Denis, composée par un inconnu en 750 : Hilduin s'en est servi dans ses Aréopagites, ainsi que M. Bosquet, évêque de Montpellier. On trouve encore plusieurs légendes jusqu'à la page 445, où l'on voit un fragment de sermon de S. Augustin, un autre de S. Ambroise : un troisième, de S. Augustin, termine ce manuscrit du neuvième siècle, sur vélin, à longues lignes, caractères bons et lisibles.

Il vient de la bibliothèque de Saint-Benoît.

290. Vitæ plurium Sanctorum, Sermones, Epistolæ, et alia diversa; — *in-8°, 244 pages, bois.*

Ce manuscrit contient des ouvrages copiés dans le dixième siècle, et quelques autres dans des temps postérieurs. Jean sous-diacre est auteur de la vie de S. Nicolas, précédée d'un prologue qu'on lit au commencement du manuscrit : elle est suivie de celles de S. Alexis et de S. Athanase évêque d'Alexandrie. On trouve ensuite trois sermons attribués à S. Augustin, qui ont été copiés au treizième siècle, à la suite desquels est une révélation d'un miracle opéré par S. Anastase martyr, dans le monastère appelé *ad Aquas Salvias*. A la page 221 est l'épître de Chromace et d'Héliodore à S. Jérôme, suivie de la réponse de ce saint docteur. Ces deux pièces se trouvent à la page 444 de l'édition des œuvres de S. Jérôme par les bénédictins. Après ces écrits est un sermon sur la fête de Noël, suivi d'une légende de sainte Thècle, qui termine ce manuscrit de la bibliothèque de Saint-Benoît-sur-Loire, dont l'écriture sur vélin, à longues lignes, sans vignettes, est assez lisible. Les titres et les lettres capitales sont en couleurs.

291. Diversa Opera et Fragmenta tùm S. Augustini, tùm divi Prosperi, et aliorum auctorum; — *in-8°, 200 pages, bois.*

Ce manuscrit du dixième siècle est un mélange d'ouvrages, dont le premier est la vie de S. Augustin par Possidius évêque de Calama. Les dix-huit premières lignes de cette vie et la nomenclature des ouvrages de ce saint docteur ne se trouvent pas dans ce manuscrit, dont la deuxième pièce est la vie de S. Grégoire-le-Grand, qui est imprimée sous le nom de Paul diacre, dans les actes des saints de D. Mabillon. Elle n'est pas complète dans ce manuscrit, non plus que celle de S. Lenover, dont les commencemens ont été enlevés. Les isagogues de Porphyre suivent ces fragmens, et en précèdent un du commentaire sur l'apocalypse.

Les sentences de S. Prosper, au nombre de cent, terminent ce manuscrit, accompagnées d'autant d'épigrammes. Ces sentences, dont les dernieres manquent, sont extraites des ouvrages de S. Augustin, et rendues par autant d'épigrammes de S. Prosper, qui depuis ont été imprimées.

L'écriture de ce manuscrit à longues lignes, sur vélin, est de différentes mains, la plupart assez lisibles.

Il vient de la bibliothèque de Saint-Benoît.

292. Vita S. Martini episcopi Turonensis, auctore Gregorio ejusdem regionis episcopo; — *in-4°, 103 pages.*

Ce manuscrit du onzième siècle contient la vie de S. Martin évêque de Tours, sur vélin, à longues lignes, écriture facile à lire, sans vignettes.

C'est un de ceux de la bibliothèque de Saint-Benoît-sur-Loire.

293. De Vita et Miraculis S. Martini, — *in-4°, 150 pages, bois.*

Quelques ouvrages de Sulpice-Sévère, qui ont été imprimés, précèdent, dans ce volume, les extraits des ouvrages de S. Grégoire de Tours sur la vie et les miracles de S. Martin.

L'histoire de la translation de ce saint à Tours, par Odon, se trouve dans le tome septième de la bibliothèque des pères.

La délivrance de la ville de Tours assiégée par les Normands, que plusieurs attribuent au débordement subit de la Loire et du Cher, fait partie des miracles de S. Martin cités dans ce manuscrit. On y lit aussi que S. Martin, après son retour d'Auxerre, passant dans une ville du Berri, guérit un lépreux; ce qui fit donner à cette ville le nom de Levroux, qu'elle porte encore, et en latin *Leprosum*. On ajoute que ce saint, surpris de ne pas entendre chanter les coqs, en demanda la cause: ayant appris que S. Ours, premier évêque de Bourges, visitant cette partie de son diocèse, avoit défendu aux coqs de chanter, pour punir les habitans, qui n'avoient pas écouté ses exhortations, S. Martin distribua à la volaille du grain qu'il avoit béni, et lui ayant ordonné de chanter, elle obéit.

L'écriture de ce manuscrit du treizième siècle, sur vélin, à plein feuillet, est lisible et correcte; les lettres initiales sont en couleurs.

Il a été donné à la bibliothèque publique par M. Dubois, chanoine-théologal de la cathédrale d'Orléans.

294. Historia Apparitionis Michaëlis archangeli in monte Gargano, et alia Opera sancti Ephrem; — *in-8°, 140 pages.*

Le premier ouvrage qu'offre ce manuscrit est une histoire de l'apparition de S. Michel au mont Gargan, suivie de différens hymnes recueillis de côté et d'autre par le moine qui a copié ce manuscrit.

On trouve ensuite le livre de la componction, le sermon de la perfection d'un moine, le deuxième livre du jugement, le deuxième livre de la béatitude de l'ame, le cinquième sermon de la componction, dont la traduction latine, imprimée page 92 de la bibliothèque ascétique, est bien différente de celle qui se trouve dans ce manuscrit, dont presque tous les ouvrages sont de S. Ephrem, et imprimés dans la bibliothèque ascétique. L'écriture de ce manuscrit sur vélin est de différentes mains, et n'est pas lisible dans quelques feuillets, à cause de sa vétusté. Il est du onzième siècle, sans vignettes, et de la bibliothèque de Saint-Benoît.

295. De Vita et Miraculis plurium Sanctorum, — *in-4°, 157 pages.*

L'écriture des ouvrages contenus dans ce manuscrit est de différentes mains et de différens siècles.

Les premiers, qui contiennent la vie et les miracles de sainte Colombe, martyre à Sens, et quelques hymnes en son honneur; la vie de S. Loup évêque de Sens, de S. Aumaire évêque d'Auxerre, et les actes du martyre de S. Vincent, lévite à Sarragosse, sont du dixième siècle : ceux qui suivent, tels que le premier livre de la gloire des martyrs, de Grégoire de Tours, la gloire des confesseurs, les actes du martyre de S. Quentin, etc., sont du douzième siècle.

Ce manuscrit sur vélin, à longues lignes, sans vignettes, écrit en caractères lisibles, vient de la bibliothèque de Saint-Benoît.

296. Transitus corporis beatæ Mariæ-Magdalenæ in locum qui dicitur Vicéliacum, gallicè *Vézelai*; et Officium sanctæ Fidis, notis musicis illustratum; — *in-4°, 88 pages, bois.*

La première pièce de ce manuscrit est la relation de la mort de sainte Magdeleine, dont le corps, suivant cette légende, a été transporté à Vézelai : elle est suivie d'un office noté en musique à l'honneur de sainte Foi, martyre au diocèse d'Agen. On trouve à la page 73 des bénédictions, des collectes et des préfaces pour la messe en l'honneur de cette sainte martyre ; il y a aussi des hymnes en son honneur. Une prose de sainte Magdeleine termine ce manuscrit du douzième siècle, sur vélin, à longues lignes.

Il vient de la bibliothèque de Saint-Benoît.

297. Vita S. Ludovici regis Francorum, — *in-fol., 450 pages, bois.*

Ce manuscrit du quinzième siècle, en caractères gothiques, sur vélin, à larges marges et à longues lignes, est bien conservé ; les lettres majuscules en azur forment de petites vignettes.

La vie et l'office de S. Louis roi de France sont suivis, à la page 22, de la vie et de l'office de sainte Marthe. La vie et l'office de S. Bertrand évêque de Comminges terminent ce manuscrit, qui vient de l'abbaye de Saint-Benoît.

Bibliographie.

298. Catalogus Librorum Guillelmi Prousteau, antecessoris Aurelianensis ; — *in-folio.*

Tout ce qui a appartenu au fondateur d'une bibliothèque publique doit être précieux pour ceux qui cultivent les sciences, les lettres et les arts. Ce catalogue est divisé en deux parties, la première par ordre alphabétique, la deuxième par ordre de matières.

L'écriture de ce manuscrit autographe est de la fin du dix-septième siècle.

Il appartenoit à la bibliothèque publique.

299. Systema bibliographicum, seu Catalogus Librorum bibliothecæ Seminarii Aurelianensis ; — *in-folio, 300 pages.*

Les divisions de ce catalogue sont celles qui ont été généralement adoptées dans le dix-huitième siècle : il est terminé par une table alphabétique des auteurs dont les ouvrages se trouvent dans ce catalogue.

300. Catalogus Librorum bibliothecæ fratrum minorum Recollectorum conventûs Aureliæ, factus anno 1644 ; — *in-4°, 380 pages.*

La majeure partie des ouvrages dont les titres se trouvent dans ce catalogue appartient à la théologie et à la mysticité.

301. Catalogus Librorum Sancti-Evurtii.

Ce volume contient le catalogue des livres que M. Philippe de Cugniou, docteur de Sorbonne et chanoine de Sainte-Croix, légua aux chanoines réguliers de Saint-Euverte, congrégation de France, le 29 septembre 1754, à condition qu'ils seroient à l'usage du public. Cette bibliothèque ayant été réunie à celle de la ville, nous regardons ce respectable ecclésiastique comme un de ses bienfaiteurs, dont le souvenir doit être cher à ceux qui savent apprécier l'utilité de ces établissemens.

Extraits historiques.

302. Valerii-Maximi Abbreviatio, alphabetum incipit feliciter ; — *in-8°*, 218 *pag.*, *bois*.

Ce volume, ainsi que le titre l'annonce, contient un abrégé ou une table alphabétique et raisonnée de l'ouvrage de Valère-Maxime intitulé *De dictis factisque mirabilibus.*

On trouve dans le même volume un autre ouvrage ayant pour titre *Lactantii Firmiani abbreviatio, alphabetum incipit.* C'est une table pareille à la précédente, d'un traité de Lactance donné au public par M. Baluze, sous le titre de *La mort des persécuteurs.* Quelques critiques ont voulu l'attribuer à Lucius Cécilius, qui n'est point connu : leurs preuves sont trop foibles pour faire changer de sentiment à ceux qui appuyés sur des raisons bien plus solides, le donnent à Lactance.

L'écriture, du onzième siècle, sur vélin, est très-soignée : toutes les lettres capitales et les marges de la première page sont rehaussées d'or et de petites vignettes.

Ce manuscrit, bien conservé, a été donné à la bibliothèque publique de la ville d'Orléans par M. Landré-du-Rochay.

MANUSCRITS FRANÇAIS.

THÉOLOGIE.

Dissertations sur l'Ecriture-sainte et sur les saints Pères.

303. Les Pseaumes de David et quelques Cantiques de l'ancien et du nouveau Testament traduits en vers français, — *in-4°, 403 pages.*

Jacques Balery du Coudray, moine de l'abbaye de Saint-Benoît-sur-Loire au commencement du dix-septième siècle, est l'auteur de cette traduction.

Psalm. 1. *Beatus vir qui non abiit*, etc.
O que l'homme est heureux qui n'a jamais été
Aux routes des méchans, ni ne s'est égaré
Aux chemins égarés des injustes pécheurs,
Et n'a pris place aux bancs pestilens des moqueurs !

On voit, par ce début, que ce bon moine auroit pu s'occuper à toute autre chose qu'à faire des vers.

Ce manuscrit, sur papier, commence par des prières au Saint-Esprit pour toutes les heures du jour.

304. Traduction des Pseaumes sur l'hébreu, suivie de Remarques critiques, par Sébastien-François Bouthier; — *in-4°, 432 pages.*

Les remarques savantes que l'auteur a jointes à son ouvrage, ses traductions du livre de Job, des proverbes, et de plusieurs odes du grec de Pindare, prouvent qu'il avoit étudié avec fruit les langues anciennes et modernes.

M. Bouthier étoit né le 9 novembre 1738, à Orléans, où il mourut le 2 janvier 1798. A cette époque M. de Rochas, ancien chanoine de Sainte-Croix, fit imprimer une notice très-bien faite sur la vie et les ouvrages de son ami : il a donné à la bibliothèque publique d'Orléans ce manuscrit autographe et inédit.

305. Libri tres Ethices Judæorum, Proverbia, Ecclesiastes et Sapientia, leviusculis additamentis explicati ; — *Aureliæ*, *1783*, *in-4°*, *280 pages*.

Ce manuscrit autographe et inédit de M. Bouthier a été donné à la bibliothèque publique par M. Bachevillier-du-Cormier pendant l'impression de ce catalogue, ce qui nous force de le placer ici, quoique latin, comme une suite du précédent.

306. Dissertation sur le chapitre neuvième de l'Epître de S. Paul aux Romains, — *in-4°*, *320 pages*.

Ce volume contient aussi une dissertation sur les semaines de Daniel. L'écriture moderne de ce manuscrit sur papier est très-lisible.

On ignore à qui il a appartenu.

307. Remarques sur les Sermons, Lettres et autres Œuvres de S. Bernard et de plusieurs autres Pères ; — *in-4°*, *1000 pages*.

Les remarques énoncées dans le titre de cette notice sur quelques œuvres de S. Bernard ne sont pas les seules que ce volume renferme ; on y trouve des remarques sur les lettres, le pastoral et les morales de S. Grégoire-le-Grand, ainsi que sur les confessions de S. Augustin : elles sont suivies de la solution de plusieurs questions sur la communion et sur le délai de l'absolution. Ce volume est terminé par des remarques sur le livre de S. Augustin de la grace de Jésus-Christ, par le père Janet, supérieur de Saint-Magloire à Paris.

L'écriture de ce manuscrit, sur papier, à plein feuillet, est moderne et très-lisible.

Il a été légué à la bibliothèque publique par M. René Le-Jay de Massuère.

Liturgies et Offices.

308. Cérémonial des Vêtures et Professions des Religieuses de l'abbaye de Saint-Loup, — *1 vol. in-8°, 266 pages.*

L'écriture, de 1713, est belle et lisible.

Ce manuscrit appartenoit à l'abbaye de Saint-Loup.

309. Le même Cérémonial, — *in-12, 175 pages.*

C'est une copie du précédent.

310. La Cérémonie de la Vêture des Religieuses de l'abbaye de Saint-Loup, — *1 vol. in-8° doré sur tranche, 226 pages.*

C'est le même cérémonial présenté d'une manière différente. L'écriture, plus moderne que celle des deux articles précédens, est également belle et très-soignée.

Conciles et Synodes.

311. Actes de tous les Synodes nationaux tenus au royaume de France par les Eglises réformées dudit royaume, — *in-fol., 390 pag.*

Ce volume contient les actes des synodes, la liste des députés qui y ont assisté, les lettres et généralement tout ce qui est relatif aux différentes assemblées tenues au sujet des églises réformées.

L'écriture de ce manuscrit du dix-septième siècle, sur papier, est assez lisible, quoiqu'en très-petits caractères.

Il appartenoit au chapitre de Sainte-Croix.

Sermons.

312. Exhortations de monsieur FOURCROY, — *in-fol.*, *430 pages.*

Ce volume renferme plusieurs discours prêchés dans le chapitre de Sainte-Croix, dont il étoit doyen, et adressés à des religieuses qui se consacroient au service des pauvres dans l'hôtel-Dieu d'Orléans.

Ces discours ont été écrits en 1669.

Ce manuscrit, dont l'écriture est très-lisible, appartenoit à la bibliothèque de Sainte-Croix.

313. Les mêmes Discours, — *in-4°, 410 pages.*

C'est une répétition du précédent.

314. Prônes de monsieur FOUCAULT, curé de Saint-Michel d'Orléans; — *1 vol. in-8°, 909 pages.*

Nicolas Foucault, né à Orléans le 26 août 1650, fut nommé à la cure de Saint-Michel en 1687, après avoir été curé de Saint-Benoît-du-retour l'année précédente. En lisant les prônes contenus dans ce volume on s'apperçoit aisément qu'il s'étoit appliqué à la lecture des homélies et des ouvrages de S. Chrysostome. Il mourut le 18 août 1692, généralement regretté. Ces prônes ont été imprimés à Orléans après la mort de ce respectable curé, en 1703.

M

L'écriture de ce manuscrit sur papier est soignée et très-lisible; il a été copié sur les originaux écrits par l'auteur.

Il appartenoit au chapitre de Sainte-Croix.

Théologie mystique ou contemplative.

315. Les Homélies spirituelles de l'abbé S. Macaire, Egyptien, très-utiles et très-profitables à tout Chrétien qui désire avancer son salut et s'acheminer à la perfection; — *in-fol.*, *199 pages*.

Ces homélies, au nombre de cinquante, sur papier, offrent une écriture du seizième siècle, difficile à lire et peu correcte. Ce manuscrit vient de la bibliothèque de Saint-Benoît.

316. Méditations de dom Philippe Des-Vignes, — *petit in-fol.*, *810 pages*.

Dom Philippe Des-Vignes avoit déjà embrassé la règle de S. Benoît dans le monastère des blancs-manteaux en 1622, lorsqu'il entra dans la réforme de S. Maur. Après avoir rempli les fonctions de supérieur et de maître des novices dans différens monastères, il se retira à l'abbaye de Saint-Benoît-sur-Loire, où il s'occupa à des ouvrages qui pouvoient être de quelque utilité pour ses frères, et il composa plusieurs sujets de méditations qui se trouvent dans ce manuscrit autographe et dans les trois suivans. L'écriture, du dix-septième siècle, sur papier, est difficile à lire. Il mourut en 1672, en odeur de sainteté, dans le monastère de Saint-Benoît, où ce manuscrit et les trois suivans ont été conservés.

317. Méditations de dom Philippe Des-Vignes, — *in-4°*, *442 pages*.

Ce manuscrit du dix-septième siècle, sur papier, est, comme le précédent, dont il est une suite, écrit par l'auteur, en caractères peu lisibles. Il vient de l'abbaye de Saint-Benoît-sur-Loire.

FRANÇAIS.

318. Méditations de dom Philippe Des-Vignes, — in-4°, 385 pages.

Ce manuscrit est, comme le précédent, du dix-septième siècle, et écrit par l'auteur sur papier.

Il vient de la même bibliothèque de Saint-Benoît.

319. Méditations de dom Philippe Des-Vignes, — in-4°, 299 pages.

C'est une suite du précédent.

320. De la Sainteté et des Devoirs de la Vie monastique, par Armand de Rancé, abbé de la Trappe ; — in-4°, 518 pages.

Un moine de l'abbaye de Saint-Benoît-sur-Loire ayant eu communication de l'ouvrage de M. l'abbé de la Trappé, qui traite de la sainteté et des devoirs de la vie monastique, en fit une copie sur papier. L'écriture très-lisible de ce manuscrit conservé à Saint-Benoît est du dix-septième siècle.

321. Livre de la Retraite, — 1 vol. in-12, relié en maroquin noir, doré sur tranche, 388 pages.

Ce manuscrit sur papier, d'une belle écriture moderne, orné de neuf gravures relatives au sujet proposé pour chacun des jours d'une retraite religieuse, n'offre d'autre intérêt que celui d'un ouvrage mystique destiné à des personnes vouées à la vie contemplative.

Il vient de l'abbaye de Saint-Loup.

322. Instructions tirées des Œuvres de piété du cardinal de Bérulle, in-4°, 715 pages.

C'est un recueil de plusieurs instructions à l'usage des religieuses de Saint-Loup.

L'oraison funèbre de ce cardinal, prononcée par M. de Cospean, évêque de Lisieux, termine ce manuscrit, dont l'écriture, du dix-septième siècle, sur papier, est très-lisible.

323. Instructions et Réponses de madame Frémiot de Chantal à ses Religieuses, — *2 vol. in-8°, 1020 pages.*

L'écriture de ce manuscrit du dix-huitième siècle, sur papier, est très-facile à lire.

Il appartenoit au couvent de la Visitation d'Orléans.

324. Réflexions et Prières tirées de différens livres, — *in-4°, 156 pages.*

On lit au commencement de ce volume que c'est une copie d'un ouvrage de M. Rollin, dont l'original est entre les mains de M. Fougeron, de qui la famille n'existe plus à Orléans. On y voit en marge des lettres capitales qui désignent les livres dont chaque article est extrait.

Nommer M. Rollin c'est faire l'éloge de notre manuscrit, du dix-huitième siècle, sur papier : l'écriture est très-lisible.

Il appartenoit au Séminaire d'Orléans.

325. Dissertation sur le Scapulaire, par monsieur Pirot, docteur de Sorbonne ; — *in-4°, 100 pages.*

Simon Stoch est connu dans l'histoire sous trois dénominations différentes ; 1° sous celle de *Simon Anglicus*, à cause du lieu de sa naissance ; 2° sous celle de *Simon Stoch*, parce qu'ayant voulu vivre dans la solitude avant d'être religieux, il avoit choisi pour asyle le creux d'un tronc d'arbre, qu'on appelle *stoch* en anglais ; 3° enfin sous celle de *Simon de Vasconia*, à cause du lieu de son décès, étant mort à Bordeaux, où il fut enterré.

Devenu général des carmes dans le treizième siècle, il imploroit avec ferveur la protection de la Sainte-Vierge, lorsqu'il la vit avec une grande suite, tenant l'habit de l'ordre des carmes, et lui adressant ces paroles : « Tous ceux qui mourront avec cet habit seront à l'abri des flammes éternelles. »

Cette vision a trouvé des incrédules et des défenseurs. Parmi les premiers M. De Launoy s'est diftingué par plusieurs dissertations qui ont été réfutées par les seconds. M. Pirot, dans la dissertation que ce manuscrit renferme, a donné des preuves nombreuses de la vérité de cette vision, et des vertus du scapulaire. L'écriture, du dix-huitième siecle, sur papier, est belle et correcte.

Il étoit dans la bibliothèque des grands-carmes.

326. Suites ou Enchaînement des Evénemens et des Vérités que l'Ecriture annonce en suivant les mêmes symboles; — *in-4°, 688 pages.*

L'ouvrage que ce volume renferme n'est pas entier; il finit à la septième suite.

Plusieurs des symboles ont été imprimés en 1734.

L'écriture de ce manuscrit à plein feuillet sur papier est moderne, et facile à lire. Il a été légué par M. René Le-Jay de Massuère à la bibliothèque publique d'Orléans.

327. La grande Bible Française, — *2 vol. in-fol., 2155 pages.*

Cet ouvrage, commencé par un carme-déchaussé, n'a pas été fini. C'est plutôt un dictionnaire que l'exposition littérale de l'Ecriture-sainte, ainsi que le titre l'annonce. L'auteur a divisé son ouvrage par lettres alphabétiques, il en est resté à la lettre E. Ces deux volumes, fort mal écrits, n'offrent d'autre intérêt que celui d'avoir occupé un religieux solitaire attaché à ses devoirs.

Il appartenoit aux carmes-déchaussés.

Traités théologiques des Sacremens.

328. Lettres de messeigneurs les prélats approbateurs du

livre de la fréquente Communion, aux papes Urbain VIII et Innocent X; — *in-4°, 45 pages.*

Cette correspondance fait honneur aux évêques qui ont signé les lettres dont elle est composée.

L'écriture de ce manuscrit du dix-septième siècle, sur papier, est belle et très-lisible.

Il vient de la bibliothèque du chapitre de Sainte-Croix.

JURISPRUDENCE.

Droit Canonique.

329. Eclaircissemens donnés en différentes années dans le séminaire de Saint-Magloire sur les Canons et Décrets de l'Eglise, *1 vol. in-4°, 706 pages.*

L'écriture de ce manuscrit du dix-huitième siècle est très-lisible, sur papier, à plein feuillet.

Il vient de la bibliothèque de l'Oratoire d'Orléans.

330. Observations sur les diverses Editions du Concordat fait entre le pape Léon X et le roi François Ier, — *1 vol. in-4°, 301 pages.*

L'écriture de ce manuscrit du dix-huitième siècle, sur papier, est très-lisible.

Il vient de la bibliothèque du séminaire d'Orléans.

331. Abrégé de *Petrus Aurelius*, — *1 vol. in-fol., 257 pages.*

Ce volume est divisé en trois tomes. Le premier a pour objet la défense de l'épître des évêques qui ont condamné les livres de Richard Smith, évêque de Chalcédoine : le deuxième est relatif à un libelle connu sous le titre de *Spongia* : le troisième contient la réponse d'Aurélius à Sirmond sur le concile d'Orange. Les matières sont traitées en forme de dialogue. L'écriture, moderne, est assez lisible.

Il vient de la bibliothèque des prêtres de l'Oratoire.

332. De l'Autorité du Roi dans l'administration de l'Eglise Gallicane, — *in-folio*, *344 pages*.

Ce volume contient deux parties. On trouve dans la première plusieurs dissertations sur l'autorité des rois parmi les Juifs relativement à la religion, et sur celle que les premiers empereurs Romains ont eue dans l'administration de l'église : une dissertation sur l'autorité dont les rois des première, seconde et troisième races ont joui dans l'administration des choses ecclésiastiques, termine cette première partie. La deuxième partie traite de la conduite de l'église en général, et de son partage entre les puissances spirituelle et temporelle ; de l'autorité du roi dans l'administration de la foi, dans la discipline relative au culte catholique, aux personnes ecclésiastiques et aux biens de l'église. La dernière pièce de ce manuscrit est un état nominatif de tous les bénéfices et revenus de l'église de France.

L'écriture, moderne, est belle et très-soignée.

Il vient du séminaire d'Orléans.

333. Divers Discours et Mémoires sur quelques Matières ecclésiastiques, et sur les Libertés de l'Eglise Gallicane ; — *1 vol. in-fol.*, *800 pages*.

Ce volume est un recueil d'un grand nombre de pièces relatives à des questions ecclésiastiques et bénéficiales, qui ne sont plus aussi intéressantes qu'elles l'étoient à l'époque où elles ont été écrites.

Il vient de la bibliothèque du chapitre de Sainte-Croix.

334. Traité de la Juridiction ecclésiastique volontaire et

contentieuse, par M. Daniel Jousse, conseiller au présidial d'Orléans ; *1 vol. in-4°, 267 pages.*

Ce manuscrit autographe d'un ouvrage imprimé en 1769, un vol. in-12, a été donné à la bibliothèque publique par M. le président De-la-Place de Montevray.

335. Echantillon des Excès que présente à tous les yeux le nouveau Commentaire sur l'Edit du mois d'avril 1695 concernant la Juridiction ecclésiastique ; — *in-fol., 88 pag.*

Cet écrit, qui a pour date le 16 novembre 1759, présente une censure amère du commentaire de M. Jousse sur la juridiction ecclésiastique, publié en 1757.

L'auteur anonyme de cette critique l'avoit fait imprimer ; mais l'autorité supérieure en arrêta la publication et le débit, à raison des opinions ultramontaines qu'elle contient.

L'ouvrage de M. Jousse n'en eut pas moins le succès qu'il méritoit, et la manière dont fut accueillie la seconde édition, considérablement augmentée, qu'il donna en 1767, le vengea bien complètement des efforts impuissans de l'envie, qui aime sur-tout à attaquer les réputations les plus justement établies.

Donné à la bibliothèque publique par M. le président De-la-Place de Montevray.

Droit Civil.

336. Le Code Justinien traduit en français, — *in-fol., 400 pages.*

Le premier et le second livres de ce code manquent dans ce volume jusqu'au titre dix-neuvième ; il ne s'y trouve que neuf livres. Il est terminé par ces mots : « Cy finist li Codes » au très-saint empereur Justinien. »

L'écriture de ce manuscrit sur vélin est du quatorzième siècle, et est assez lisible.

Il appartenoit à la bibliothèque publique.

337. Les Institutes de l'empereur Justinien traduites en français, — *in-fol., 168 pages.*

Ce manuscrit du quatorzième siècle, sur vélin, à doubles colonnes, est terminé ainsi qu'il suit : « Chi finissent les Ins- » titutes à l'empereur Justinien en français. »

Il appartenoit à la bibliothèque publique.

338. Les Institutes de Justinien comparées au Droit français, par M. Germain, professeur en droit français à Paris ; — *in-fol., 300 pages.*

Ce manuscrit du dix-huitième siècle, sur papier, peut offrir des observations utiles à ceux qui veulent comparer le droit romain au droit français.

Droit Français.

339. Les Principes du Droit français, par Charles Goulu ; — *2 vol. in-4°, 852 pages.*

Ces principes ont été dictés par l'auteur dans les écoles d'Orléans en 1702 et en 1703. M. Vaslin des Breaux, qui les a légués à la bibliothèque publique, les a écrits sur papier à plein feuillet.

340. Suite des Principes du Droit français, par le même ; — *2 vol. in-4°, 1000 pages.*

Ces deux volumes sont une suite des précédens : les traités qu'ils contiennent ont été dictés dans les écoles d'Orléans.

341. Traité des Fiefs, par M. Charles Goulu ; — *in-8°, 466 pages.*

Charles Goulu fut le premier professeur en droit français à Orléans : il commença ses leçons par ce traité des fiefs. Il étoit regardé comme le plus habile consultant de la province, et on doit trouver dans ses traités d'excellentes décisions.

342. Des Fiefs en général, — *1 vol. in-fol.*, *220 pag.*

Une note écrite par M. Jousse annonce que ces notes sur les fiefs sont de M. Chotard, avocat à Orléans : il ajoute qu'il a cité une sentence de 1677, art. 429 et 424.

L'écriture de ce manuscrit du dix-huitième siècle, sur papier, est facile à lire.

On ignore d'où il vient.

343. Coutumes de Beauvoisis, par Philippe de Beaumanoir, bailli de Clermont; — *in-folio*, *830 pag.*

Ce manuscrit du dix-huitième siècle, sur papier, ne contient que les soixante-huit premiers chapitres.

Ces coutumes ont été imprimées avec des notes, par les soins de M. Thaumas de la Thaumassière.

Légué à la bibliothèque publique par M. l'abbé Pataud.

344. Commentaires sur la Coutume d'Orléans, par Jacques de Givès; — *in-fol.*, *1000 pag.*

M. Proust de Chambourg a écrit et donné à la bibliothèque publique ces commentaires sur la Coutume d'Orléans : ils n'ont pas été imprimés. L'auteur, M. de Givès, avocat du roi au présidial d'Orléans, jouit, comme jurisconsulte et comme littérateur, d'une réputation justement acquise.

Il appartenoit à la bibliothèque publique.

345. Observations sur la Coutume d'Orléans, par M. Picault de la Rimbertière, lieutenant-juge honoraire en la prévôté et police d'Orléans; — *in-folio*, *544 pag.*

Ce manuscrit autographe du dix-huitième siècle, sur papier, étoit destiné à l'impression, et déjà revêtu de l'approbation du censeur nommé par M. le chancelier, qui regardoit cet ouvrage comme très-utile pour la parfaite intelligence de cette Coutume.

Légué à la bibliothèque publique d'Orléans par M. l'abbé Pataud.

346. Les Remarques de M. François Humery de la Boissière, conseiller au présidial d'Orléans, sur la Coutume d'Orléans; — *2 vol. in-fol., 3000 pages.*

M. Humery de la Boissière est mort à Orléans en 1715. Son manuscrit, qui faisoit partie de ceux de M. Jousse, a été légué à la bibliothèque publique par M. l'abbé Pataud.

347. Notes sur différentes Coutumes et autres matières de Jurisprudence, — *1 vol. in-fol., 1400 pages.*

Florent Mesmin, conseiller au présidial d'Orléans, mort en 1671, paroît être l'auteur de ces notes.

Légué par le même.

348. Des Communautés et Gens de main-morte, où il est traité en particulier de l'Administration des villes, hôpitaux et fabriques, par M. Jousse, conseiller au présidial d'Orléans; — *1 vol. in-4°, 119 pages.*

Ce traité a long-temps occupé son auteur, puisque l'ayant commencé le 2 août 1754, il invoqua des autorités de 1760 et 1763. Daniel Jousse, dont le nom est honorablement placé dans les fastes de la jurisprudence après celui de Pothier, naquit aussi à Orléans, le 10 février 1704, et y mourut le 21 août 1781. On trouve dans le vingt-deuxième volume de la Biographie universelle une notice très-détaillée sur ce magistrat, rédigée par M. le président De-la-Place de Montevray, qui a fait don à la bibliothèque publique de cet autographe d'un ouvrage resté inédit.

349. Notice des principaux Principes de jurisprudence, d'ordre et d'économie nécessaires à tous les citoyens dans

l'usage ordinaire de la vie, pour le gouvernement de leur maison et de leurs affaires domestiques, par M. Daniel Jousse; — *1 vol. in-4°, 1201 pages.*

Cet autographe d'un ouvrage inédit a été donné à la bibliothèque publique par M. le président De-la-Place de Montevray.

350. Traité de la Contrainte par corps en matière civile, par M. Daniel Jousse; — *1 vol. in-4°, 120 pag.*

Cet autographe d'un ouvrage inédit commencé en 1743 a été donné à la bibliothèque publique par M. le président De-la-Place de Montevray. M. Jousse a employé quelques parties de son travail dans ses divers commentaires de nos ordonnances; mais ce manuscrit, où la matière est traitée *ex professo*, et où tous les principes qui la régissent se trouvent réunis, n'en présente pas moins un grand intérêt aux jurisconsultes.

351. Traité des Crimes, par M. Daniel Jousse; — *1 vol. in-4°, 92 pages.*

Ce fut sur-tout comme criminaliste que M. Jousse obtint une célébrité non contestée: son traité de la justice criminelle de France, imprimé à Paris en 1771, 4 vol. in-4°, l'a placé en première ligne sous ce rapport, et nous regardons comme précieux le manuscrit autographe de ce petit traité inédit, qui offre l'un de ses premiers essais dans cette partie importante de notre jurisprudence.

Ce manuscrit a été donné à la bibliothèque publique par M. le président De-la-Place de Montevray.

352. Extrait du Traité des Lois criminelles, — *1 vol. in-4°, 292 pages.*

L'ouvrage analysé dans ce manuscrit a paru imprimé à Paris en 1739, in-4° sous le nom de M. Meslé, quoiqu'il soit de M. Claude-Joseph Prévôt, mort en 1753, âgé de 61 ans.

C'est par ces extraits des criminalistes anciens que M. Jousse préluda à la composition de son grand ouvrage sur la justice criminelle de France.

Ce manuscrit autographe fait partie du don de M. le président De-la-Place de Montevray.

353. Trois Observations sur les Ordonnances, par M. Delorme, avocat au parlement de Paris ; — *in-8°, 236 pages.*

Ces observations, rédigées dans l'ordre des articles de l'ordonnance de 1667 sur la procédure civile, ont été composées en 1746. Cet ouvrage inédit a été donné à la bibliothèque publique par M. le président De-la-Place de Montevray.

354. Ordonnance des Monnoies de France, avec les preuves sur chaque article, suivant les arrêts, déclarations et réglemens rendus sur le fait des monnoies ; par maître Jean-Baptiste De-Luynes, conseiller du roi, juge-garde de la monnoie d'Orléans ; — *1 vol. in-folio, 634 pages.*

Cette composition inédite est l'ouvrage d'un ancien fonctionnaire estimable et jaloux de remplir ses devoirs. C'étoit un moyen d'en faciliter l'accomplissement que de réunir dans un même cadre l'ensemble de la législation alors existante sur l'administration monétaire.

Ce manuscrit autographe du dix-huitième siècle a été donné à la bibliothèque publique par M. le président De-la-Place de Montevray, qui a joint aux ouvrages dont il a enrichi la bibliothèque publique, des analyses et des observations qu'il nous a permis d'insérer dans nos notices.

355. Statuts et Privilèges du corps des marchands Orfèvres-Joailliers de la ville d'Orléans ; — *1 vol. in-fol., 500 pages.*

Guillaume Levé, ancien garde de l'orfèvrerie-joaillerie d'Orléans, auteur de ce manuscrit, a recueilli les textes de tous les édits, ordonnances, déclarations, lettres-patentes, arrêts, réglemens et autres titres anciens et modernes qui constituoient les prérogatives et la police de l'état d'orfèvrerie-joaillerie de la ville d'Orléans.

L'écriture, moderne, est belle et lisible.

Légué à la bibliothèque publique d'Orléans par M. l'abbé Pataud.

SCIENCES ET ARTS.

Philosophie.

356. Livre de Boëce de la Consolation, — *in-8°*, 378 pag., *bois*.

Ce manuscrit en vélin à longues lignes, bien conservé, est une traduction française du livre de Boëce de la consolation, par Jehan de Mehung, qui l'envoya au roi Philippe IV dit le-Bel. Jehan de Mehung divise tous les chapitres en plusieurs parties, qu'il appelle texte, et sur lequel il fait une glose.

Boëce fut premier ministre de Théodoric roi des Goths, qui le soupçonnant d'une intelligence avec l'empereur Justin, le fit arrêter. Il fut conduit à Pavie, où après six mois de prison et de plusieurs genres de supplices qu'il avoit soufferts avec une grande patience, il fut mis à mort le 23 octobre 525. Il composa dans sa prison les cinq livres de la consolation de la philosophie.

L'écriture, du quatorzième siècle, est assez lisible.

Ce manuscrit avoit appartenu à J. B. Desmarettes, et il a été donné à la bibliothèque publique par M. Perdoulx, docteur agrégé de l'université d'Orléans.

357. Le Livre de la Consolation de la Philosophie, par Boëce, traduit en vers français ; — *in-fol.*, 400 p.

Cette traduction fut faite au commencement du règne de Charles V, roi de France.

La-Croix-du-Maine, page 216, édition de 1584, in-fol., assure que Jean Decis avoit traduit en vers français les livres de Boëce de la consolation. Il ne paroît pas que ce Jean Decis dont parle La-Croix-du-Maine soit le même que celui qui est cité dans le prologue de notre manuscrit ; il est possible qu'il y ait eu deux traductions en vers français du livre de Boëce.

L'écriture de ce manuscrit sur papier à plein feuillet est du quinzième siècle.

Il appartenoit à la bibliothèque publique.

358. Extraits du Traité de M. Locke sur l'Education des enfans, cinquième édition, et de celui de M. Fleury sur les Devoirs des maîtres et des domestiques ; — *petit in-4°, 68 pages.*

M. Daniel Jousse avoit fait avec soin cette analyse pour son usage particulier.

Ce manuscrit autographe d'un ouvrage inédit provient du don de M. le président De-la-Place de Montevray.

359. Mélanges de Politique et de Bienfaisance.

La société de physique, d'histoire naturelle et des arts d'Orléans, établie par arrêt du conseil d'état du roi du 20 mars 1784, fut érigée en académie royale des sciences, arts et belles-lettres par lettres-patentes du mois d'octobre 1786. Elle s'occupa de ses travaux jusqu'à sa suppression par le décret du 8 août 1793. Cette académie auroit pu, comme tant d'autres sociétés savantes, faire imprimer des mémoires que sa modestie retenoit dans ses cartons. Dépositaire de ceux qui ont échappé au vandalisme, je crois être utile aux sciences et rendre aux membres de cette ancienne académie un hommage de reconnoissance qu'ils méritent, en classant ses mémoires suivant les matières qui y sont traitées. Leur simple titre prouvera que les travaux de cette société étoient dirigés par l'utilité publique : ils seront désignés par les deux lettres M. A.

On trouve dans ces mélanges 1°. la traduction par M. Erignon d'Auzoüer d'un discours sur la science du gouvernement, composé en vers latins par le chancelier De-l'Hôpital, adressé à François second lors de son sacre ; 2° un projet d'établissement d'une caisse de bienfaisance dont l'objet seroit d'assurer aux vieillards et aux veuves des secours contre l'indigence.

Trouvés dans les cartons de l'académie.

Histoire naturelle.

360. Traité des Plantes contenues au jardin de mon père Guillaume De-la-Roue, juré en l'état de pharmacie à Orléans ; — *petit in-folio, 604 pages.*

Tel est le titre du manuscrit dont nous donnons la notice. Trois pièces de vers en l'honneur de l'auteur précèdent la table alphabétique des simples, les unes gravées, les autres dessinées, dont ce manuscrit contient la description. Son écriture, du seizième siècle, sur papier, à longues lignes, est quelquefois difficile à lire.

Celui qui le premier a créé à Orléans un jardin des plantes mérite la reconnoissance de ses concitoyens, et de ceux qui réunissant l'utile à l'agréable, font tous les jours de nouvelles découvertes dans la science qu'ils cultivent avec succès.

Ce manuscrit a été donné à la bibliothèque publique d'Orléans par M. Dubois, chanoine et théologal de Sainte-Croix, et auteur d'un ouvrage très-estimé sur les plantes des environs d'Orléans.

361. Histoire des Plantes des environs d'Orléans ; — *in-fol., 280 pages.*

M. Lambert, maître particulier des eaux et forêts, MM. Salerne et Arnault de Nobleville, médecins, et M. Carraud, chanoine et grand-chantre de Sainte-Croix, sont les auteurs de l'ouvrage contenu dans ce manuscrit du dix-huitième siècle, sur papier.

Il a été donné à la bibliothèque publique par M. Arnault de Nobleville.

362. Œuvres de monsieur Godefroi, — *4 vol. in-fol.*

M. Godefroi, médecin à Orléans, instruit et laborieux, a réuni différens ouvrages dans ces quatre volumes.

Le premier contient des caractères hiéroglyphiques, des portraits des philosophes, de quelques divinités païennes, de religieux Chinois et des pères de l'église; une notice des principaux médecins Arabes; des antiquités et médailles de Rhodes, de l'Egypte, de l'Arabie, de Sicile; un traité des principes des élémens, et un des papillons : il est terminé par les antiquités de l'île de Ténédos.

Les trois autres renferment des traités sur la minéralogie, sur les serpens, les poissons et les oiseaux.

Les héritiers de M. Godefroi ont donné ses manuscrits à la bibliothèque publique.

363. Mélanges d'Histoire naturelle. M. A.

1°. Observations sur un procédé particulier attribué aux Gaulois dans leurs moissons, avec le dessin de la machine dont ils se servoient selon Pline et Palladius, par M. Massuau de la Borde.

2°. Observations sur la chenille mal nommée dans l'Auxerrois *ver de la vigne*, et sur quelques autres insectes qui font de grands ravages dans le vignoble.

3°. Observations sur l'histoire naturelle des insectes.

4°. Réflexions sur la position particulière des marais salans des salines de Cette.

5°. Dissertation sur les causes du mauvais goût que les tonneaux neufs font quelquefois contracter au vin. Est-ce avant ou après avoir été coupé que le bois a subi l'altération qui occasionne ce goût ? Comment peut-on connoître les bois dont les sucs ont souffert cette altération ? Quels sont les moyens de corriger ou de faire perdre au vin le goût désagréable que le fût lui a communiqué ?

6°. Observations sur l'histoire naturelle.

Médecine, Chirurgie.

364. Mélanges sur la Médecine, la Chirurgie, etc. M. A.

1°. Mémoire sur les ulcères vermineux.

2°. Mémoire sur les propriétés médicinales du marronnier d'Inde.

3°. Réflexions sur l'influence des tempéramens par rapport aux maladies et à leur traitement, par M. Beauvais-de-Préau, médecin en chef de l'hôtel-Dieu d'Orléans.

4°. Réflexions sur l'influence de l'air dans les maladies, par le même.

5°. Mémoire dans lequel on examine si les vapeurs qu'exhale le suif en fusion sont nuisibles à la santé.

Mathématiques.

365. Traités mathématiques, — *grand in-fol.*, *1600 p.*

Ce volume contient l'arithmétique, l'algèbre, des notions sur le planisphère terrestre, le flux et reflux de la mer ; un traité général des horloges, un traité de calligraphie et sur la fonte des cloches.

L'écriture, sur papier, est moderne.

Ce manuscrit appartenoit aux bénédictins d'Orléans.

Astronomie.

366. Tables astronomiques calculées par M. Cassini, *in-fol., 260 pages.*

Ces tables astronomiques ont été écrites sur vélin au commencement du dix-huitième siècle, par monsieur le chevalier de Louville, né au château de Louville, près Angerville, dans le pays Chartrain. Il s'étoit toujours appliqué à l'étude des mathématiques, et principalement à celle de l'astronomie. Il fut reçu en 1714 membre de l'académie des sciences à Paris, et de la société royale de Londres. L'écriture de ce manuscrit est belle et bien soignée.

Ce manuscrit, ainsi que le suivant, appartenoit à la bibliothèque d'Orléans.

367. Théorie des Tables astronomiques, — *in-fol., 128 p.*

Ce volume est également écrit, sur papier, par monsieur le chevalier de Louville, qui s'étoit retiré dans une petite maison qu'il avoit acquise à une lieue d'Orléans : il s'y occupoit de l'astronomie, lorsqu'en 1732 la mort l'enleva aux sciences et à ses amis.

Depuis le décès de M. le chevalier de Louville à Carré, commune de Saint-Jean-de-Braye, ces tables ont été imprimées.

368. Mélanges de Mathématiques et de Mécanique. M. A.

1°. Mémoire et observations sur l'opinion des physiciens qui ont pensé que la vis d'Archimède ou vis hydraulique étoit en équilibre sur elle-même, par M. Barbot du Plessis.

2°. Machine à oscillations croissantes, par le même.

3°. Observations astronomiques.

4°. Propositions élémentaires de géométrie et de mathématiques.

Arts et Commerce.

369. Mélanges sur différens Arts.

1°. Réflexions historiques sur les arts, par M. le comte de Bizemont. M. A.

2°. Mémoire sur les opérations de draperie en usage dans les manufactures les plus soignées de Normandie. M. A.

3°. Mémoire sur les différens genres de construction employés pour assurer la solidité des levées faites le long des rives de la Loire, par M. Bouchet, ingénieur en chef des ponts et chaussées.

4°. Mémoire sur la machine à remonter les bateaux sur la rivière de Loire, par M. Roche.

5°. Recherches sur les aqueducs des anciens et des modernes.

370. Traité général des Horloges, — *in-fol.*, 234 p.

Ce manuscrit est un recueil de plusieurs cahiers dans lesquels on trouve plusieurs figures analogues aux différentes parties de ce traité.

Des réflexions sur le mouvement des planètes, et des principes sur l'arithmétique, terminent ce volume, dont l'écriture, moderne, est assez lisible. Dom Jacques Alexandre, religieux bénédictin du monastère d'Orléans, a composé les ouvrages que ce manuscrit renferme.

Il vient de la bibliothèque des bénédictins d'Orléans.

371. Maximes et Exemples d'Architecture, — *in-fol.*, 746 pages.

Le frère Sébastien, religieux grand-carme, est auteur de cet ouvrage, écrit en 1693, et orné de figures et de dessins qui paroissent très-soignés. L'auteur annonce son ouvrage comme contenant des choses très-agréables aux curieux de l'art.

Il vient de la bibliothèque des grands-carmes.

372. Traité de l'Architecture militaire, — *in-4°, 131 p.*

On trouve dans ce volume différens dessins analogues à la matière que l'auteur de ce manuscrit a entrepris de traiter. L'écriture, moderne, sur papier, est facile à lire.

On ignore à quelle bibliothèque il appartenoit.

373. Estimation des matériaux qui entrent dans la construction d'un bâtiment, et de la main-d'œuvre ; — *in-4°, 132 pages.*

Ce manuscrit étoit à l'usage des chanoines de Sainte-Croix chargés des réparations à faire dans les maisons de la ville et des faubourgs qui appartenoient à ce chapitre. Ce volume est terminé par un traité sur la manière de dorer et de faire de l'encre.

Ecriture moderne, belle et lisible.

Il vient de la bibliothèque du chapitre de Sainte-Croix d'Orléans.

Belles-Lettres.

374. Fragment d'un Poème en vers romans sur Boëce, — *in-4°, 275 pages.*

Ce volume contient divers ouvrages relatifs à l'Ecriture-sainte ; mais le poème que nous annonçons, ayant été successivement l'objet de savantes observations de plusieurs hommes célèbres, nous avons pensé qu'il devoit être placé dans la classe des belles-lettres : nous en parlerons après avoir fait connoître les pièces qui le précèdent.

La préface de S. Jérôme sur le prophète Jérémie se trouve à la première page : elle est imprimée dans le tome premier de la nouvelle édition des œuvres de ce père, page 551. Le livre de Jérémie n'est point divisé par chapitres ni versets ; les quatre derniers manquent. Les lamentations sont à la suite, page 82, et précèdent le livre d'Ezéchiel et sa préface, page 90.

On voit à la page 186 quelques fragmens de la prophétie de Jérémie, et le cantique des cantiques page 196. Ces fragmens sont suivis de plusieurs sermons de S. Augustin, page 204 : on s'en est servi pour la nouvelle édition des œuvres de ce saint. On y trouve aussi un sermon de S. Jérôme sur l'assomption de la Sainte-Vierge, et une explication de l'histoire de David et de Goliath, dont l'auteur fait l'application à Jésus-Christ. L'écriture de ces différentes pièces est du treizième siècle. On lit, page 224, quelques fragmens concernant l'office divin, tels que les sermons des pères, que l'on disoit à certaines fêtes de l'année. L'écriture paroît être du dixième siècle.

Ce recueil est terminé par le fragment du poème annoncé dans le titre de cette notice : c'est, après le serment prêté par Louis-le-Germanique le 14 février 842, le plus ancien des monumens connus de la langue romane. L'écriture, sur parchemin, est du onzième siècle, quoique le style de l'ouvrage prouve une plus haute antiquité. Deux cent cinquante-sept vers remplissent les pages 269 à 275 : la suite du poème manque. Ce fragment finit au commencement d'un vers, par ces mots, *De pec.*

M. Raynouard, secrétaire perpétuel de l'académie Française et membre de celle des inscriptions et belles-lettres, avoit vu ce manuscrit cité avec éloge dans un ouvrage de M. l'abbé Lebœuf; il ignoroit ce qu'il étoit devenu, lorsqu'il apprit, au mois d'octobre 1813, qu'il existoit dans la bibliothèque publique de la ville d'Orléans. Il vint en prendre communication, il le copia, et en 1816 il lui fut confié. Il l'a fait imprimer en 1817 chez Firmin Didot. On voit en regard le texte mis en ordre avec des notes et une traduction interlinéaire. Un *fac-simile* confirme l'opinion de M. l'abbé Lebœuf, de M. Court de Gébelin, des savans bénédictins auteurs de l'histoire littéraire de la France, et de M. Raynouard, sur la date de notre manuscrit : nouvelle preuve de la nécessité de recueillir précieusement et de faire connoître les restes de ces antiques monumens que le vandalisme a si peu respectés.

Ce volume, partie à doubles colonnes, partie à plein feuillet, vient de la bibliothèque de Saint-Benoît.

375. Paraphrase en vers français du livre de Tobie, — *in-fol., 80 pages.*

Ce manuscrit du dix-septième siècle contient l'histoire de Tobie mise en vers et écrite par dom Gatien Morillon, moine de S. Benoît : il a été imprimé à Orléans en 1674, in-12.

Il vient de la bibliothèque de Saint-Benoît.

376. Paraphrase du livre de Job en vieux vers français, — *1 vol. in-12, 93 pages.*

Ce manuscrit du quatorzième siècle, sur vélin, commence ainsi :

> Pardonne-moi, beau sire Dieu ;
> Car je vois que je deviens vieux
> En si brefs jours que ce n'est rien.
> Ote-moi de cette misère,
> Mon créateur, mon Dieu, mon père,
> Toi qui m'as fait pour être tien.

On lit au premier feuillet : Nesson, ancien poëte, ROMANCIER FRANÇAIS ; PARAPHRASE SUR JOB.

Ce livre a appartenu à François Daniel, moine de Saint-Benoît.

L'écriture de ce manuscrit est nette et très-régulière.

Il vient de la bibliothèque de Saint-Benoît.

377. Paraphrase en vers français de l'histoire de Joseph, — *in-fol., 233 pages.*

Cette histoire, mise en vers par dom Gatien Morillon, moine de la congrégation de Saint-Maur, a été imprimée à Tours en 1619, sous le titre de *l'Esclave fidèle*. Ce manuscrit du dix-septième siècle est autographe, et d'une belle exécution. Dom Gatien a composé toutes ses pièces en vers dans l'abbaye de Saint-Benoît, dont il a régi long-temps les affaires temporelles.

Il vient de la bibliothèque de Saint-Benoît.

378. Les Muses du Loiret, — *3 vol. in-folio.*

Ce manuscrit très-moderne est un recueil de diverses poésies dont les auteurs sont Orléanais. On n'a suivi aucun ordre en les copiant ; on trouve souvent une pièce de vers placée avant celle qui devoit la précéder. Il offriroit plus d'intérêt si on y avoit ajouté des notes, soit sur les sujets, soit sur les auteurs de ces pièces fugitives, qui souvent n'ont d'autre mérite que la circonstance qui en a donné l'idée.

On n'en doit pas moins de reconnoissance à M. l'abbé Pataud, chanoine honoraire de la cathédrale, qui a légué ce manuscrit à la bibliothèque publique, et qui a pris la peine de se procurer et d'écrire tout ce qui compose cette volumineuse collection.

379. Mélanges de Poésie. M. A.

1°. La Création, poème en deux chants, par M. Crignon-Guinebaud.

2°. Mon Age viril, ou Mes Souhaits, par le même.

3°. La nouvelle République, fable, par M. Crignon-d'Auzouer.

380. Le Champ vertueux de Bonnevie, appelé Mandevie ; — *in-fol., 190 pages.*

Ce manuscrit sur vélin, à doubles colonnes, contient un ouvrage de Jean Dupin, né dans le Bourbonnois en 1302, et moine de l'abbaye de Vaucelles, ordre de Citeaux, diocèse et près la ville de Cambrai. Il le composa partie en prose, partie en vers, à l'âge de trente-sept ans. La première partie est partagée en sept livres : c'est le récit de ce qu'il feint avoir vu en songe sous la conduite d'un chevalier nommé Mandevie, avec qui il parcourt toutes les conditions des hommes.

La deuxième partie, qui contient le huitième livre, est en vers, et roule sur le même sujet ; c'est comme l'abrégé des sept autres livres. Jean Dupin fait passer en revue dans ce huitième livre généralement tous les états, dont il représente en quarante chapitres, et avec beaucoup de liberté, les abus et les vices. Les dignités les plus respectables sont l'objet de sa censure. Il accuse les cardinaux, les évêques et autres prélats de luxe, de simonie, d'avarice et d'autres crimes plus énormes; il leur oppose la vie des apôtres. Il fait un portrait encore plus affreux des chanoines et des moines, sans épargner les enfans de S. Benoît et de S. Bernard, qu'il désigne sous les noms de moines noirs et de moines blancs. Il parle sur le même ton des prémontrés, des moines de Grammont, des religieux mendians et des hospitaliers : il se contente de dire pour les chartreux qu'*ils ne sont bons que pour eux*. Les prêtres, et sur-tout les juges d'église, comme les officiaux, sont encore plus maltraités; et s'il n'a pas chargé ses couleurs, il faut convenir que les abus dont il se plaint étoient fort crians. Il parcourt avec la même liberté toutes les conditions séculières, depuis les rois jusqu'aux artisans, et par-tout il se montre un censeur impitoyable. Cependant il proteste plusieurs fois qu'il ne prétend attaquer que les vicieux, et qu'il est plein de respect pour ceux qui observent ce que la justice et la religion demandent.

Cet ouvrage a été imprimé, et ce manuscrit, dont le commencement du prologue et les derniers feuillets manquent, n'a d'autre mérite aujourd'hui que son écriture du quatorzième siècle, et celui d'être comparé avec l'imprimé.

Il appartenoit à la bibliothèque d'Orléans.

381. Aventures de Florent à Paris, à la cour d'Angleterre; — *in-fol.*, *240 pages*.

Ce manuscrit, dont l'écriture sur papier est de la fin du quinzième siècle, et difficile à lire, contient des figures assez grossières. Il manque quelques feuillets à la fin et au commencement.

Il appartenoit à la bibliothèque publique.

382. L'Heptaméron des Nouvelles de Marguerite de Valois, reine de Navarre; — *in-fol.*, *440 pag.*

Cette reine, sœur de François premier, a été très-célèbre par sa beauté, et sur-tout par son esprit. Elle naquit à Angoulême le 11 avril 1492 : elle épousa, le 9 octobre 1509, Charles duc d'Alençon, qui mourut en 1525. François premier la nommoit ordinairement sa *mignonne*. Il la maria en 1527 à Henri d'Albret, roi de Navarre et prince de Béarn : elle eut de ce mariage Jeanne d'Albret, qui fut mère de Henri IV. La reine Marguerite composa plusieurs ouvrages en vers, qui furent imprimés en 1547, sous le titre de *Marguerites de la marguerite des princesses*. Elle fit aussi en prose l'heptaméron, connu sous le titre de *Nouvelles de la reine de Navarre*.

Le manuscrit de cet ouvrage que nous annonçons est du dix-septième siècle. Les trois premières pages du prologue manquent : l'écriture n'est pas facile à lire.

Il appartenoit à la bibliothèque publique.

383. La Métromanie, comédie, corrigée comme on la joue au théâtre français, par M. Piron ; — *petit in-folio, doré sur tranche, marroquin rouge, 174 pages.*

Une riche reliure et une belle écriture font tout le mérite de ce manuscrit, donné à la bibliothèque publique par M. Petit-Semonville.

HISTOIRE.

384. Chronologie universelle depuis la création du monde jusqu'à l'année 1457.

Ce manuscrit forme un rouleau de seize mètres de long sur un demi-mètre de large. Soixante-quatre miniatures relatives aux différentes époques de cette chronologie ornent ce manuscrit, dont les lettres initiales sont en couleurs, rehaussées d'or; de légères vignettes entourent la tête de la première feuille. L'écriture, du quinzième siècle, sur vélin, est belle et lisible.

Suivant son titre, ce manuscrit devroit renfermer le règne de Charles VII ; mais la dernière feuille ayant été enlevée, il finit au règne de Charles VI.

FRANÇAIS. 203

Il a été acheté par monsieur le comte de Rocheplatte, maire d'Orléans, sur les fonds destinés aux dépenses de la bibliothèque.

385. Table historique et chronologique depuis Adam jusqu'en 1790.

Cette table est renfermée dans une boîte qui se développe sur deux cylindres par le moyen de deux roues.

L'écriture, moderne, est assez lisible.

On ignore à qui il a appartenu.

386. Traité de la Sphère, — *1 vol. in-4°, 180 pages.*

On trouve à la première page de ce volume les noms des plus considérables géographes.

Le traité de la sphère est à la suite ; il précède un traité général de géographie.

L'écriture de ce manuscrit du seizième siècle, sur papier, est assez lisible.

Il appartenoit à la bibliothèque.

387. Voyage de Rome en 1700 et 1701, — *in-8°, 192 pages.*

Ce manuscrit autographe de M. Fromentin, vicaire-général de M. le cardinal de Coislin évêque d'Orléans, est un journal du voyage qu'il fit à Rome avec cette éminence. C'est un mélange de faits relatifs aux différentes parties de l'Italie qu'il a parcourues, aux mœurs de ses habitans, et au conclave de Clément XI, qui fut élu pape le 22 novembre 1700.

L'écriture de ce volume est difficile à lire : il vient du séminaire.

388. Journal de mon Voyage de Rome, — *1 vol. in-12, 173 pages.*

Tel est le titre du volume que nous annonçons, écrit par un religieux de l'ordre des carmes. Il partit d'Angers le 8 février 1716, pour se rendre à Rome au chapitre général de son ordre.

L'écriture est assez lisible.

Il vient de la bibliothèque des carmes.

389. Projet d'un Voyage en Suisse, — *1 vol. in-4°, broché, 417 pages.*

Ce voyage commence et finit à Bâle, avec un précis sur le gouvernement des cantons que l'on doit traverser; on y trouve aussi une notice des objets intéressans à voir dans les villes où l'on doit passer.

Ce manuscrit sur papier, d'une écriture moderne, est terminé par des extraits du dictionnaire de la Martinière sur la Suisse.

On ignore à qui il a appartenu.

390. Mémoire sur les Ports de mer du royaume, — *in-4°, 42 pages.*

Ce volume contient des notices sur dix ports de l'Océan et sur trois de la Méditerranée.

L'écriture, moderne, est belle et très-lisible.

On ignore à qui il a appartenu.

Histoire sainte.

391. Dictionnaire de l'Histoire ecclésiastique, — *in-folio, 410 pages.*

Cet ouvrage, digne occupation d'un religieux, est un dictionnaire par ordre alphabétique de tous les faits et de tous les personnages dont il est parlé dans l'histoire ecclésiastique de Fleury.

L'écriture, moderne, est assez lisible.

Il vient de la bibliothèque des carmes.

392. Entrée des révérends Evêques d'Orléans, — *in-fol.*, *140 pages.*

Ce manuscrit contient les noms de tous les évêques d'Orléans depuis S. Altin, premier évêque et martyr, l'un des soixante-douze disciples de Jésus-Christ, jusqu'à M. d'Elbène. Ses successeurs ont été ajoutés, ainsi qu'on le voit par la différence de l'écriture. On trouve ensuite une très-longue description du cérémonial qu'on observoit à l'entrée des évêques, et le procès verbal de l'entrée de Jean d'Orléans-Longueville en 1522. Le volume est terminé par un procès verbal rédigé le 12 juin 1498, lors de l'établissement des places publiques d'Orléans.

Il appartenoit à la bibliothèque publique.

393. Cartulaire ou Recueil des titres relatifs aux paroisses de Saint-Germain et de Bonne-Nouvelle, — *in-folio*, *800 pages.*

Ce manuscrit sur vélin à longues lignes contient les titres de deux paroisses d'Orléans, Saint-Germain et Bonne-Nouvelle. Son écriture date du commencement du seizième siècle jusqu'à la fin du dix-septième. Il ne présente pas aujourd'hui un grand intérêt, ces deux paroisses étant supprimées.

Il vient de la bibliothèque des bénédictins.

394. Mémoires sur les Abbayes des diocèses d'Orléans, de Chartres et de Blois, — *3 vol. in-folio.*

Dom Verninac, savant bénédictin de la congrégation de Saint-Maur, est auteur des mémoires que ces trois volumes renferment. On y trouve des notes très-intéressantes pour ces abbayes avant leur suppression, et très-utiles pour l'histoire de ces trois diocèses. On y remarque aussi une dissertation tendante à prouver que la seconde et la troisième races de nos rois de France descendoient de la première; et un mémoire adressé à M. Lebœuf, dans lequel dom Verninac établit, contre l'opinion du savant chanoine, que *Vellaudunum* n'est pas Auxerre, mais une ville du Gâtinois, et que *Genabum* n'est pas Gien, mais Orléans. Un journal de Pierre Pothier, prieur de Saint-Euverte, depuis 1560 jusqu'en 1596, termine ces manuscrits, qui appartenoient à la bibliothèque publique.

395. Histoire générale des Carmes déchaussés de la congrégation de S. Elie, — *2 vol. in-folio, 1580 pages.*

Ce manuscrit autographe et inédit est une traduction française d'un ouvrage imprimé à Rome en 1668, chez Philippe-Marie Mancini, intitulé, *Historia generalis fratrum Discalceatorum ordinis beatæ Virginis Mariæ de monte Carmelo, congregationis S. Eliæ, tomus primus, à R. P. F. Isidoro à S. Joseph primùm collectus et incœptus, tùm à R. P. F. Petro à S. Andrea, ejusdem ordinis religioso, novâ formâ donatus, auctus atque completus.*

On lit à la marge de la treizième page du premier tome de cette traduction qu'elle a été commencée le premier août 1707, et à la marge de la cinquième page du deuxième tome, qu'elle a été finie le 21 avril 1709.

Ce traducteur est un religieux carme déchaussé dont on ne connoît pas le nom; on sait seulement qu'il étoit à Paris lorsqu'il a fait son ouvrage, et qu'il l'a revu à Orléans en 1734.

Le premier volume est terminé par une description des pays et des villes où les carmes déchaussés ont des établissemens.

L'écriture, sur papier, est très-lisible.

396. De la Réforme des Monastères en général, et de ce qui s'est passé dans celle du prieuré de Saint-Martin de Borène en particulier; — *1 vol. in-4°, 280 p.*

Cet ouvrage du dix-septième siècle est très-bien écrit, sur papier, à plein feuillet. Il est aujourd'hui sans objet: on a trouvé des moyens plus prompts que ceux que l'auteur indique, pour corriger les abus qui, suivant son opinion, s'étoient glissés dans les monastères.

Ce manuscrit appartenoit au chapitre d'Orléans.

397. Dialogue entre le frère Stimulé et le frère Raisonnable touchant la Reigle des Frères-mineurs ; — *in-4°, 264 pages.*

Tel est le titre d'un ouvrage assez singulier sur la règle des capucins, traduit de l'italien, et dédié au vicaire-général de cet ordre.

L'écriture, du dix-septième siècle, est facile à lire.

Il vient de la bibliothèque des capucins.

398. Les Constitutions de la Congrégation de Notre-Dame des Feuillans, ordre de Citeaux ; — *1 vol. in-4°, 324 pages.*

Ces constitutions, faites à Rome en 1595, revues dans un chapitre général tenu à Celles en Berri en 1634 et en 1637, ont été écrites dans le dix-septième siècle.

Ce manuscrit vient de la bibliothèque des feuillans.

399. Les mêmes, — *1 vol. in-12, 234 pages.*

Ces constitutions ont été revues en 1727 : elles étoient plus conformes aux usages du temps que celles des seizième et dix-septième siècles.

Ce manuscrit vient de la bibliothèque des feuillans.

400. Réglement pour la Congrégation de l'Oratoire, établie en France par M. le cardinal de Bérulle ; — *in-8°, 618 pages.*

La piété et les ouvrages des membres de cette célèbre congrégation font regretter sa suppression, en même temps qu'ils font l'éloge du réglement qui la dirigeoit.

Ce manuscrit moderne, sur papier, a été donné à la bibliothèque publique d'Orléans par M. René Le-Jay de Massuère.

401. Réglement pour les Sœurs officières de la maison de Saint-Louis de la Salpêtrière, — *in-8°, 307 pages.*

En indiquant ce que chaque sœur de la Salpêtrière est tenue de faire, ce réglement fait connoître les devoirs qu'elles ont à remplir, et l'utilité des fonctions qui leur sont confiées.

Ce manuscrit, dont l'écriture du commencement du dix-huitième siècle est très-lisible, appartenoit à la maison de l'Oratoire d'Orléans.

402. Les Avis particuliers des Jésuites, — *in-4°, 492 p.*

On trouve dans ce volume des avis qu'on a reprochés aux jésuites. Ces avis ne tendent à rien moins qu'à leur apprendre la manière de se comporter quand ils vouloient s'introduire dans quelque lieu, gagner les bonnes graces des grands, se servir de ceux qui n'étant pas riches avoient quelque autorité sur le peuple, attacher à la société les veuves riches et les faire disposer de leurs biens, engager leurs élèves à entrer dans la société. On n'a pas oublié les prédicateurs et les confesseurs des grands, ainsi que le mépris des richesses et les moyens de les augmenter.

Le même manuscrit rend compte de l'assemblée générale de la congrégation de l'Oratoire en 1678, et des discussions qui en furent la suite.

L'écriture, sur papier, est très-lisible, et paroît être de la fin du dix-septième siècle ou du commencement du dix-huitième.

Il vient de la bibliothèque de l'Oratoire d'Orléans.

403. Vie de la bienheureuse vierge Véronique de Binasco, religieuse du monastère de Sainte-Marthe de la ville de Milan, de l'ordre de S. Augustin ; — *in-4°, 172 p.*

Cette vie, écrite d'abord en latin par le R. P. Isidore de Liste, religieux de l'ordre de S. Dominique à Milan ; traduite ensuite en langue toscane par le docteur Sébastien Canazzi, et enfin traduite en français par F. Augustin Buchet, religieux et prédicateur de l'ordre de S. Augustin à Bourges, est sur papier ordinaire, en caractères assez lisibles, du dix-septième siècle.

Ce manuscrit appartenoit aux Augustins d'Orléans.

404. Vie d'Anne de Pichery, veuve de M. François Philippe, bourgeois d'Orléans, par dom Jamin, religieux bénédictin de la congrégation de Saint-Maur; — *4 vol. in-4°, 672 pages.*

Ce manuscrit du dix-septième siècle, dont l'écriture sur papier est assez lisible, contient la vie d'Anne de Pichery, née à Orléans le 26 juillet 1583, fille d'Elie de Pichery, d'une noble et ancienne famille de Gien, et d'Agnès Robereau. Elle perdit ses père et mère victimes de la peste qui affligea Orléans à la fin de 1584. Sa grand'mère maternelle se chargea de son éducation, et de l'administration de ses biens. Mariée en 1601 avec François Philippe, bourgeois d'Orléans, elle devint veuve en 1616. C'est alors que sous la direction du père d'Olbeau, religieux récollet, elle se livra à la pratique de toutes les vertus jusqu'à sa mort, arrivée le 31 août 1653.

On trouve dans ces quatre volumes la correspondance spirituelle de ce religieux, et un éloge en vers français de sa pieuse pénitente.

Ce manuscrit inédit a été donné à la bibliothèque publique d'Orléans par M. Landré-du-Rochay, d'une des plus anciennes familles d'Orléans, et qui s'est constamment occupé à recueillir tout ce qui peut servir à l'histoire de cette ville.

405. Vie d'Anne de Pichery, — *1 vol. in-folio, 217 pages.*

C'est un abrégé du manuscrit précédent; on y trouve de plus la vie du père d'Olbeau.

L'écriture, plus moderne, sur papier, est plus correcte.

Il vient de la bibliothèque du chapitre de Sainte-Croix.

406. Recueil de Lettres critiques sur les Vies des Saints de Baillet, — *in-fol.*, *640 pages.*

L'écriture de ce recueil, attribué au père Lempereur, jésuite Champenois, est moderne et très-lisible.

Il vient de la bibliothèque des grands-carmes.

Histoire Romaine.

407. Mémoire pour servir à l'Histoire des Triomphes et des autres honneurs que les Romains décernoient à leurs Généraux, — *in-4°, 499 pages.*

M. Jérôme-Clément Massuau-des-Brosses, né à Orléans, est l'auteur de cet ouvrage, dont l'écriture, sur papier, est moderne et très-lisible. Il a été donné à la bibliothèque publique le 7 septembre 1808, par M. Prouvensal de Saint-Hilaire, son arrière-neveu.

408. Réflexions sur les divers Génies du peuple Romain dans les différens temps de la république, — *in-4°, 74 p.*

Ce manuscrit autographe est de l'abbé Ducreux (auteur des Siècles chrétiens), chanoine de Sainte-Croix d'Orléans, mort le 24 août 1790. L'écriture, sur papier, est très-lisible.

C'est un des manuscrits légués par M. l'abbé Pataud à la bibliothèque d'Orléans.

Histoire de France.

409. Chronique de Saint-Denis, *2 vol. in-folio.*

Ces deux volumes offrent un recueil de faits historiques classés dans l'ordre des dates, depuis Dagobert jusqu'à Charles V, roi de France, dit le Sage et l'Éloquent, décédé en 1380. L'écriture de ce manuscrit, sur beau papier, à deux colonnes, paroit être du quinzième siècle. Il appartenoit au séminaire d'Orléans.

410. Copie de différentes Pièces concernant Jeanne d'Arc, — *in-4°, 46 pages*.

Il est difficile de parler de Jeanne d'Arc sans faire connoître la position de la France à l'époque où cette héroïne releva le courage des Français, fit lever le siège d'Orléans, et conduisit son roi à Reims pour le faire sacrer.

Nous regardons comme un devoir de placer dans cette notice quelques faits relatifs à cette partie de notre histoire, et à la reconnoissance des Orléanais pour leur libératrice.

Isabelle de Bavière, épouse de Charles VI, et le duc de Bourgogne, ennemis du dauphin, abusant de la foiblesse de l'esprit du roi, lui persuadèrent de donner Catherine de France sa fille à Henri V roi d'Angleterre, qui l'avoit fait demander. Ce mariage fut célébré à Troyes le 21 mai 1420. Charles VI, en considération de cette alliance, déclara son gendre régent du royaume de France, et son successeur à la couronne.

Henri V mourut au bois de Vincennes le 29 août 1422, et Charles VI roi de France le 21 octobre de la même année.

Henri V laissa de Catherine de France Henri VI, qui lui succéda, âgé de dix mois. Il fut proclamé roi de France et d'Angleterre le 12 novembre 1422 : et tel étoit l'état d'avilissement de la capitale, que tous les corps, au mépris de leurs devoirs et des droits du légitime héritier du trône, prêtèrent serment de fidélité au monarque Anglais, et de ce moment tous les actes publics furent intitulés, Henri, par la grace de Dieu, roi de France et d'Angleterre.

Charles VII, dauphin de France, né le 22 février 1403, ayant appris à Espali, près du Puy, le 27 octobre 1422, la mort du roi son père, fut proclamé roi de France par ses courtisans. Il se trouvoit dans une telle détresse, qu'il fût sur le point d'être accablé par son rival. Réduit aux seules provinces du Dauphiné, du Languedoc, du Bourbonnais, de l'Auvergne, du Berri, du Poitou, de la Saintonge, de la Touraine et de l'Orléanais, le reste de son royaume étoit entre les mains des Anglais. Il marcha en diligence à Poitiers, où il fut couronné.

Henri l'emportoit sur le souverain légitime par l'étendue des provinces qui lui étoient soumises, par la bonne discipline de ses troupes et l'habileté de leurs chefs : Charles n'avoit à la tête des siennes que des braves, et pas un général qui sût les commander.

Le 31 juillet 1423 les Anglais gagnèrent la bataille de Crevant en Bourgogne, dont le chapitre d'Auxerre étoit seigneur. Cette victoire causa tant de joie aux chanoines, qu'ils établirent à perpétuité dans leur église une messe annuelle d'action de graces, appelée la messe de la victoire ; et ils accordèrent au sire de Chastelus (qui leur avoit rendu Crevant après l'avoir défendu contre les troupes de Charles VII) une prébende canoniale, qui depuis cette époque jusqu'à la révolution étoit héréditaire dans sa famille.

Cette victoire ne fut pas la seule. Les Anglais, fiers de leurs succès, voyant Charles VII réduit à quelques provinces d'outre Loire, lui donnèrent par dérision le titre de *roi de Bourges*.

Le duc de Bedfort, oncle de Henri VI et régent du royaume, voulut s'emparer d'Orléans. Le comte de Salisbéry, chargé de cette expédition, se présenta devant la place avec son armée le 12 octobre 1428, et il commença aussitôt le siège. Ce fut un des plus mémorables, par la courageuse et longue résistance de la garnison et des habitans de l'un et de l'autre sexe (car les femmes s'y distinguèrent, et disputèrent de valeur avec les hommes).

Le grand avantage qu'eussent retiré les assiégés de la prise d'un convoi de harengs et de munitions de guerre qu'on conduisoit aux assiégeans, détermina les premiers à faire sortir de la ville une partie de la garnison qui la défendoit. Les troupes des deux partis se trouvèrent en présence le 18 février 1429, près Rouvray-Sainte-Croix. L'issue du combat fut défavorable aux Français fidèles, et par la faute de quelques chefs, mais sur-tout par celle du comte de Clermont, ils éprouvèrent une défaite qui faillit perdre la monarchie. Ce combat fut appelé *la journée des harengs*.

Malgré la belle défense des assiégés, Orléans auroit enfin succombé, si Dieu ne l'eût préservé par un secours aussi extraordinaire qu'inattendu.

Jeanne d'Arc, appelée depuis *la Pucelle d'Orléans*, née en 1412, de pauvres mais honnêtes parens, à Domremi, près de Vaucouleurs, fut l'instrument dont Dieu se servit pour délivrer Orléans.

Cette fille, âgée de seize ans, envoyée, après bien des hésitations, par Robert de Baudricourt, commandant de Vaucouleurs, vint, sur la fin de février 1429, trouver le roi à Chinon, et lui annonça que Dieu la destinoit à faire lever le siège d'Orléans, et à le conduire à Reims pour y être sacré : elle lui découvrit, pour preuve de sa mission, des secrets que lui seul connoissoit.

Charles, après l'avoir fait examiner, ne doutant point que ce ne fût un secours du Ciel, se détermina à en profiter. Jeanne d'Arc se rendit à Blois, d'où elle partit avec six mille hommes qui escortoient un convoi pour Orléans.

Arrivée le lendemain à la vue de cette ville, elle y fit entrer son convoi, et y entra elle-même à la prière du comte de Dunois, qui commandoit dans la place.

Le 4 mai suivant elle y introduisit un nouveau convoi sans opposition, et le même jour elle emporta la bastille de Saint-Loup : tous les Anglais qui défendoient ce fort furent tués ou faits prisonniers. Le 6 elle s'empara de la bastille de Saint-Jean-le-blanc, et de celle des Augustins, et le lendemain du fort des Tournelles. Enfin le 8 mai, contraints de céder à la valeur de notre immortelle héroïne, les Anglais levèrent honteusement un siège qui leur coûtoit la perte de six mille hommes, tandis que les Orléanais n'avoient à regretter que cent de leurs braves.

Jeanne d'Arc quitta Orléans le 13 mai, se mit à la tête de l'armée, commandée par le duc d'Alençon, prit d'assaut Gergeau, où le comte de Suffolck fut fait prisonnier, se saisit du pont de Meung, et se rendit maîtresse de Baugenci. Le 18 mai elle se trouva à la bataille de Patay, où Talbot, général des Anglais, après avoir perdu deux mille hommes, fut fait prisonnier avec plusieurs autres chefs.

Le roi, qui par son conseil n'avoit point passé la Loire, vint à Gien, prit le commandement de ses troupes, et dirigea sa marche vers Reims. A la sollicitation de la Pucelle il prit Troyes et Châlons-sur-Marne en traversant la Champagne; il fit son entrée à Reims le 16 juillet, et fut sacré le lendemain par l'archevêque Renaud de Chartres.

Jeanne d'Arc, ayant rempli sa mission, demanda au roi la permission de se retirer; Charles la retint.

Aussitôt après le sacre presque toute la Brie et la Champagne et quelques villes de Normandie se soumirent à leur souverain légitime. Le monarque s'avança vers sa capitale; mais les efforts qu'il fit pour la reprendre furent alors impuissans, et Jeanne d'Arc, qui se trouvoit au nombre des chefs des assiégeans, reçut une blessure grave, et éprouva une sorte d'abandon, premier présage de ses futures infortunes.

Au mois de mai 1430 les comtes de Suffolck et d'Arondel assiégèrent Compiègne : la Pucelle, qui défendoit cette ville, fit une sortie le 25, et fut prise par Lyonnel, bâtard de Vendôme : il la remit au comte de Ligni-Luxembourg, qui la vendit aux Anglais. Ceux-ci, maîtres de sa personne, ne se contentèrent pas de la retenir en captivité; pour venger la honte et les pertes qu'elle leur avoit fait essuyer, ils firent instruire son procès en 1431, par des juges qu'ils soudoyoient, et qui la condamnèrent à être brûlée vive. Elle fut exécutée le 30 mai de la même année, sur la place du vieux marché à Rouen, et un infâme bûcher termina une vie que Jeanne d'Arc avoit consacrée à la vertu et à son roi.

Vingt-quatre ans après, à la honte éternelle des auteurs de sa condamnation, elle fut déclarée innocente.

C'est après la révision de ce procès que Charles VII,

voulant rendre hommage à la vertu de l'héroïne qui avoit sauvé la France, fit élever en 1458, sur l'ancien pont d'Orléans, du côté de la ville, un monument consacré à la piété et à la reconnoissance.

Il fut transporté dans les magasins de la ville à l'occasion des ouvrages de charpente que l'on fit en 1745 pour empêcher la ruine de la partie du pont sur laquelle il étoit posé. Replacé dans la rue royale en 1771, on grava en lettres d'or, sur une des tables de marbre qui l'entouroient, l'inscription suivante :

D. O. M.

PIETATIS IN DEUM,

REVERENTIÆ IN DEIPARAM,

FIDELITATIS IN REGEM,

AMORIS IN PATRIAM,

GRATI ANIMI IN PUELLAM,

MONUMENTUM

INSTAURAVERE CIVES AURELIANI,

ANNO DOMINI 1771.

Ce monument fut enlevé et transporté dans les magasins de la ville au mois d'août 1792.

On proposa en 1803 une souscription pour ériger un nouveau monument à la gloire de Jeanne d'Arc, et on vit avec attendrissement sur la liste des souscripteurs conservée à la mairie d'Orléans la modeste signature de l'artisan à côté de celle des Montmorenci, des Villeneuve de Vence, etc., etc., etc. La dépense ayant excédé le produit des souscriptions, l'administration municipale suppléa à l'insuffisance des fonds, et le monument fut élevé sur la place du martroi le 25 avril 1804.

Les pièces annoncées dans le titre de cette notice offrent la preuve que Jeanne d'Arc a été achetée par les Anglais, et qu'ils choisirent et payèrent des juges pour la condamner. Presque tous les historiens ont avancé sans preuve ces deux faits, qui n'en avoient pas besoin, étant généralement connus à l'époque où les auteurs contemporains (qu'ils ont copiés) les écrivoient. Nous devons ces pièces à M. Mercier, abbé de Saint-Léger de Soissons, et ancien bibliothécaire de Sainte-Geneviève, qui leur a donné par sa signature et par le sceau de ses armes toute l'authenticité qui étoit en son pouvoir. En 1775 il étoit à Orléans le 8 mai, époque solennelle de l'anniversaire de la délivrance de la ville par Jeanne d'Arc (a). Témoin

---

(a) Cette antique solemnité, qui remonte à l'an 1430 (*), a été interrompue depuis 1792 jusqu'en 1802 inclusivement. Rétablie en 1803, les Orléanais virent avec peine qu'on lui eût fait subir plusieurs changemens ; mais le Roi ayant nommé monsieur le comte de Rocheplatte maire d'Orléans, ce magistrat, après avoir recueilli tous les renseignemens nécessaires, consacra pour l'avenir les usages anciens par l'arrêté suivant, qui porte la date du premier mai 1817.

« Art. 1. La fête de la délivrance d'Orléans par Jeanne d'Arc sera célébrée le 8 mai.

2. Les corps et administrations ecclésiastiques, civils et militaires seront invités par le maire.

3. La veille de la fête, à midi précis, le représentant de Jeanne d'Arc, en costume, drapeau déployé, et escorté d'un détachement de la garde-nationale, de la musique, des tambours et des trompettes, montera sur la tour de la ville, où la musique, les tam-

(*) Le huit mai 1429, jour même de la délivrance d'Orléans, il se fit une procession générale à Notre-Dame de Saint-Paul, à laquelle Jeanne d'Arc assista.

de cette fête nationale, qui, suivant l'expression d'un

bours et les trompettes feront entendre pendant une heure des fanfares et airs guerriers : la cloche du beffroi sonnera dans les intervalles de repos de la musique, et de quart d'heure en quart d'heure jusqu'au coucher du soleil.

4. A la même heure de midi, pour annoncer la fête du lendemain, il sera fait sur les remparts une décharge d'artillerie.

5. A une heure le représentant de Jeanne d'Arc, en descendant de la tour de ville, sera conduit par son escorte à la prison, en mémoire de la captivité de cette illustre guerrière, et il y restera jusqu'à trois heures, qu'il sera ramené à l'hôtel-de-ville.

6. A trois heures et demie les maire et adjoints et le conseil municipal, escortés d'un détachement de la garde-nationale en armes, musique et tambours, le représentant de Jeanne d'Arc à leur tête avec sa bannière et son drapeau, se rendront à la cathédrale pour y assister aux matines du lendemain.

7. Après l'office le corps municipal rentrera à l'hôtel-de-ville, et le représentant de Jeanne d'Arc sera reconduit en prison, où il devra coucher.

8. Le jour de la fête, au lever du soleil, la cloche du beffroi sonnera de quart d'heure en quart d'heure jusqu'à la rentrée de la procession.

9. A sept heures et demie une escorte ira chercher le représentant de Jeanne d'Arc à la prison pour l'amener à l'hôtel-de-ville, où le corps municipal sera réuni.

10. A sept heures trois quarts le corps municipal et les corps civils et militaires qui, voulant entendre le panégyrique de Jeanne d'Arc, se seront rendus à l'hôtel-de-ville, en partiront en grand cortège pour aller à la cathédrale.

11. A huit heures précises l'orateur choisi par le maire prononcera le panégyrique de Jeanne d'Arc.

12. A neuf heures messieurs les chanoines de la cathédrale feront leur office canonial, pendant lequel les corps et administrations ecclésiastiques, civils et militaires qui n'auront pu assister au pané-

orateur sacré (*b*), doit être la fête de tous les Français, la reconnoissance des Orléanais, et le souvenir de cette victime condamnée au dernier supplice après avoir sauvé la France, firent éprouver à ce savant bibliographe des sentimens bien opposés. Revenu à Paris, il voulut connoître tout ce qui pouvoit confirmer l'opinion des auteurs qui ont parlé de cet événement unique dans l'histoire, et qui inspire aux étrangers (*c*) le désir de connoître les vertus, le courage

---

gyrique se rendront à l'église, où ils prendront les places qui leur seront marquées selon l'ordre des préséances.

13. A dix heures précises la procession se mettra en marche.

14. Lorsque la procession arrivera au bout du pont, le représentant de Jeanne d'Arc se placera sur une estrade qui lui sera préparée, entouré de la musique : il saluera tous les corps à leur passage, et pendant ce temps il sera fait une décharge d'artillerie.

15. La garde-nationale et la garnison ouvriront et fermeront la marche par des pelotons, et le surplus formera la haie des deux côtés de la procession.

16. La procession rentrée à la cathédrale, chaque corps sera reconduit avec son escorte au lieu de ses séances.

17. A trois heures et demie le maire et ses adjoints seulement, avec le représentant de Jeanne d'Arc, se rendront à l'église de Saint-Aignan pour y assister aux matines des morts.

18. Le lendemain à neuf heures et demie tout le corps municipal en grand cortège, précédé du représentant de Jeanne d'Arc, avec drapeau, escorte et musique, se rendra à l'église de Saint-Aignan pour y entendre une messe solennelle des morts pour les habitans qui périrent lors du siège d'Orléans. »

(*b*) Monsieur Frayssinous, dans son discours prononcé dans la cathédrale d'Orléans le 8 mai 1819.

(*c*) La lettre qui nous a été adressée de Glogau par un général

et les malheurs de la libératrice de la France. Plusieurs actes originaux conservés au prieuré de Saint-Martin-

---

Prussien le 16 mars 1817, en nous envoyant un exemplaire du poëme allemand de Schiller, est une preuve de ce que nous avançons. Elle est ainsi conçue :

« Monsieur le Bibliothécaire,

» J'ai profité des renseignemens que je dois à votre complaisance
» pour m'instruire dans l'histoire de cette héroïne célébrée également
» par les Allemands : notre plus grand poète a honoré sa mémoire
» d'une manière bien plus digne d'elle que Voltaire, qui se moque
» de tout. Certainement le poëme dramatique que je prends la liberté
» de joindre ici vous satisferoit, si on savoit le rendre exactement
» dans la langue de votre patrie. Daignez placer ce livre dans la
» bibliothèque d'Orléans, et le regarder comme une foible marque
» de ma reconnoissance pour le plaisir que les richesses littéraires
» et d'antiquités de la ville d'Orléans m'ont procuré.

» Agréez, monsieur le Bibliothécaire, l'assurance de ma plus
» parfaite considération.
Signé Le général VALENTINI. »

L'opinion de ce général sur Voltaire est la même que celle de Laharpe, qui dans la troisième partie de son discours préliminaire de la nouvelle traduction française du Pseautier imprimée à Paris en 1811, s'exprime ainsi : « Que dire de Voltaire, qui met
» très-sérieusement sur la même ligne comme poètes David et le
» roi de Prusse ?

» Frédéric a plus d'art, et connoît mieux son monde ;
» Il est plus enjoué, sa verve est plus féconde ;
» Il a lu son Horace, il l'imite, etc.

» Il est sûr que David n'est pas *enjoué*, qu'il ne pouvoit pas plus
» imiter que lire Horace, et que *le monde* que connoissoit Frédéric
» n'étoit pas celui pour qui David écrivoit. Quel travers d'esprit
» dans ces rapprochemens étranges, qui ne seroient encore qu'une
» bizarre ineptie, quand ils ne seroient pas de la dernière indécence !

des-champs lui prouvèrent que les Anglais avoient dépensé des sommes considérables pour acheter Jeanne d'Arc, et pour soudoyer les juges qui la condamnèrent ; car on trouve dans les actes du procès les noms de tous les personnages cités dans les pièces dont nous allons donner l'analyse.

La première pièce de ce recueil est une ordonnance du prévôt de Paris pour l'exécution des lettres-patentes données à Paris le 3 mars 1428 par Henri VI, roi d'Angleterre, et par le duc de Bedfort, régent de France.

Par ces lettres-patentes le roi ordonne *à tous officiers prenans gages de lui à cause de leurs offices, de lui prêter un quartier de leurs gages pour être employé au siège d'Orléans.*

La seconde, page 6, est une ordonnance du bailli de Rouen au vicomte de Rouen, du 6 novembre 1428, pour qu'il ait à faire payer à Adenet Gosse, messager à cheval, la somme de quinze sols tournois par jour pour avoir porté à Orbec la convocation du

---

« Mais lorsqu'on sait de plus le cas que faisoit Voltaire des poésies
» du roi de Prusse, quoiqu'il les eût corrigées autant qu'elles pou-
» voient l'être, lorsqu'on sait qu'il l'appeloit *Attila-Cotin*, quelle
» valeur peut-on attacher à l'opinion d'un homme qui *se joue* ainsi
» de la vérité et de son propre jugement comme de toutes les bien-
» séances ? Quelle mal-adroite adulation pour un roi Allemand que
» rien n'oblige d'être un bon poète français, et qui, en admettant
» ce ridicule parallèle, seroit encore aussi loin de David que de
» Voltaire ! Laissons là ces écarts de l'esprit humain, qui ne sont
» pas moins le scandale du bon sens que celui de la religion, et
» voyons dans les choses ce qu'elles sont et ce qu'elles doivent
» être. »

ban pour marcher à Chartres, *pour résister aux entreprises des adversaires de notre seigneur roi, assemblés à Blois pour le fait du siège d'Orléans.*

La troisième, page 8, est un mandement de Thomas Blount, trésorier et général gouverneur des finances du roi en Normandie, à Pierre Surreau, receveur général desdites finances, donné à Rouen le premier mars 1430, d'après les ordres du roi d'Angleterre, pour *payer vingt sols tournois par jour* aux docteurs qui ont vaqué au procès de la Pucelle.

La quatrième, page 9, est une quittance desdits docteurs du 4 mars 1430.

La cinquième, page 11, est l'assiette faite le 20 septembre 1430, *de la somme de trois mille six cent trente livres tournois sur les communs et habitans des villes et paroisses d'Argenthen, Exmes, Dompfront, en vertu des lettres écrites le 3 du même mois* par Thomas Blount et Pierre Surreau, dans lesquelles ils disent que par des lettres du roi (Henri VI) données à Rouen le jour précédent, *il leur est mandé de faire lever* la somme de *quatre-vingt mille livres tournois, sur laquelle on tournera dix mille livres tournois au payement de l'achapt de Jehanne la pucelle, que l'on dit estre sorcière, personne de guerre, conduisant les ostz du Daulphin* (a).

La sixième, page 31, est une ordonnance du 24 octobre 1430, de Thomas Blount à Pierre Surreau, de

---

(a) M. de Laverdy dit que le titre original de cette pièce existe en nature et en parchemin dans les archives du prieuré de Saint-Martin-des-champs, et que le prieur et l'archiviste en ont donné une copie collationnée en forme à l'académie des inscriptions.

payer à Jehan Bruyse, escuyer, *deux mille six cent trente-six nobles d'or pour les causes et pour la manière que le roi notre seigneur le veult et mande.*

La septième, page 32, est la quittance donnée le 6 décembre 1430 à Pierre Surreau par Jean Bruyse de la somme mentionnée dans la pièce précédente, qu'il déclare avoir payée par ordre du roi, *pour faire partie des dix mille livres tournois destinées à l'achapt de Jehanne qui se dit pucelle, prisonnière de guerre.*

La huitième, page 36, est une quittance donnée le 9 avril 1431 à Pierre Surreau par les docteurs et bacheliers en théologie pour avoir vaqué au procès ecclésiastique de cette femme qui se faisoit appeler Jehanne la pucelle.

La neuvième, page 35, contient des lettres-patentes de Henri (se disant) par la grace de Dieu roi de France et d'Angleterre, du 14 avril 1431, adressées à Thomas Blount, pour faire payer au prieur des frères-prescheurs de Rouen et vicaire de l'inquisiteur de la foy la somme de vingt salus d'or (*a*), pour avoir assisté au procès de Jehanne qui se dit la pucelle, avec l'évêque de Beauvais son juge ordinaire.

_____

(*a*) Henri V roi d'Angleterre, gendre de Charles VI, qui le qualifioit de notre fils, héritier et régent de France, faisoit battre monnoie en Normandie, dont il étoit le maître. Pendant les quatorze années que la faction reconnut Henri VI comme roi de France et d'Angleterre, les monnoies furent frappées à son coin et à ses armes dans les provinces soumises à son usurpation.

Les salus ou saluts dont il est parlé dans cette notice étoient ainsi appelés à cause de la salutation angélique représentée sur l'un des côtés de cette monnoie.

La dixième pièce, page 36, contient des lettres-patentes de Henri (se disant) par la grace de Dieu roi de France et d'Angleterre, du 21 avril 1431, adressées à Thomas Blount pour lui ordonner de payer la somme de cent livres tournois aux docteurs en théologie pour les frais de leur voyage de Rouen à Paris, où ils ont été envoyés vers le duc de Bedfort pour exposer, dire et déclarer le procès touchant le fait de celle qui se dit Jehanne la pucelle.

La onzième, page 38, est une ordonnance du trésorier, sous la date du 22 avril 1431, pour le paiement de ladite somme de cent livres.

La douzième, page 39, du 27 avril 1431, est une ordonnance du trésorier pour délivrer au prieur des frères-prescheurs vingt salus d'or à lui adjugés par les lettres-patentes du roi du 14 avril précédent.

La treizième, page 40, contient des lettres-patentes du roi du 6 juin 1431, qui ordonne à Thomas Blount de faire payer à Guillaume Erard (*a*) vingt sols pour chacun des jours qu'il a vaqué au procès ecclésiastique *de cette femme qui se faisoit appeler Jehanne la pucelle.*

La quatorzième pièce, du 8 juin 1431, est un

(*a*) Henri VI fut si content des services de ce Guillaume Erard, qu'il le fit son chapelain; il lui donna une maison ou manoir (*manerium*) dans le comté de Southampton, et une pension annuelle de vingt livres sterlings. On trouve dans les actes publiés par Thomas Rymer, tome 5.ᵉ, in-folio, page 43, édition de La Haie, chez Neaulme, 1741, le titre de cette donation du 11 novembre 1437, motivée sur les pertes de Guillaume Erard en France à cause de son attachement à sa personne.

mandement de Thomas Blount à Pierre Surreau pour payer à Guillaume Erard la somme à lui accordée par le roi.

La quinzième pièce, page 43, est la quittance donnée par Guillaume Erard le même jour 8 juin au receveur général des finances, de trente-une livres tournois pour le paiement de trente-un jours employés au procès *de cette femme qui se faisoit appeler Jehanne la pucelle.*

La seizième, page 44, est une quittance donnée le 12 juin 1431 par-devant J. Thussart, notaire, de la somme de cent deux livres tournois par quatre docteurs pour avoir vaqué au procès ecclésiastique fait *contre cette femme qui se faisoit appeler Jehanne la pucelle.*

Monsieur l'abbé de Saint-Léger fit copier ces pièces avec soin ; et comme s'il avoit prévu que l'ignorance pourroit un jour détruire ces monumens de notre histoire, il en offrit l'hommage, le 15 juillet 1775, à messieurs les maire et échevins d'Orléans. Ce manuscrit fut déposé dans les archives de la ville, d'où il passa dans la bibliothèque publique lorsque l'administration municipale prit possession de l'hôtel qu'elle occupe aujourd'hui.

On ignore si le vandalisme a respecté les actes originaux.

411. Compilation abrégée des grandes et générales Chroniques, — *1 vol. grand in-4°, 306 pages.*

Ce manuscrit est un abrégé de l'histoire de Jeanne d'Arc depuis sa naissance jusqu'à la sentence qui, après la révision du jugement qui avoit condamné cette illustre victime, rendit une éclatante et trop tardive justice à sa mémoire et à son innocence.

Ce volume, composé par ordre de Louis XII et de l'amiral de Graville, commence par une relation historique de ce qu'étoit Jeanne d'Arc, de son départ de Vaucouleurs pour se rendre auprès de Charles VII à Chinon, de la manière dont elle fut reçue par le roi et par son conseil, de la confiance qu'elle inspira à ce monarque après qu'elle lui eut découvert des secrets que lui seul connoissoit, de son arrivée à Blois et ensuite à Orléans, de ses différens exploits, des sièges des villes devant lesquelles il fallut passer pour arriver à Reims où le roi fut sacré, et de la manière dont elle fut faite prisonnière de guerre devant Compiègne, livrée aux Anglais et conduite à Rouen. *Ici commence*, dit l'auteur du manuscrit, *la déduction du procès fait par Pierre Cauchon, évêque et comte et pair de Beauvais, en matière de foi, contre une femme nommée Jehanne, vulgairement appelée la Pucelle.* Quoique les interrogatoires ne soient pas rendus littéralement, ils sont très-longs; plusieurs sont tronqués ou omis: les réponses de Jeanne d'Arc ne sont rapportées que sommairement. Il paroît que ce manuscrit n'a pas été fait sur la minute, et qu'il l'a été sur plusieurs copies de ce procès, dans lesquelles il pouvoit exister quelques différences.

On trouve avant la sentence de condamnation la cédule que, suivant notre manuscrit, l'évêque de Beauvais et les autres juges disent avoir été faite par Jeanne et signée de sa main.

Lenglet Dufresnoy observe dans son histoire de la Pucelle, qu'elle ne savoit ni lire ni écrire, et qu'elle n'a point fait ni signé la cédule dont nous parlons: mais cette pièce finissant par ces mots, *tesmoing mon seing manuel*, signé *Jehanne, une croix*, il est probable que la cédule lui fut présentée avec ces mots écrits, *tesmoing mon seing manuel, Jehanne*, et qu'elle y mit une croix comme signe d'approbation; ce qui a pu faire dire qu'elle l'avoit signée.

On trouve ensuite la lettre du roi d'Angleterre écrite après l'exécution, le 28 juin 1431, à l'évêque de Beauvais et autres prélats, ducs, comtes et nobles du royaume de France. En justifiant la condamnation de Jeanne d'Arc comme sorcière le gouvernement Anglais attaquoit Charles VII, qui s'en étoit servi.

L'auteur du manuscrit, en parlant du procès de révision, dit qu'il seroit trop long et ennuyeux pour le lecteur de transmettre les dépositions des témoins, et les articles sur lesquels ils ont déposé. La sentence d'absolution termine ce manuscrit du commencement du seizième siècle, sur papier, à longues lignes. Il contient l'essentiel des deux procès, quoiqu'incomplets, et rendus dans la forme historique plus que judiciaire. On ignore comment il étoit parvenu dans la bibliothèque du chapitre de Sainte-Croix. Il paroît qu'il a appartenu à M. Thiballier, avocat du roi au bailliage d'Orléans.

412. Inventaire des Chartes du Roi, — *4 vol. in-fol.*

L'écriture de ce manuscrit du dix-septième siècle, sur beau papier, est belle et très-lisible.

Il appartenoit au chapitre d'Orléans.

413. La Grandeur de nos Rois, et leur souveraine Puissance; — *1 vol. in-4°, 166 pages.*

C'est un traité contre les prétentions des papes sur la puissance royale. L'écriture, du dix-huitième siècle, sur papier, est assez lisible.

Il appartenoit au chapitre d'Orléans.

414. Blasons des Rois, Reines, Princes et Princesses du sang royal de France, et des Maisons qui y sont alliées, par ordre alphabétique; — *1 vol. in-fol., 440 p.*

Ce volume est assez mal écrit, quoique moderne. Il appartenoit à la maison de l'Oratoire d'Orléans.

415. Trois Lettres, dont une de Henri III et deux autographes de Henri IV.

Ces trois lettres sont adressées à monsieur Roussard, qui fut successivement agent secret des deux rois. Il paroît que les historiens n'ont pas connu les services de ce fidèle serviteur ; à moins que Roussard ne fût un nom emprunté.

On avoit d'abord pensé que ces trois lettres étoient de Henri IV, à cause de la signature, et à cause de leur adresse au même monsieur Roussard ; mais celle qui est datée de Tours le 23 mars 1589 ne peut pas être du roi de Navarre, qui n'arriva à Tours qu'à la fin d'avril, époque de l'entrevue des deux rois au château du Plessis-lez-Tours, où Henri III s'étoit rendu après le meurtre des Guise, arrivé à Blois le 23 septembre 1588. Henri III, retiré à Tours, ordonna par un édit du mois de février 1589, que le parlement de Paris et la chambre des comptes viendroient siéger à Tours : ainsi il y étoit au mois de mars. D'ailleurs le roi parle dans cette lettre de sa province de Champagne ; ainsi elle ne peut être du roi de Navarre, qui ne fut roi de France qu'au mois d'août 1589, après l'assassinat de Henri III à Saint-Cloud le premier août de la même année.

Achetées par M. le comte de Rocheplatte, maire d'Orléans, sur les fonds destinés aux dépenses de la bibliothèque publique.

416. Extrait du Procès-verbal des propositions et délibérations de la Chambre du Tiers-état aux Etats de la Ligue tenus à Paris en l'an 1593 ; — *in-folio, 400 pag.*

Cet extrait a été fait sur une copie dudit procès-verbal, qui avoit été prise sur une autre copie écrite par Areste, premier commis du parlement, et greffier de la chambre du tiers-état.

L'écriture, du dix-septième siècle, sur papier, n'est pas facile à lire.

Il appartenoit au chapitre d'Orléans.

417. Histoire des Amours de Henri IV, roi de France et de Navarre ; — *in-4°, 80 pages.*

On attribue à Louise-Marguerite de Lorraine, princesse de Conti, cet ouvrage, si connu et réimprimé plusieurs fois sous le titre des Amours du grand Alexandre, qui contient plusieurs faits relatifs à l'histoire de Henri IV, depuis son avènement à la couronne jusqu'à sa mort.

Ce manuscrit que nous annonçons est une copie de l'édition de cet ouvrage donnée par Lenglet-Dufresnoy en 1744, dans le tome quatrième du journal de Henri III.

Le Divorce satyrique, où il est parlé des mœurs de la reine Marguerite, termine ce volume, sur papier, d'une belle écriture.

Il appartenoit au séminaire d'Orléans.

418. Mémoires de monsieur le vicomte de Turenne, duc de Bouillon ; — 1 vol. in-4°, 640 pages.

Henri de la Tour, vicomte de Turenne, né le 28 septembre 1555, devenu duc de Bouillon, prince de Sedan par le mariage qu'il contracta le 15 octobre 1591 avec Charlotte de la Mark, fille unique et héritière de Henri-Robert de la Mark, duc de Bouillon, prince de Sedan, etc., est auteur de ces mémoires, qu'il adresse à son fils, et qu'il commença à l'âge de cinquante-quatre ans et dix mois, ainsi qu'on le lit à la page 6 de ce manuscrit. A dix-sept ans il lui fut donné par le roi Charles IX une compagnie de trente lances, avec laquelle il servit au siège de la Rochelle en 1573. Ayant ensuite fait profession de la religion prétendue réformée, il fit soulever en faveur des huguenots plusieurs places du Périgord. En 1575 il embrassa le parti du duc d'Alençon, qui lui donna le gouvernement de la Touraine. Il fut fait prisonnier par les Espagnols au mois d'avril 1581, dans une bataille donnée près de Cambrai. Il resta deux ans et dix mois en prison : on exigea pour sa rançon cinquante-trois mille écus. Il revint en France. Le roi de Navarre le laissa dans la province de Guyenne pour s'opposer aux forces des catholiques. On doit regretter que ce seigneur n'ait pas continué ses mémoires ; ils auroient été très-utiles à ceux qui ont écrit l'histoire des règnes sous lesquels il vécut.

Il vient de la bibliothèque des Bénédictins.

419. Correspondance du roi de France Louis XIV avec le marquis de Fontenay, son ambassadeur à Rome; — in-fol., 850 pages.

Une partie de cette correspondance est écrite en chiffres : elle commence le 19 avril 1647, et finit le 20 avril 1648.

On ignore à qui ce manuscrit a appartenu.

420. Apologie de M. le cardinal de Bouillon, — in-4°, 170 pages.

Le cardinal de Bouillon, voulant justifier sa conduite, et détruire les mauvaises impressions qu'elle avoit fait naître dans l'esprit de Louis XIV., fit paroître cette apologie en 1705. Il mourut à Rome en 1715.

L'écriture de ce manuscrit est moderne.

Il vient du séminaire d'Orléans.

421. Camps et Marches de l'armée de Flandres, commandée par monseigneur le maréchal duc de Luxembourg, en 1693; — in-fol., 340 pages.

Ce manuscrit, du dix-huitième siècle, sur papier, est terminé par la description d'une machine infernale destinée à produire son effet sur mer : elle avoit dix-huit pieds de haut, et elle prenoit neuf pieds d'eau.

L'écriture est belle et lisible.

On ignore à qui il a appartenu.

422. Journal de la Campagne du vaisseau du roi *le Magnanime*, aux ordres de monsieur le vicomte Le Bègue, capitaine de vaisseau, faisant partie de l'armée de monsieur le comte de Grasse, sortie du port de Brest le 22 mars 1781; — 1 vol. in-8°, 150 pages.

Ce journal n'est pas la seule pièce contenue dans ce manuscrit. On trouve à la page 91 les articles de la capitulation entre le général Wasington, le comte de Rochambeau et le comte de Grasse d'une part, le comte Cornowallis et Thomas Sirmondi d'autre part, pour la remise des forts d'Yorck et de Glocester à l'armée combinée des forces de l'Amérique et de Sa Majesté Très-Chrétienne, le 19 octobre 1781.

Le détail du combat naval du 29 avril 1781, et des suites qu'il a eues, se trouve à la page 99.

Les articles de la capitulation de l'île de Tabago le 2 juin 1781, entre le comte de Grasse et le marquis de Bouillé d'une part, Georges Fergusson et H. Stanhope d'autre part, précèdent, page 103, le journal du vaisseau du roi *le Glorieux*, aux ordres de monsieur le vicomte d'Escars, capitaine de vaisseau, employé dans l'armée navale de monsieur le comte de Grasse.

Les articles préliminaires de la paix entre le roi de France et le roi de la Grande-Bretagne, signés le 20 janvier 1783, terminent ce volume.

On ignore à qui il a appartenu.

423. Recueil des Mémoires présentés au Conseil de guerre extraordinaire de marine assemblé à Lorient en 1783 pour juger la conduite des Officiers de la marine du Roi dans l'affaire du 12 avril 1782, etc. ; — *1 vol. in-8°, 180 pages.*

On trouve dans ce manuscrit un mémoire de monsieur le baron d'Arros, une lettre de M. d'Albert de Rioms, la réponse de M. le marquis de Vaudreuil à cette lettre, deux mémoires de M. d'Albert de Rioms, deux mémoires et une requête de M. de Bougainville, un mémoire de M. de Bougainville, et enfin le jugement rendu par le conseil de guerre le 21 mars 1784.

On ignore à qui il a appartenu.

424. Recueil de plusieurs Pièces de différentes écritures

des seizième et dix-septième siècles, — *in-fol., 300 pag.*

Ce volume, qui appartenoit à la bibliothèque publique, contient plusieurs pièces écrites sur papier à longues lignes : 1° plusieurs lettres et mémoires sur la cession du marquisat de Saluces au duc de Savoie ; 2° pièces sur la réunion des Calvinistes en 1586 ; 3° plaidoyer de M. Capel contre Charles V en 1587 ; 4° instruction donnée à M. de Villeroi allant au-devant de l'empereur pour le mariage du roi Charles IX ; 5° transaction passée entre le roi Charles IX et madame Renée de France, duchesse de Ferrare, pour ses prétentions en Bretagne ; 6° état de la ville de Cambrai ; 7° articles pour le mariage du roi de Navarre et la sœur du roi ; 8° traité de Cambrai en 1529, et de Madrid en 1525 ; 9° plusieurs méditations sur la religion ; 10° arrêt contre le connétable de Saint-Paul en 1475 ; 11° procès de M. de Biron ; 12° vers sur l'emprisonnement de la duchesse de Verneuil ; 13° éclipses en 1605 ; 14° discours sur la détention du secrétaire d'ambassade en Espagne ; 15° vers sur l'arrivée de la reine Marguerite à Paris ; 16° arrêt contre les cordeliers d'Orléans ; 17° origine de la présentation des gouttières ; 18° instructions données à M. de Bongars lorsqu'il fut envoyé en Allemagne vers les électeurs.

Il appartenoit à la bibliothèque publique.

425. **Mélanges historiques**, — *1 vol. in-fol., 506 pages.*

On trouve dans ce volume l'histoire d'Alvaro de Luna, connétable de Castille ; celle de Thomas Wolsey, cardinal archevêque d'York ; celle de Georges Martinusius, cardinal sous Isabelle reine de Hongrie ; toutes les pièces relatives au procès et à la mort du maréchal de Biron. Ce manuscrit, dont l'écriture, moderne, est très-soignée, est terminé par l'arrêt de mort du duc de Nemours.

Il vient du séminaire d'Orléans.

426. **Résumé des Evénemens politiques depuis 1778 jusqu'en 1787 inclusivement**, — *in-4°, 150 pages.*

Cet abrégé des événemens politiques qui ont occupé pendant

dix années les différens gouvernemens de l'Europe est l'ouvrage d'un sage observateur qui nous est inconnu : il offre des réflexions utiles à l'historien qui voudra le consulter.

427. Mémoire sur les formes qui doivent précéder et accompagner la convocation des Etats-généraux, par monsieur Dubois, chanoine d'Orléans, 1788 ; — *1 vol. in-4°, 229 pages.*

Ce manuscrit sur papier, donné à la bibliothèque publique d'Orléans par l'auteur, réunit un grand nombre de pièces manuscrites et imprimées relatives aux anciens états-généraux, et à la convocation annoncée pour 1789. Si l'auteur n'a pas prévu le renversement de toutes les formes, il n'en a pas moins le mérite d'avoir voulu les conserver, et empêcher l'anéantissement de tous les principes qui pendant plusieurs années a couvert la France d'un crêpe funèbre.

428. Etat et Appréciation des ouvrages faits par corvée dans la généralité de Tours pendant les années 1766 et 1767, — *2 vol. in-folio.*

On trouve dans ce manuscrit un état sommaire de la situation de toutes les routes ouvertes et à ouvrir au premier janvier 1767 et 1768.

On ignore d'où il vient.

HISTOIRE DES VILLES ET PROVINCES DE FRANCE.

Histoire d'Orléans et de l'Orléanais.

429. Chronologie des Chartes, Lettres-patentes, Edits, Déclarations, Ordonnances de nos rois, de nos intendans, des maires et échevins, des gouverneurs, bailliages, parlemens, cours de justice, police, cours des aides, conseils, qui se rapportent directement à l'Histoire d'Orléans ou de quelques villes du département du Loiret, par monsieur Pataud, chanoine de l'église d'Orléans et aumônier du lycée de la même ville; — *1 vol. in-4°, 159 pages.*

> Cette chronologie commence à l'année 1059, et finit avec l'année 1787.

430. Chronologie générale pour l'Histoire d'Orléans et de l'Orléanais, par monsieur Pataud, chanoine honoraire de Sainte-Croix d'Orléans; — *2 vol. in-4°.*

> Le premier volume contient la chronologie Orléanaise de l'an 69 de Jésus-Christ à l'année 1788 : elle est continuée dans le second volume jusqu'au 4 août 1815. A la suite on trouve des pièces justificatives et des indications de cette chronologie, avec quelques autres notes historiques sur Orléans.

431. Inventaire et Analyse des Titres relatifs aux anciens privilèges et à l'Histoire de la ville d'Orléans, — *1 vol. in-4°, 350 pages.*

> Cet inventaire, fait par M. Lemaître, ancien notaire à Baugenci, en 1746, 1747 et 1748, et continué par M. Polluche en

1749, a été copié par M. Jousse. L'écriture, sur papier, est très-lisible.

On trouve à la suite de cet inventaire deux relations du massacre de la Saint-Barthelemi à Orléans. La première a été copiée dans l'histoire des martyrs, page 712, et la deuxième dans un manuscrit de l'hôtel-de-ville.

Ce volume est terminé par des remarques critiques, attribuées à Hector Desfriches, sur l'histoire d'Orléans par Lemaire, édition in-4°, imprimée en 1645.

Ce manuscrit a été légué à la bibliothèque publique par M. l'abbé Pataud.

432. Inventaire des Titres de la Mairie d'Orléans, tant imprimés que manuscrits, entrepris en l'année 1812 par M. l'abbé Pataud, aumônier du lycée d'Orléans et chanoine honoraire du chapitre cathédral de la même ville; — *1 vol. in-4°, 222 pages.*

Les titres contenus dans cet inventaire commencent en 1413 et finissent en 1814.

433. Recueil de Pièces intéressantes sur l'Histoire d'Orléans et sur l'Histoire générale du royaume, — *in-4°, 938 pages.*

Toutes ces pièces, dont le détail est sur la première page du volume, ont été copiées par M. de Givès sur les registres du parlement et sur ceux de la chambre des comptes, qui lui avoient été communiqués par M. Wion sieur d'Hérouval.

L'écriture, du dix-septième siècle, sur papier, est lisible et très-soignée.

Ce manuscrit appartenoit à la bibliothèque publique.

434. Recueil pour servir à l'Histoire ecclésiastique d'Orléans, — *1 vol. in-4°, 284 pages.*

C'est un des nombreux recueils formés pour l'histoire d'Orléans par M. Polluche.

435. Mémoires pour servir à l'Histoire ecclésiastique et civile de l'Orléanais, — *1 vol. in-fol., 637 pages.*

Une table de toutes les pièces contenues dans ce manuscrit se trouve au commencement du volume : la plupart sont de la composition du savant bibliothécaire dom Fabre.

Il appartenoit à la bibliothèque publique.

436. Mémoires pour l'Histoire d'Orléans, par monsieur Hubert, chantre de l'église royale de Saint-Aignan d'Orléans; — *2 vol. in-4°.*

La première partie de cet ouvrage est consacrée à l'histoire ecclésiastique d'Orléans et de l'Orléanais, et la seconde à l'histoire civile. On trouve dans ce manuscrit du dix-septième siècle plusieurs traités et discours historiques et politiques, ainsi que l'histoire généalogique de plusieurs maisons et familles illustres, des châtellenies et seigneuries les plus considérables.

La connoissance de cet ouvrage est indispensable pour ceux qui voudront écrire l'histoire d'Orléans et de l'Orléanais. Il a été légué à la bibliothèque publique par M. Pataud, chanoine honoraire de Sainte-Croix.

437. Histoire d'Orléans et des principales villes du département du Loiret depuis la mort de Jeanne d'Arc, — *1 vol. in-4°, 996 pages.*

MM. Hubert, Daniel Polluche, Jousse père et fils avoient successivement rassemblé d'immenses matériaux pour l'histoire d'Orléans; mais ils terminèrent leur laborieuse carrière avant d'avoir pu réaliser le projet qu'ils avoient conçu.

M. l'abbé Pataud, chanoine honoraire de la cathédrale, avoit considérablement augmenté les différens recueils dont il avoit traité avec les héritiers de ces hommes estimables, et il s'occupoit à faire jouir ses concitoyens du fruit de ses travaux, lorsqu'une maladie longue et douloureuse l'enleva à sa famille, aux lettres et à l'amitié. Ainsi cette histoire, qu'il se proposoit de suivre jusqu'à l'époque de la révolution, se trouve incomplète, puisqu'elle ne va pas au-delà de 1710 ; son auteur n'a eu le temps ni de l'achever, ni de la revoir, ni d'y donner la dernière main. Elle est le fruit du travail le plus constant et le plus intéressant par des recherches infinies. C'est une mine féconde que M. Pataud a mise à la disposition de ses concitoyens en léguant son manuscrit à la bibliothèque publique d'Orléans. M. le président De-la-Place de Montevray a consacré, dans les annales Orléanaises de 1818, une notice assez étendue à la mémoire de cet estimable littérateur, son ami, qui né à Orléans le 19 octobre 1752, y termina sa carrière le 23 mars 1817.

438. Histoire d'Orléans depuis 1789 jusqu'en 1800, — 2 vol. in-4°, 534 pages.

M. l'abbé Pataud annonça par un prospectus publié dans les premiers mois de 1817, l'intention de terminer à l'origine de notre révolution l'histoire d'Orléans, qu'il proposoit par souscription. Il avoit cependant, pour sa satisfaction particulière et dans l'idée de faciliter le travail de ses continuateurs, recueilli tous les faits historiques qui concernent le département du Loiret depuis cette époque trop fameuse. C'est cette chronologie que contiennent ces deux volumes, le premier de 1789 à 1794, et le deuxième depuis 1794 jusqu'à la fin de 1799.

439. Chronologie des faits relatifs à l'Histoire d'Orléans depuis la chute des cinq directeurs de la république Française jusqu'à nos jours, pour servir de suite à l'Histoire d'Orléans rédigée par Jean-Jacques-François Pataud, prêtre du diocèse d'Orléans, chanoine honoraire de Sainte-Croix ; — 1 vol. in-4°, 242 pages.

Ce manuscrit forme le troisième volume du précédent, et contient les faits relatifs à l'histoire du département du Loiret depuis 1800 jusques et compris 1814.

440. Chronologie moderne, par monsieur l'abbé Pataud, chanoine de l'église d'Orléans ; — *1 vol. in-4°, 250 pages.*

Ce volume contient des éphémérides Orléanaises, dont cependant, au jugement de l'auteur lui-même, toutes les dates ne doivent pas être adoptées sans un examen préalable.

441. Extraits pour l'Histoire de l'Orléanais et d'Orléans, — *1 vol. in-4°, 534 pages.*

Ce manuscrit, désigné par monsieur l'abbé Pataud sous le titre de *Livre rouge*, renferme un mélange de pièces relatives à l'histoire d'Orléans : il est terminé par une table générale pour tous les recueils manuscrits qui appartiennent à cette histoire.

442. Mémoires historiques et chronologiques pour servir à l'Histoire politique, civile, religieuse et littéraire d'Orléans; par J. J. F. Pataud ; avec cette épigraphe : *Multa renascentur quæ jàm cecidêre.* — *Orléans, 1808, 1 vol. in-4°, 218 pages.*

443. Mélanges pour l'Histoire d'Orléans, par le même; — *1 vol. in-4°, 400 pages.*

Ce recueil concerne principalement le lycée et le collège royal d'Orléans, dont l'auteur étoit aumônier.

444. Recueil de différentes pièces dont la majeure partie appartient à l'Histoire d'Orléans, par le même; — *1 vol. in-4°, 242 pages.*

L'écriture de ce volume est celle de l'abbé Pataud.

445. Notes relatives à l'Histoire d'Orléans et de l'Orléanais, — *1 vol. in-8°, 594 pages.*

Ce manuscrit, dont la date est de 1805, contient, outre

plusieurs notes de l'abbé Pataud, un grand nombre de pièces assez variées, dont on trouve le détail sous le numéro 441.

446. Matériaux pour servir à la Statistique du département du Loiret, — *1 vol. in-4°, 330 pages.*

Toujours occupé de son ouvrage, M. l'abbé Pataud recueilloit tout ce qui pouvoit compléter son travail : ses recherches seront très-utiles à ceux qui voudront les continuer.

447. Notices pour servir à l'Histoire de la Préfecture du Loiret, — *grand in-8°, 60 pages.*

C'est une suite du précédent.

448. Quatre Volumes in-fol., deux in-4° et un in-8°, dont une partie a été biffée par l'auteur et l'autre partie est restée en blanc.

Ces volumes paroissent avoir été employés par M. l'abbé Pataud pour inscrire les premières notes qu'il a recueillies : on les conservera sous le numéro 441, moins pour leur utilité que par respect pour la mémoire de ce laborieux Orléanais.

449. Extrait des archives de la Mairie d'Orléans, rédigé en 1630, et autres Mélanges relatifs à l'Histoire de la même ville ; — *1 vol. in-4°, 380 pages.*

Ce volume contient plusieurs notes de M. l'abbé Pataud et quelques ouvrages de divers auteurs relatifs à l'histoire de l'Orléanais. On y trouve une histoire de la paroisse de Sennely en Sologne, formant 70 pages : elle est précédée d'une introduction sur la Sologne en général et sur les mœurs de ses habitans. Cette production est de M. l'abbé Griveau, ancien curé de Sennely, décédé à Orléans sa patrie en 1817.

450. Mélanges historiques et littéraires relatifs à l'Histoire d'Orléans, — *1 vol. in-4°, 360 pages.*

Ce volume a pour titre *la Châtre* ; désignation de fantaisie, qui n'a aucun rapport avec les différentes pièces de ce recueil, formé de différentes écritures, et dont les ouvrages les plus remarquables sont : 1° un mémoire sur la Sologne, dont l'auteur est inconnu ; 2° des notes sur les Essais historiques d'Orléans de messieurs Polluche et Beauvais-de-Préau, par M. l'abbé Loiseau, chanoine et archiprêtre de l'église d'Orléans, auteur d'une traduction des Guerres de Flandres du cardinal Bentivoglio, Paris, 1769, quatre volumes in-12 ; et d'un discours sur la révolution opérée dans la monarchie Française par la Pucelle d'Orléans ; Orléans, 1764.

Ces notes ont été copiées sur le manuscrit autographe et inédit qui est en la possession de monsieur l'abbé de Rochas, ancien chanoine de la même église.

La table des matières contenues dans ce volume se trouve sous le numéro 441.

Tous les ouvrages de cette division depuis le n° 429 proviennent du legs fait à la bibliothèque publique par M. l'abbé Pataud.

451. Remarques sur l'Histoire du siège mis par les Anglais devant la ville d'Orléans en 1428, — *in-4°, 114 p.*

Ce manuscrit contient des notes précieuses pour l'histoire d'Orléans. On lit au commencement du volume une note qui sembleroit fixer son origine à la moitié du quinzième siècle ; mais l'écriture nous paroît plus moderne, et c'est probablement une copie du manuscrit original.

Il a été légué à la bibliothèque par M. l'abbé Pataud, chanoine honoraire de Sainte-Croix.

Nous terminerons cette notice en indiquant des matériaux intéressans pour notre histoire.

Monsieur Rouzeau-Montaut, imprimeur du Roi à Orléans, a recueilli des notes et des observations sur l'origine de cette antique cité, et sur ses accroissemens successifs, qu'il a désignés sur un plan figuré d'autant plus précieux, que le temps et les hommes détruisent tous les jours ces monumens, dont l'existence a été souvent la seule preuve des faits que l'histoire nous apprend.

Ce littérateur modeste et très-instruit s'est occupé des principaux événemens qui tiennent essentiellement à l'histoire d'Orléans. Les sièges que cette ville a soutenus, les débordemens de la Loire et les ravages qui en sont la suite inévitable, les avantages que ce fleuve, réuni à la Seine par les canaux d'Orléans et de Loing, procure à l'agriculture, au commerce et à l'industrie de l'Orléanais, du Blaisois, de la Touraine, de l'Anjou et de plusieurs autres provinces, n'ont pas échappé à ses recherches. L'exactitude des dates ajoute un grand prix à ses observations (a); et nous regrettons que monsieur Rouzeau-Montaut, occupé de l'art qu'il professe avec succès, et des soins qu'il donne à un ami malade, n'ait pas eu le temps de réunir ses notes éparses, que nous aurions fait connoître dans un plus grand détail.

452. Compte du Ban et Arrière-ban du Bailliage d'Orléans, *in-fol.*, *208 pages.*

Ce compte, sur papier, est de l'année 1585.

Il appartenoit à la bibliothèque publique.

453. Journal de ce qui s'est passé au Présidial d'Orléans depuis 1686 jusqu'en 1740, — *in-fol.*, *104 pages.*

Messieurs de Troies père et fils, successivement présidens au présidial d'Orléans, paroissent avoir écrit ce journal, qui est sur papier. L'écriture est lisible, quoiqu'elle ne soit ni belle ni correcte.

(a) Nous l'avons déjà dit, les écrivains contemporains, plus occupés des faits dont ils rendent compte que de leurs dates, mettent souvent l'historien qui les consulte dans l'impossibilité d'en fixer l'époque.

C'est un de ceux légués par M. l'abbé Pataud à la bibliothèque d'Orléans.

454. Mémoires de la Généralité d'Orléans, dressés par monsieur de Bouville, intendant en 1728 ; — *1 vol. in-4°, 424 pages.*

Légué à la bibliothèque d'Orléans par M. l'abbé Pataud.

HISTOIRE GÉNÉALOGIQUE
de plusieurs Familles Orléanaises.

455. Preuves justificatives de la Généalogie des Seigneurs de Baugenci-sur-Loire, et de leurs Alliances ; — *1 vol. in-fol., 117 pages.*

Ce manuscrit autographe de M. Segretier appartenoit à la bibliothèque publique. Son écriture, du commencement du dix-huitième siècle, sur papier, est belle et lisible.

456. Généalogies de quelques Familles d'Orléans, — *1 vol. petit in-fol., 55 pages.*

Ce volume contient les généalogies des familles Danès, Jousse, de Beauvais, et de leurs alliances. On y trouve des instructions morales données par monsieur Jacques Jousse à ses enfans, et enfin une pièce de vers faite par un père Jousse, de l'Oratoire, relative à l'anagramme du nom de Jousse, qui est, *Ô Jésus.*

Ce manuscrit, du dix-huitième siècle, est un de ceux qui ont été légués par M. l'abbé Pataud.

457. Mémoires pour servir à la Généalogie de messieurs de Saint-Mesmin d'Orléans, — *3 vol. in-4°.*

Ces mémoires ont été donnés à la bibliothèque publique par

l'auteur, chanoine de la cathédrale (monsieur Castanet). On y trouve la généalogie de plusieurs autres familles de la même ville alliées à celle de Saint-Mesmin. L'auteur ne remonte pas au-dessus de l'époque de leur alliance. Il est probable qu'il auroit fait usage des actes de naissance et de décès qu'il avoit recueillis, si sa mort, arrivée en 1742, n'avoit pas mis un terme à ses recherches.

ANTIQUITÉS.

458. Mémoire sur les Funérailles chez les anciens, — *in-4°*, M. A., *55 pages*.

Monsieur Rousson, procureur du Roi, syndic de la ville du Puy, membre correspondant de l'académie d'Orléans, auteur de ce mémoire, a fait de profondes recherches sur les funérailles des anciens. Cet ouvrage a été lu dans les séances de l'académie d'Orléans des 1er et 8 août 1788.

459. Mémoires sur les Combats judiciaires, ou en champ clos; — *in-4°*, M. A., *86 pages*.

Ce manuscrit, trouvé dans les cartons de l'académie d'Orléans, sans nom d'auteur, est divisé en deux parties : dans la première on traite de l'origine, et dans la deuxième, des formes de ces combats. L'écriture est moderne et facile à lire.

460. Deux Dissertations sur le lieu de la sépulture de S. Aignan, évêque d'Orléans; — *in-4°*, *20 pages*.

La première de ces deux dissertations est de M. Lebrun-Desmarettes, connu par l'édition des œuvres de S. Paulin : cette dissertation n'a point été imprimée.

La seconde est de monsieur l'abbé Lebœuf, chanoine et sous-chantre d'Auxerre.

Ces deux savans n'ont rien négligé pour prouver leur opinion sur un fait historique dont après douze siècles il est difficile de faire connoître la vérité.

Ce manuscrit appartenoit à la bibliothèque publique.

461. Epitaphes et Inscriptions qui se trouvent dans la ville et dans le diocèse d'Orléans, — *1 vol. in-4°, 354 p.*

Les monastères, un grand nombre d'églises et plusieurs anciens châteaux n'existent plus, ayant été vendus à des vandales qui n'achetoient que pour détruire. La dispersion des matériaux a fait disparoître ces antiques monumens, si précieux pour fixer les époques des divers siècles qui les avoient vus naître, et si nécessaires pour éclaircir certains points de l'histoire sur lesquels les écrivains contemporains ne sont pas toujours d'accord.

Monsieur Daniel Polluche a recueilli les épitaphes que nous annonçons (toujours intéressantes pour les familles); et ces inscriptions, que les historiens recherchent avec tant de soin, ont été mises en ordre par dom Fabre, religieux de la congrégation de Saint-Maur, et bibliothécaire de la ville d'Orléans. Nous regardons comme un devoir de placer ici, au nom de tous les Orléanais, l'expression d'une juste reconnoissance pour ces hommes laborieux qui se sont constamment occupés de recueillir tout ce qui pouvoit servir à l'histoire d'une ville aussi recommandable par les savans qu'elle a produits que par sa fidélité et par son dévouement pour ses rois.

Ce manuscrit appartenoit à la bibliothèque d'Orléans.

462. Transcription des Epitaphes et Inscriptions qui se sont trouvées au grand Cimetière d'Orléans, dans les chapelles en dépendantes, et dans les autres cimetières interdits en conséquence de l'établissement des nouveaux cimetières hors de l'enceinte de la ville, faite à la requête de messieurs les Maire et Echevins, et en exécution de l'ordonnance du Bailliage d'Orléans du 14 août 1786; — *in-fol. 125 pages.*

Ce manuscrit contient trois cent quarante-quatre épitaphes

et inscriptions, précédées d'observations historiques sur l'antiquité du local et sur ses différentes distributions : il est terminé par une table alphabétique des noms des personnes qui en sont l'objet. Il a été déposé dans la bibliothèque publique par M. le comte de Rocheplatte, maire d'Orléans.

463. *Recueil de quelques Antiquités de l'église paroissiale de Saint-Benoît-lez-Fleury-sur-Loire*, — *1 vol. in-12, 136 pages.*

Pierre Chartier, curé de cette église, a écrit au commencement du dix-huitième siècle les différens événemens qui concernent cette paroisse, et qui sont arrivés depuis sa fondation.

C'est un des manuscrits légués par M. l'abbé Pataud.

464. *Supputation nouvellement faite de la valeur des Monnoyes, et Abus d'icelles quant à la mise, par Jacques Colas (de Paris)* ; — *1 vol. petit in-12, 100 pages.*

On lit au-dessus de ce titre, 1557. On voit au-dessous de l'écusson royal et au bas de la page ces mots très-bien écrits : *Nihil est opertum quod non reveletur.*

On lit sur le recto de la page qui précède le titre : « Ce présent livre m'a été donné de mon sieur et pere monsieur » Colas, conseiller du roi et général en sa court des mon- » noyes, le sixième jour de novembre mil cinq cent soixante- » dix-neuf. »

Ce manuscrit a été richement relié : son écriture, sur papier, n'est pas difficile à lire.

Il vient du séminaire d'Orléans.

BIOGRAPHIE.

465. Notices historiques de la vie de plusieurs grands Personnages qui ont vécu sous le règne de Louis XIV, — *in-4°, 104 pages.*

M. l'abbé Ducreux, ancien chanoine de la cathédrale d'Orléans, a écrit ces notices, qui n'offrent rien de neuf, et nous nous bornerons à désigner les personnages dont il parle : Marie-Thérèse d'Autriche, infante d'Espagne, épouse de Louis XIV ; Marie de Vignerod, duchesse d'Aiguillon ; Guillaume de Lamoignon, premier président du parlement de Paris ; le duc et la duchesse de Montausier.

Il a été légué à la bibliothèque publique par M. l'abbé Pataud.

466. Catalogue des Auteurs Orléanais qui se sont distingués dans les sciences ou dans les arts, et qui ont donné des ouvrages au public ; — *petit in-4°, 288 pages.*

Cet ouvrage, rédigé par ordre alphabétique, et dont l'auteur n'est pas connu, peut être facilement et utilement consulté pour l'histoire d'Orléans.

C'est un des manuscrits légués à la bibliothèque publique par M. l'abbé Pataud.

467. Bibliothèque des Auteurs et Ecrivains des ville, duché et diocèse d'Orléans ; — *2 vol. in-4°.*

On doit cet ouvrage intéressant à messieurs Perdoulx de la Perrière, Polluche, dom Gerou, Jousse, dom Fabre, Poullain, Beauvais, etc., qui ont successivement travaillé à ce recueil, déposé dans la bibliothèque publique. Il est précédé de mémoires sur l'état des sciences et des lettres et sur l'histoire des sociétés littéraires de l'Orléanais.

Des notices sur les imprimeurs, libraires et artistes de la

même province terminent ces deux volumes in-4°, qui contiennent plus de quinze cents pages de différentes écritures.

468. Biographie des Savans d'Orléans, par l'abbé Pataud : Biographie ancienne : — *1 vol. in-4°, 370 pages.*

Ce manuscrit offre des renseignemens sur notre histoire littéraire depuis le dixième siècle jusqu'en 1780. On trouve à la fin diverses notes relatives à l'histoire d'Orléans.

469. Biographie littéraire du département du Loiret, pour servir de suite à la Biographie des Savans d'Orléans, par le même ; — *1 vol. in-4°, 418 pages.*

Plusieurs recherches et notices de l'auteur sur l'histoire de l'Orléanais se trouvent dans ce volume. Cet article et le précédent font partie du legs fait à la bibliothèque publique par M. l'abbé Pataud de tous ses manuscrits relatifs à l'histoire de l'Orléanais ; il a légué ses sermons et ses autres ouvrages manuscrits à monsieur Barrault-Gallard, son neveu.

470. Registre des Délibérations de la Société littéraire d'Orléans, commencé le 1ᵉʳ mai 1741 ; — *in-4°, 130 pag.*

Ce registre, trouvé dans le cabinet de M. Cordier, fut remis à M. Poullin, doyen des avocats, qui souhaitant qu'il pût parvenir à la postérité, le déposa dans la bibliothèque publique d'Orléans avec toutes les pièces qui ont appartenu à cette société.

BIBLIOGRAPHIE.

471. Acte de la Donation faite le 6 avril 1714 par monsieur Prousteau à la ville d'Orléans pour former une Bibliothèque publique, — *in-4°, 120 pages.*

On trouve à la suite de cet acte l'inventaire des livres légués.

472. Catalogue des Livres légués le 10 février 1742 à la Bibliothèque publique par monsieur Vaslin-Desbreaux, avec toutes les pièces relatives au don de dix mille francs pour les loger; — *in-fol., 150 pages.*

473. Description des Livres, Estampes, Médailles, Tableaux etc. légués au chapitre de Sainte-Croix le 14 juillet 1746 par monsieur Morel, horloger; — *in-fol., 60 pages.*

> Quelques estampes de cette collection ont été conservées, et font partie de celles de la bibliothèque publique : les médailles ont disparu ; les tableaux ont sans doute été donnés à différens établissemens.

474. Catalogue des Livres légués en 1754 par monsieur de Cougniou aux Chanoines réguliers de Saint-Euverte d'Orléans, de la congrégation de France, à condition de former une bibliothèque qui seroit ouverte pour l'utilité du public; — *in-fol., 70 pages.*

> Ces livres, transportés dans le dépôt général, ont été compris dans les distributions qui en ont été faites.

475. Catalogue de trois mille huit cents Volumes légués par monsieur Carré de Boucheteau aux prêtres de l'Oratoire d'Orléans pour former une bibliothèque qui seroit ouverte au public; — *in-fol., 70 pages.*

> Monsieur Carré de Boucheteau mourut le 19 mai 1763, et ses livres furent mis à la disposition du public le 17 avril de l'année suivante.

476. Donation faite le 29 décembre 1731 par Charles Cossard, chanoine régulier de la congrégation de France, prieur-curé de Saint-Donatien d'Orléans, de sa biblio-

thèque à la fabrique de sa paroisse pour l'usage de ses successeurs ; — *in-4°, 20 pages.*

Les articles sous les numéros 471 et suivans jusqu'au n° 476 inclusivement ont été donnés par M. le président Delaplace de Montevray.

477. Acte dont la minute est déposée chez M. Bruère, notaire à Orléans, dans lequel se trouve le legs fait à la Bibliothèque publique de la même ville par M. l'abbé Pataud ; — *in-folio.*

Notre reconnoissance pour ce littérateur estimable et laborieux qui a donné à la bibliothèque d'Orléans tous ses manuscrits et plusieurs volumes imprimés relatifs à l'histoire de cette ville, nous fait un devoir de réunir le titre honorable de sa bienfaisance à ceux que nous avons annoncés dans les notices précédentes.

Mélanges historiques.

475. Recueil de diverses Pièces, — *1 vol. in-4°, environ 500 pages.*

Ce volume contient un grand nombre de pièces sur différens sujets ; nous nous bornerons à désigner celles qui offrent quelque intérêt pour l'histoire d'Orléans, les autres étant relatives à des discussions sur le jansénisme, dont on s'est peu occupé depuis un demi-siècle.

On trouve dans ce recueil une vie de monsieur Groteste-Desmahis, chanoine de Sainte-Croix et ancien ministre de la religion prétendue réformée : plusieurs épitaphes du même, dont une a été faite par dom Mabillon, font partie de cette pièce. Elle est suivie de la vie et de l'épitaphe de M. Foucault, curé de Saint-Michel d'Orléans ; de la relation de la vie de Réné Maubert, né dans la même ville, et décédé religieux de la Trappe, sous le nom de frère Arcise, le 12 mars 1698.

Un abrégé de la vie du pénitent de Châteauneuf-sur-Loire,

près Orléans, où il est décédé le 24 août 1707 après un séjour de trente-deux ans, précède la vie de M. Jogues de Bouland, qui a été imprimée à Orléans, chez Boyer, en 1695.

On a aussi imprimé une vie de monsieur Desmahis par M. Prousteau, et un éloge funèbre du même par le P. Quesnel; mais ni l'une ni l'autre ne ressemblent aux deux manuscrits que nous annonçons dans cette notice.

Ce recueil, dont chaque pièce a son chiffre particulier, appartenoit à la bibliothèque du chapitre de Sainte-Croix.

MANUSCRITS

HOLLANDAIS, ESPAGNOLS ET ITALIENS.

478. Horæ Batavâ linguâ conscriptæ, — *1 vol. in-12, 425 pages.*

Ces heures, du seizième siècle, en langue hollandaise, sur vélin à plein feuillet, offrent plusieurs figures assez grossièrement dessinées : les lettres initiales sont en couleurs, accompagnées de quelques ornemens. Un calendrier précède les prières, dont l'écriture est facile à lire.

Ce manuscrit appartenoit à la bibliothèque publique.

479. Libro de Armas de los mas nobles y illustres Senores de Espana, sus nombres proprios, titulos, rentas y casas, con algunos puntos de sus hazanas y vidas, en Paris, sacado curiosamente de las historias de Espana antiguas y modernas, por Ambrosio de Salazar, secretario interprete Espanol del Rey Christianissimo; 1620; — *1 vol. in-4°, 160 pages.*

Ambroise de Salazar, secrétaire-interprète pour la langue

espagnole du roi Très-Chrétien Louis XIII, a recueilli dans ce volume les armoiries des plus nobles et illustres maisons d'Espagne, leurs noms, leurs titres, leurs revenus, leurs exploits militaires, qu'il a extraits de l'histoire moderne et ancienne d'Espagne. L'écriture de ce manuscrit espagnol du dix-septième siècle est très-lisible.

Il appartenoit à la bibliothèque publique d'Orléans.

480. Relazione dell' isola di Malta, — *1 vol. in-4°, 254 pages.*

Ce manuscrit italien sur papier contient plusieurs discours et mémoires relatifs à l'ordre de Malte. L'écriture, du dix-septième siècle, est facile à lire.

Il appartenoit au séminaire d'Orléans.

481. Il nobilissimo Gioco degli Scacchi, — *1 vol. in-8°, 145 pages.*

Ce manuscrit italien du dix-septième siècle, sur papier, renferme les différentes manières de jouer le noble jeu des échecs.

Il appartenoit à la bibliothèque d'Orléans.

SUPPLÉMENT.

LITURGIE.

482. Heures à l'usage du diocèse de Chartres, — *in-12, 203 pages*.

Ces heures ont été faites et écrites par Nicole de la Fosse, bachelier ès lois, le deuxième jour d'avril avant Pâques, l'an mil quatre cent quatre-vingt-dix-sept. Elles ont appartenu à monsieur de Chandry, et ensuite à monsieur de Rochas, ancien garde du roi et ancien capitaine de gendarmerie, qui les a données à la bibliothèque publique d'Orléans.

L'écriture de ce manuscrit sur parchemin est très-lisible et très-correcte. Un calendrier précède les prières; toutes les lettres initiales sont en couleurs.

ARTS.

483. Presse d'imprimerie inventée par M. Jean-Etienne Thiébaud, directeur de l'imprimerie de M. Rouzeau-Montaut, imprimeur du Roi à Orléans; — *in-4°, 24 p.*

Cette presse, remarquable par sa simplicité, par les avantages qu'elle offre à l'ouvrier qui la fait mouvoir, et par son utilité, a mérité l'approbation d'un grand nombre de savans, d'artistes et de citoyens instruits, cités dans ce manuscrit, donné à la bibliothèque publique d'Orléans par monsieur Rouzeau-Montaut. On y trouve les noms de M. l'abbé Delille, que ses ouvrages ont conduit souvent dans les imprimeries nationales et étrangères; de monsieur Pierres, imprimeur ordinaire du roi à Paris, qui plein de zèle pour son art, a fait plusieurs expériences pour le perfectionner ; de M. le comte de Bizemont, qui soutenu par le désir et par l'espérance de revoir sa patrie et son roi, trouva sur les bords du Bosphore, dans l'art de la gravure, amusement de sa jeunesse, le moyen d'adoucir les rigueurs d'un éloignement beaucoup trop prolongé ; etc. etc.

Parmi les belles éditions sorties des presses de M. Rouzeau-Montaut, celle de l'*Orlando furioso, di Lodovico Ariosto*, cinq volumes, sous le double format in-4° et in-12, fut honorablement annoncée par le journal de Paris lorsqu'elle parut.

« Quelque multipliées (dit le journaliste) que soient les
» éditions données jusqu'ici de l'Arioste, il est très-sûr qu'il
» n'en existe point d'aussi correcte et d'aussi soignée que celle
» que nous annonçons aujourd'hui, etc. »

La correction et la belle exécution de cette édition prouveront à tous ceux qui la connoîtront les soins que monsieur Rouzeau-Montaut donne aux travaux de son imprimerie, et le mérite de la presse inventée par M. Thiébaud.

Satisfait d'avoir perfectionné l'art qu'il exerce depuis plus de cinquante ans, fidèle par modestie à sa devise, *silence et obscurité*, M. Thiébaud réfléchissoit sur la facilité de remplacer avantageusement avec sa presse le balancier dont on se sert pour la fabrication des monnoies et des médailles, lorsque l'ordonnance du roi du 9 avril 1819 chargea messieurs les préfets de faire connoitre au gouvernement les découvertes et les inventions utiles au progrès des arts et de l'industrie française. L'auteur de la presse que nous annonçons regarda comme le devoir d'un bon citoyen de la soumettre à l'examen du jury choisi par monsieur le vicomte de Riccé, préfet du département du Loiret, conformément à l'ordonnance précitée.

Cet examen donna lieu à des observations recueillies par M. Guyot aîné, membre du jury. Son rapport, qui terminera cette notice, prouve qu'il connoît également la physiologie et l'art de l'imprimerie, qu'il exerce avec distinction.

RAPPORT fait par monsieur GUYOT *aîné, et approuvé dans tout son contenu par le Jury dans sa séance du 15 juillet 1819.*

Messieurs,

Honoré du choix de monsieur le Préfet de ce département pour faire partie du jury que vous composez, et chargé par vous de vous faire un rapport sur une nouvelle presse typographique inventée par M. Thiébaud, demeurant à Orléans, je n'ai rien négligé pour me mettre à même de vous éclairer sur le mérite de cette invention.

Je vais vous soumettre le résultat de mon travail. J'ai cru devoir le faire précéder de quelques réflexions sur le mécanisme et les inconvéniens de la presse ordinaire, pour vous fournir un point exact de comparaison, et vous rendre plus sensibles la supériorité et les avantages incontestables de la nouvelle presse, d'après le dessin et la description qui en ont été faits, et que je remets sous vos yeux. Je ne m'étendrai point sur les différens accessoires de ces deux presses, parce qu'ils sont absolument les mêmes dans l'une comme dans l'autre.

La force motrice de la presse ordinaire d'imprimerie, ou levier de pression, réside dans un arbre ou morceau de fer placé perpendiculairement et au milieu entre deux jumelles. Cet arbre se divise en trois parties. L'extrémité supérieure est une vis qui a son jeu dans un écrou enclavé dans le centre d'une pièce de bois transversale ou sommier. Le milieu, qui est l'arbre proprement dit, reçoit un barreau de fer courbé, qui sert à mettre la vis en mouvement pour opérer la pression : l'extrémité inférieure se termine en pointe, et se nomme le pivot. Une pièce de bois ou de métal, qu'on appelle la platine, est fixée à l'arbre, et placée immédiatement sous le pivot, qui tourne au centre dans un grain ou dé d'acier. Elle est destinée à étendre l'action de la vis sur toute la surface de l'objet soumis à la pression.

Le train de la presse étant avancé sous la platine, l'ouvrier saisit le barreau, soit d'une main, soit des deux, et l'attire vers lui avec plus ou moins de force, en rejetant son corps en arrière. Tout l'effet du coup est alors supporté par un autre sommier fixe placé sous le train.

Lorsque le coup est tiré, l'ouvrier laisse aller le barreau, qui retourne de lui-même à sa place par l'effet de la vis, et y reste fixé ; la platine se relève en même temps.

Il y a deux sortes de presses, les unes à un seul coup, les autres à deux. On appelle presse à un coup celle dont la platine est assez grande pour imprimer d'une seule fois ou d'un seul coup une forme entière ; on nomme presse à deux coups celle dont l'étendue de la platine ne peut couvrir que la moitié d'une forme. Pour s'en servir on roule d'abord le train à moitié, et l'on tire le premier coup ; on relève la platine en laissant aller le barreau, puis on avance le reste du train, et l'on tire le second coup. C'est cette dernière presse qui est encore aujourd'hui le plus généralement en usage.

On ne peut se dissimuler, et l'expérience démontre

journellement que cette presse offre des inconvéniens très-nombreux sous le rapport de son mécanisme, et sous celui de la sûreté et même de l'état de santé habituel de l'ouvrier qui la fait manœuvrer.

En effet, la vis, l'écrou et le pivot sont exposés à des frottemens rapides et continuellement multipliés : le grain ou dé d'acier dans lequel tourne le pivot, quoique baignant dans l'huile, se brise quelquefois en plusieurs morceaux.

La platine, n'ayant d'autre point de contact avec la force motrice que dans une très-petite étendue de son centre, varie presque toujours dans une ou plusieurs parties de sa surface, et ne donne qu'une pression inégale.

Si la presse est à deux coups, l'impression est sujette à papilloter ou à doubler, lorsqu'ayant avancé le train pour le second coup, le bord de la platine porte de nouveau sur une partie de ce qui a déjà été imprimé.

L'usage du barreau exige de la part de l'ouvrier un mouvement continuel d'arrière en avant et d'avant en arrière : cette position, dans laquelle les muscles dorsaux et abdominaux et les cartilages des vertèbres lombaires sont sans relâche dans une action forcée, occasionne souvent des douleurs violentes dans la région des lombes, des hémorrhoïdes, des coliques et des foiblesses de l'estomac, qui sont suivies de diarrhées chroniques et quelquefois incurables. Les secousses que l'extension des bras donne à la poitrine sont seules capables de conduire à la phtisie pulmonaire.

Ce barreau peut en outre se rompre tout-à-coup dans les mains de l'ouvrier au moment où il vient de s'élancer en arrière pour opérer la plus forte pression : il est facile de concevoir à quelle distance son corps peut être alors rejeté dans l'instant où le point d'appui lui manque, et les accidens graves qui peuvent en résulter, si la mort même n'en est la suite. Mais le danger est encore bien plus imminent pour celui qui travaille à une presse à un coup, puisque le barreau est alongé de presque le double, et que l'ouvrier est obligé, pour l'atteindre, de se servir d'un second marche pied, et même, dans quelques circonstances, de monter sur le bord du coffre de la presse.

Nous allons maintenant examiner comment, en supprimant la vis et le barreau de la presse ordinaire, M. Thiébaud est parvenu à établir une presse à un coup, qui ne présente aucun des inconvéniens dont nous venons de parler, et n'exige qu'un effort de vingt livres au plus pour opérer une pression équivalente à douze milliers. (*Voyez le dessin et la description.* *)

Le dessein de cette nouvelle presse, et la description que l'inventeur lui-même vous en a fait présenter, me dispensent d'entrer dans les détails qui y sont contenus ; je me bornerai donc à vous entretenir de ce qui est plus particulièrement du ressort de mes connoissances sous le rapport général de son mécanisme et de ses effets.

Depuis long-temps on cherchoit en vain un moyen, je ne dirai pas d'augmenter la force de la presse ordi-

---

* Ce dessin et cette description ont été rendus à M. Thiébaud, qui les a gardés pardevers lui comme sa propriété.

naire, car on n'y pensoit même peut-être pas, mais seulement de remplacer la vis et le barreau par un autre moteur quelconque : nous ne pouvons refuser à l'évidence et même à l'expérience du fait, de convenir que ce nouveau moteur a été trouvé et exécuté par M. Thiébaud dans la perfection la plus désirable (*).

On doit admirer principalement dans la composition de sa presse la combinaison mécanique et ingénieuse qui l'a dirigé dans son exécution, et l'heureux résultat de ses calculs. Il vouloit obtenir une augmentation de la force motrice, diminuer la fatigue de l'ouvrier, et procurer la facilité de transporter latéralement le point foulant où le besoin l'exigerait, en le graduant à volonté : son but a été rempli, peut-être même au-delà de ses espérances, puisque nous voyons d'une part que son système de pression produit une force dix-huit fois plus grande que la presse ordinaire, en n'employant c 'un foible effort de vingt livres, et que de l'autre on peut imprimer sur cette presse une seule ligne avec autant de netteté que les ouvrages du plus grand format.

La construction de cette presse est solide sans être compliquée.

Sa manœuvre n'est ni fatigante ni dangereuse : la main droite de l'ouvrier étant portée sur la brim-

---

* Cette presse, inventée en l'année mil sept cent quatre-vingt-sept, a été portée à sa dernière perfection par l'auteur il y a environ neuf ans, et c'est dans cet état de perfection qu'elle a été présentée au jury institué dans le département du Loiret en vertu de l'ordonnance du Roi en date du 9 avril 1819.

balé pour l'attirer à lui, il fait une très-légère inclinaison du corps, et la pression a lieu.

Cette presse ne peut donc être comparée à aucune de celles qui ont été établies jusqu'à présent en France et chez l'étranger : nous n'en excepterons pas même la nouvelle presse de M. Kœnig, qui est mue par une machine à vapeur, et dont l'imprimerie du *Times*, à Londres, a adopté le procédé en 1815 : les frais considérables de l'établissement et de l'entretien de cette machine suffiroient seuls pour en neutraliser les avantages.

M. Thiébaud pense que les frais de construction de sa presse, y compris le train et tous les accessoires, ne doivent pas excéder une somme de douze cents francs, prix approximatif de celui des grandes presses ordinaires à un coup. Deux de ces presses sont en pleine activité depuis plusieurs années dans les ateliers de M. Rouzeau-Montaut, imprimeur en cette ville.

Pour répondre aux vues paternelles et encourageantes de Sa Majesté, j'ai l'honneur de vous proposer, Messieurs, de désigner spécialement à la bienveillance du Gouvernement l'estimable et modeste auteur de cette invention.

HISTOIRE.

484. *Opuscules historiques et littéraires inédits de M. l'abbé Carré*, — in-4°, 166 pages.

Pierre-Florent Carré, né à Orléans le 5 septembre 1747, embrassa l'état ecclésiastique. Il fut successivement curé de Saint-Marc en 1783, et archiviste du district d'Orléans en 1791. Employé ensuite en 1794 et années suivantes comme commissaire au dépôt littéraire de Gien, il reprit en 1801, à l'époque du concordat, ses fonctions ecclésiastiques, et desservit la cure de la Bussière, qu'il ne quitta que lorsque ses infirmités le forcèrent à songer au repos. Il se retira alors à la Ferté-Lowendal, où il mourut le 14 mars 1817.

Ami du travail, critique judicieux, il s'occupa constamment de recherches sur divers points d'histoire et d'ancienne discipline ecclésiastique, particulièrement sous le rapport des antiquités de l'Orléanais. Il fit imprimer à Orléans, chez M. Jacob aîné, en septembre 1811, le catalogue raisonné de seize opuscules, la plupart inédits, par lui composés de 1773 à 1810.

Après la mort de M. l'abbé Carré, M. l'abbé Demadières, vicaire-général du diocèse d'Orléans, et M. le président Delaplace de Montevray se sont occupés du soin de rechercher ses manuscrits épars, et ils ont fait don à la bibliothèque publique de ceux qu'ils ont pu réunir. Tous sont autographes. Parmi ces manuscrits les numéros 6 et 7 ont été donnés par M. Rouzeau-Montaut, imprimeur du roi à Orléans, et le numéro 10 provient de la libéralité de M. Henri-de-Longuève, maître des requêtes, ancien avocat du roi aux bailliage et siège présidial d'Orléans.

Cette collection contient les ouvrages suivans :

1. *Dissertation pour prouver que l'église paroissiale de Saint Paterne d'Orléans a été érigée sous l'invocation de Saint Pierre; et qu'elle en doit porter le nom.* 1773.

2. *Traité historique des Calendes, ou Recherches sur l'origine et la nature des assemblées périodiques des curés au commencement de chaque mois.* 1786.

3. *Traité historique des Curés cardinaux titulaires dans les villes épiscopales.* 1786.

Ce traité et le précédent ne sont pas complets.

4. *Dissertation sommaire sur le* Droit de dépouilles *exigé à la mort des curés par les archidiacres ou les doyens ruraux.* 1787.

5. *Traité historique du Biscant, ou Recherches sur l'origine, les progrès et la décadence de l'ancienne discipline qui permettoit à chaque prêtre de célébrer la messe plusieurs fois dans le même jour.* 1787.

Ce manuscrit ne contient que l'introduction et le plan de ce traité, qui devoit être composé de cinq chapitres, dont deux seulement ont été rédigés par l'auteur : la révolution interrompit ce travail, que M. l'abbé Carré n'a pas terminé.

6. *Dissertation sur l'origine d'une Redevance d'une paire de guêtres ou de bottines faites de peau de chèvre, au profit de M. le grand-chantre de l'église cathédrale d'Orléans.* 1788.

7. *Dissertation sur l'ancien cérémonial observé par le clergé de la ville d'Orléans à la procession dite des Rameaux, et sur la station et fauteuil devant la maison des papegaux* (*). 1788.

(*) Les chanoines de l'église d'Orléans étoient anciennement dans l'usage de se rendre tous les ans en procession, le dimanche des Rameaux, à Saint-Laurent-des-Orgerils, et de faire, en revenant, une station à la porte Dunoise, qui étoit située à l'endroit

8. *Dissertation sur la Redevance d'un repas acquitté au profit du clergé de l'église cathédrale par les anciens prieur et religieux du monastère de Saint-Laurent-des-Orgerils à Orléans la veille de la fête du saint patron.* 1788.

---

où la rue sainte-Catherine se trouve coupée par la rue de la faverie et de la cordonnerie, autrement de *la savaterie*, suivant les anciens titres, en remontant de la rue sainte-Catherine à la rue de la pomme-de-pin.

Lorsque le bourg d'*Avenum* fut réuni à la ville d'Orléans, ce qui eut lieu vers le quatorzième siècle, on construisit plusieurs maisons sur la place qui existoit devant la porte Dunoise, et qui jusqu'alors avoit servi de marché (*a*) aux citoyens; et la croix dite *Croix-boissée*, qu'on y voyoit au milieu, ayant été enlevée, et transportée à la maison des papegaux (*b*), vis-à-vis la rue neuve, où elle resta long-temps adossée, ce fut dès-lors dans cet endroit que l'on fit chaque année la station dont il est ici question.

La place du petit marché devant la porte-renard, et celle de l'étape, vis-à-vis l'ancienne porte parisis, peuvent donner quelque idée de celle qui existoit devant la porte Dunoise. Cette place s'étendoit depuis la rue sainte-Catherine jusqu'au coin maugas, et dans les environs se voyoient les rues de l'écurie ou de la triballe, de la triperie et autres adjacentes, où se trouvoient quelques bouchers qui y avoient leurs charniers, ne pouvant tuer dans la ville. La police de ce temps ne souffroit point dans l'enceinte des villes ni lieux patibulaires, ni boucheries, ni cimetières, à cause de la

(*a*) Pour ne point gêner la circulation, les voitures qui amenoient des denrées au marché étoient obligées de se retirer aussitôt que la vente de ces denrées avoit été opérée, d'après le réglement établi à ce sujet. *Quadrigæ in porta Dunensi victualibus vendendis expositæ non reimpleantur, sed illis venditis removeantur, et super ementibus cedant.*

(*b*) Papegaux, vieux mot dérivé de *papegai*, qui signifioit un perroquet. En général on donnoit ce nom à une figure ou forme d'oiseau faite de carton ou de bois peint, et qui placée sur un édifice extrêmement élevé, servoit à exercer les forces et l'adresse des archers et arbalêtiers.

Ce manuscrit contient le premier jet de cette dissertation, dont la mise au net n'a pu être retrouvée.

9. *Dissertation sur un petit monument placé dans l'église de Saint-Marc d'Orléans, représentant un évêque administrant le baptême à deux adultes à genoux dans une espèce de cuvette.* 1788.

10. *Dissertation historique sur le prieuré de Saint-Gervais, alias Saint-Phalier, situé dans un des faubourgs de la ville d'Orléans.* 1789.

11. *Notes historiques et bibliographiques concernant*

---

mauvaise odeur (c) : de là vient qu'à Paris l'usage étoit de tuer les veaux à Saint-Germain-des-prés, les moutons à Saint-Marcel, les porcs à Sainte-Geneviève, et les bœufs à la porte parisis.

A la procession dite de *la Pucelle*, procession qui se renouvelle tous les ans le huit mai, en mémoire de la délivrance d'Orléans par Jeanne d'Arc, et en reconnoissance des services importans que cette fille vertueuse lui a rendus en arrêtant sous nos murs le cours des armes jusqu'alors prospères de nos ennemis, l'usage étoit, au retour de la procession, qui se rendoit d'abord au bout du pont, et de là à l'église de Notre-Dame-des-miracles, de faire une pause à la porte Dunoise. On y chantoit plusieurs couplets en langue vulgaire et

(c) La construction d'un abattoir public que nous voyons aujourd'hui s'élever sous nos yeux hors de l'enceinte de notre ville, dans un endroit aussi vaste qu'aéré, prouve bien que M. le comte de Rocheplatte, maire d'Orléans, qui fait exécuter ces travaux, ne perd de vue aucun des moyens propres à éloigner de nos murs tout ce qui peut nuire à la salubrité de l'air. Ainsi la ville d'Orléans ne sera pas seulement redevable à cet administrateur, des belles promenades qu'il y a créées tant à l'intérieur qu'à l'extérieur, mais encore d'un établissement dont tous les citoyens reconnoissent parfaitement l'utilité, établissement, dis-je, qui, quoique projeté déjà depuis fort long-temps, n'a été cependant commencé que sous son administration, et sera vraisemblablement terminé sous peu.

C'est le 2 juillet 1819 que la première pierre de cet abattoir a été posée par M. le vicomte de Riccé, préfet du département du Loiret, sur l'invitation qui lui en a été faite par M. le comte de Rocheplatte, maire d'Orléans.

plusieurs manuscrits existans dans l'Orléanais, indiqués par le Gouvernement, et rédigées sur sa demande. 1794.

12. *Notes historiques et bibliographiques touchant les anciens manuscrits de l'abbaye de Fleury, ou Saint-Benoît-sur-Loire.* 1798.

13. *Correspondance relative aux travaux littéraires de l'abbé Carré.* 1774 — 1802.

---

relatifs à la délivrance d'Orléans. Ce que nous en citons ici n'est pas propre à donner une grande idée de ces productions :

« Chantez, ô le clergé ; messieurs les bourgeois,
» Vous notables marchands, aidez-nous cette fois ;
» Communes d'Orléans, élevez votre voix,
» En remerciant Dieu et la Vierge sacrée,
» Quand jadis à tel jour, huitième de ce mois,
» Regarda en pitié le peuple Orléanois.

. . . .
. . . .

» Regardez comment Glacidas (*d*)
» Fut noyé, et d'autres grands tas ;
» Sallesbry (*e*) frappé d'un canon,
» Dont mourut à confusion. »

. . . .
. . . .

(*d*) Jeanne d'Arc s'étant emparée, le 7 mai 1429, du fort des Tourelles, qui fermoit l'entrée du pont du côté du midi, et qui étoit défendu par l'élite des troupes Anglaises, Glacidas, qui les commandoit, suivi d'un grand nombre de guerriers, se retira sur le pont, dans l'espérance d'échapper, lorsque deux arches déjà fortement ébranlées et surchargées d'un nouveau poids s'écroulèrent, et entraînèrent avec elles une grande partie des ennemis dans les flots.

(*e*) La prise du fort des Tourelles par les Anglais le dimanche 24 octobre 1428 fut funeste au comte de Salisbury, qui commandoit le siège : ce général y étant monté avec quelques officiers, et regardant par une fenêtre qui donnoit sur la ville, y fut blessé d'un coup de canon, dont il mourut trois jours après à Meung-sur-Loire, où on l'avoit transporté.

FRANÇAIS. 265

Tous ces ouvrages sont inédits, à l'exception du n° 1 et du n° 6, insérés au journal de l'Orléanais des 16 juillet 1773 et 6 novembre 1789, et de partie du n° 13, qui se trouve dans le catalogue des ouvrages de M. l'abbé Carré, imprimé en 1811.

485. Description de l'Entrée des Evêques d'Orléans; — Discours sur l'origine du Privilège des Evêques d'Orléans; — Dissertation sur l'Offrande de cire appelée les Gouttières; par M. Daniel Polluche; Orléans, 1734, in-8°; avec un grand nombre de cartons contenant des corrections, des augmentations et des notes, toutes écrites de la main de l'auteur, et contenues tant en marge et au bas du texte que dans 46 pages intercalées.

Daniel Polluche, né à Orléans le 4 octobre 1689, mort dans la même ville le 5 mars 1768, fut entraîné par un goût dominant vers l'étude de l'histoire et des antiquités de son pays natal; il y consacra tous les loisirs d'une vie longue et laborieuse. Le petit nombre de ses ouvrages parvenus jusqu'à nous fait regretter la perte des nombreux manuscrits qu'il avoit laissés, et qui tous se distinguoient éminemment par de profondes recherches et par une critique éclairée et judicieuse : en retrouver quelques-uns est une de ces bonnes fortunes littéraires auxquelles les Orléanais doivent attacher un grand prix.

Les trois opuscules que nous annonçons, sortis en 1734 des presses de François Rouzeau, se trouvent ordinairement réunis. M. Polluche fit imprimer, quelques années après, en huit pages in-8°, des additions et corrections, dont les exemplaires sont aujourd'hui presque introuvables. Après avoir revu et corrigé pendant vingt ans ces trois dissertations, leur auteur se proposoit d'en donner une nouvelle édition. Le volume in-8° que nous décrivons ici contient, outre le texte imprimé, tous les changemens manuscrits que M. Polluche avoit cru devoir faire subir à sa composition. Ce volume avoit été adressé par lui à

M. Bonami, censeur royal à Paris, qui le lui renvoya revêtu de son approbation, datée du 25 septembre 1754 : les additions et corrections sont paraphées par le censeur. On ignore les motifs qui ont empêché la réimpression de ces trois ouvrages, alors si goûtés, et que le nouveau travail de notre savant historien ne pouvoit que rendre plus recommandables aux amateurs de nos antiquités.

Ce manuscrit a été donné à la bibliothèque publique par M. Garnier du Breuil.

Belles-Lettres.

486. La Mort de Jeanne d'Arc, tragédie en trois actes.

Monsieur Dumolard, auteur de cette tragédie, vint à Orléans en 1804 ; le 8 mai de la même année il y fit jouer sa pièce. Son manuscrit, déposé dans les archives de la ville, fait partie de ceux de la bibliothèque publique.

Un auteur allemand (Schiller) a fait représenter une tragédie dont Jeanne d'Arc est l'héroïne. Quoique le sujet fût étranger aux spectateurs qui l'ont entendue, cette pièce a obtenu le plus grand succès en Allemagne. La vertu et l'héroïsme sont de tous les pays.

TABLE CHRONOLOGIQUE

DES SIÈCLES

Où les Manuscrits ont paru.

Nota. *Ceux des siècles modernes ne sont pas compris.*

Manuscrits du septième Siècle, savoir,

Ceux des articles 16, 131 et 169.

Huitième Siècle.

Articles 14, 16, 39, 105 et 169.

Neuvième Siècle.

Articles 14, 43, 85, 88, 125, 132, 150, 156, 157, 158, 169, 171, 173, 266, 273, 274, 285, 286, 289.

Dixième Siècle.

Articles 11, 13, 15, 19, 28, 31, 35, 41, 42, 44, 51, 55, 58, 59, 62, 64, 65, 67, 69, 70, 77, 79, 80, 84, 89, 94, 99, 123, 124, 133, 134, 135, 136, 137, 146, 147, 151, 152, 153, 159, 160, 161, 167, 174, 201, 203, 215, 223, 224,

226, 248, 256, 258, 259, 268, 270, 280, 281, 290, 291, 295, 374.

Onzième Siècle.

Articles 4, 5, 32, 56, 57, 61, 77, 78, 81, 82, 86, 99, 138, 139, 140, 141, 142, 143, 144, 145, 148, 162, 167, 193, 200, 207, 219, 222, 237, 249, 250, 255, 260, 283, 287, 292, 294, 302, 374.

Douzième Siècle.

Articles 6, 18, 40, 45, 53, 54, 60, 63, 64, 83, 84, 100, 106, 108, 122, 126, 128, 130, 149, 165, 168, 175, 188, 194, 225, 227, 236, 251, 283, 284, 288, 295, 299.

Treizième Siècle.

Articles 7, 8, 10, 20, 21, 22, 23, 24, 25, 26, 27, 29, 30, 33, 34, 36, 37, 38, 46, 52, 84, 95, 101, 107, 115, 120, 127, 154, 155, 163, 164, 170, 176, 177, 178, 179, 217, 219, 228, 230, 236, 247, 252, 261, 269, 275, 284, 293, 374.

Quatorzième Siècle.

Articles 3, 12, 47, 48, 49, 50, 66, 68, 71, 72, 73, 74, 76, 87, 96, 102, 103, 109, 110, 121, 129, 180, 181, 182, 187, 191, 195, 214,

216, 217, 220, 221, 229, 230, 232, 233, 236, 238, 239, 254, 284, 336, 337, 356, 376, 380.

QUINZIÈME SIÈCLE.

Articles 9, 17, 47, 75, 91, 92, 93, 104, 111, 113, 116, 117, 166, 172, 187, 189, 190, 196, 199, 218, 231, 234, 240, 243, 251, 253, 254, 257, 262, 263, 279, 297, 357, 384, 409.

SEIZIÈME SIÈCLE.

Articles 97, 119, 235, 244, 245, 315, 360.

TABLE ALPHABÉTIQUE
DES AUTEURS
Cités dans ce Catalogue.

A.

Æsculapius, ... article 241.
Alexandre (dom Jacques), religieux de la congrégation de Saint-Maur, ... 37.
Alvarus, ... 66.
Ambroise Auspert, abbé de Saint-Vincent, . . . 89.
Ambrosius (Sanctus), 30, 70, 82, 125, 126, 127, 167.
Angran (Christophe), ... 212.
Arator, ... 77.
Aristoteles, ... 219.
Arnault de Nobleville, docteur en médecine, . . 361.
Augustinus (Sanctus), 42, 43, 44, 73, 131, 133, 134, 135, 136, 137, 138, 139, 140, 141, 142, 143, 144, 166, 291.
Aurelius (Petrus), ... 331.

B.

Balery du Coudray (Jacques), ... 303.
Barbot du Plessis, greffier en chef de la maîtrise des eaux et forêts d'Orléans, ... 368.

Beaumanoir (Philippe de), ... article 343.
Beauvais, ... 467.
Beauvais de Préau, ... 364.
Beda, 31, 39, 52, 59, 60, 67, 69, 78, 80, 81, 86, 248, 249, 266, 281.
Beleth, (Joannes), ... 106.
Bernardus (Sanctus), ... 165, 166.
Bérulle (cardinal de), ... 322, 400.
Boëtius, 223, 224, 225, 226, 227, 228, 229, 230, 231, 232, 233, 247, 356, 357, 374.
Bonaventura (Sanctus), ... 166.
Bonus (Petrus), ... 243, 244.
Bouchet, ingénieur en chef des ponts et chaussées, 369.
Bouthier (Sébastien-François), ... 304, 305.
Burchardus, ... 200.

C.

Carraud, chanoine et grand-chantre de Sainte-Croix, 361.
Carré, curé de Saint-Marc, ... 484.
Cassianus, ... 147.
Cassini, ... 366.
Cassiodore, ... 40, 270.
Castanet, chanoine de Sainte-Croix, ... 457.
Chantal (Frémiot de), ... 323.
Chartier, curé de Saint-Benoît-lez-Fleury, ... 463.
Chesneau (François), jésuite, ... 271.
Chotard, avocat, ... 342.
Chrysostomus (S. Joannes), ... 128, 129.

Claudius Taurinensis, ... article 85.
Clemangis (Nicolaüs de), ... 264.
Clemens (Sanctus), ... 124.
Colas (Jacques), de Paris, conseiller du roi et général de ses cours des monnoies, ... 464.
Conches (Willielmus de), ... 230.
Constantin, abbé du Mont-Cassin, ... 239.
Cosme de Saint-Etienne, religieux grand-carme, 272.
Cospean, évêque de Lisieux, ... 322.
Crignon d'Auzouer, ... 379.
Crignon - Guinebaud, ... 379.

D.

Danès, ... 456.
Defay (Pierre), ... 271.
De Lan, ... 183.
De-la-Roue (Guillaume), ... 360.
Delahaye (Aignan), chanoine de Sainte-Croix, 1.
Delorme, avocat au parlement de Paris, . . . 353.
Deluynes (Jean-Baptiste), conseiller du roi, juge-garde de la monnoie d'Orléans, ... 354.
Donatus, ... 215, 248, 250.
Dubois, chanoine et théologal de la cathédrale d'Orléans, ... 472.
Dubourg (Anne), ... 209.
Ducreux, chanoine de Sainte-Croix d'Orléans, 408.
Dumolard, homme de lettres, ... 486.
Dupin (Jean), moine de l'abbaye de Vaucelles, 380.

E.

Eucherius episcopus Lugdunensis (Sanctus), art. 145.
Eusebius, ... 268.

F.

Fabre, (dom Louis), bibliothécaire d'Orléans, 461.
Fleury, ... 358.
Foucault (Nicolas), curé de Saint-Michel d'Orléans, ... 314.
Fourcroy, doyen de Sainte-Croix, . . . 312, 313.
Fournier (Guillaume), ... 210.
Fromentin, vicaire-général de M. le cardinal de Coislin, évêque d'Orléans, ... 387.

G.

Gallois (dom Antoine), ... 98.
Gerlandus, ... 216.
Germain, professeur en droit à Paris, ... 338.
Gerou (dom), religieux de la congrégation de Saint-Maur, ... 467.
Givès (Jacques de), avocat du roi au présidial d'Orléans, ... 344.
Godefroi (Louis), docteur en médecine à Orléans, ... 241, 246, 362.
Goullu (Charles), premier professeur en droit français à Orléans, ... 339, 340, 341.
Grégoire de Tours (Saint), ... 292, 293.

Gregorius Nazianzenus (Sanctus), ... article 3.
Gregorius papa (Sanctus), 51, 105, 148, 149, 150, 151, 152, 153, 154, 155, 156, 157, 158, 159, 160.
Gregorius IX, ... 196.
Griveau, curé de Sennely, ... 449.
Guyot aîné, imprimeur à Orléans, ... 483.

H.

Haimon, moine d'Hersange, ... 171.
Henri III, roi de France, ... 415.
Henri IV, roi de France, ... 415.
Hieronymus (Sanctus), 10, 11, 13, 53, 54, 55, 57, 58, 63, 64, 130, 261.
Hubert, chanoine de Saint-Aignan, .. 278, 436.
Humery de la Boissière (François), conseiller au présidial d'Orléans, ... 346.
Hugo à Sancto-Charo, cardinalis, 20, 21, 22, 23, 24, 25, 26, 27.

I.

Isidorus Hispaniensis (Sanctus), ... 30, 61.
Isidorus Hispalensis (Sanctus), 161, 162, 163, 164, 266.

J.

Jamin (dom), religieux bénédictin de la congrégation de Saint-Maur, ... 404.
Jean, abbé de Saint-Benoît, 29, 34, 37, 38, 179.

Jean-de-Dieu, prêtre Espagnol, ... article 196.
Jean, diacre, ... 288.
Jehan de Mehung, ... 356.
Johannes Salisberiensis, ... 234.
Jousse (Daniel), 334, 348, 349, 350, 351, 358, 456, 467.
Justinien, ... 208, 336, 337, 338.

L.

Laharpe (Jean - François), ... 410.
Lambert, maître particulier des eaux et forêts, 361.
Lande (Jacques de la), ... 211.
Lebœuf, chanoine d'Auxerre, ... 460.
Lebrun-Desmarettes, ... 460.
Legrand (Jean-Matthieu), ... 198.
Lempereur, jésuite Champenois, ... 406.
Levé (Guillaume), ... 355.
Libanius, ... 3.
Locke, ... 358.
Lombard (Pierre), maître des sentences, ... 49.
Lorraine (Louise - Marguerite de), princesse de Conti, ... 417.
Ludovicus X, rex etc., ... 214.
Luillier (Claude), ... 210.
Lulle (Raymond), ... 245.

M.

Macaire (Saint), Egyptien, ... 315.

Macrobius, ... article 259.
Marcianus Capella, ... 262.
Massuau de la Borde, ... 363.
Massuau des Brosses (Jérôme-Clément), . . . 407.
Meslé, ... 352.
Mesmin (Florent), conseiller au présidial d'Orléans, 347.
Monet, ... 213.
Morillon (dom Gatien), moine de la congrégation de Saint-Maur, 375, 377.

N.

Nesson, ... 376.

O.

Odo (Sanctus), ... 224.
Origenes, ... 19, 84, 261.

P.

Pataud (Jean-Jacques-François), chanoine de Sainte-Croix, 429, 430, 432, 437, 438, 439, 440, 441, 442, 443, 444, 445, 446, 447, 448, 449, 468, 469.
Paul, diacre, ... 286, 287.
Pennafort, ... 191.
Perdoulx de la Perrière, ... 467.
Petrus Comestor, ... 269.
Philippus VI, rex etc., ... 214.
Picault de la Rimbertière, lieutenant juge honoraire en la prévôté et police d'Orléans, ... 345.

Piron, ... article 383.
Pirot, ... 325.
Polluche (Daniel), ... 461.
Porphyrius, ... 220, 221.
Pothier (Pierre), prieur de Saint-Euverte, . . 394.
Poullain, ... 467.
Prévost (Claude-Joseph), ... 352.
Priscianus, . . . 215, 228, 248, 250, 251, 258.
Prosper (Sanctus), Aquitanus, ... 146, 291.
Prousteau (Guillaume), professeur en droit de l'université d'Orléans, ... 206, 298.
Pythagoras, ... 218.

R.

Rabanus Maurus, ... 28, 122.
Rabingo, moine bénédictin, ... 79.
Rancé (Armand de), abbé de la Trappe, . . 320.
Remigius, ... 215, 258.
Robert, moine de Saint-Benoît, ... 190.
Roche, ... 369.
Rollin, ... 324.
Rousson, ... 458.
Rouzeau-Montaut, imprimeur du roi à Orléans, 451.
Rufinus, ... 268.

S.

Salazar (Ambroise de), ... 479.
Salerne, ... 361.

Sébastien, religieux grand-carme, ... article 371.
Sedulius, presbyter, ... 248, 255, 256, 260.
Segretier, ... 455.
Seneca, ... 263.
Servius, ... 248.
Sméragde, abbé de Saint-Mihiel en Lorraine, . 201.
Strabus, ... 28.

T.

Thiébaud (Jean-Etienne), directeur de l'imprimerie de M. Rouzeau-Montaut à Orléans, . . . 483.
Troies (de) père et fils, ... 453.
Turenne, ... 418.

U.

Usuardus, ... 273.

V.

Valère-Maxime, ... 302.
Vallois (Marguerite de), reine de Navarre, . 382.
Verninac (dom), savant bénédictin de la congrégation de Saint-Maur, ... 394.
Vignes (Philippe des), religieux de la congrégation de Saint-Maur, ... 316, 317, 318, 319.
Villa Dei (Alexandre de), ... 252.
Villanova (Arnaldus de), ... 245.
Virgilius, ... 257.

Y.

Yvo, Carnutensis, ... 194.

TABLE ALPHABÉTIQUE

DES BIENFAITEURS

De la Bibliothèque publique d'Orléans.

LE ROI.
L'Administration Municipale d'Orléans.
M^r. Prousteau, fondateur de la bibliothèque publique.

Messieurs

A.

Alexandre (dom Jacques), religieux de la congrégation de Saint-Maur.
Arterié, médecin.

B.

Bachevillier-du-Cormier.
Barbier, avocat du roi au bureau des finances.
Barbot-Duplessis, conseiller à la cour royale d'Orléans.
Beauvais.
Bizemont (le comte de), chevalier de l'ordre royal et militaire de Saint-Louis.
Boucheteau (Carré de).
Bradi (le comte Joseph et la comtesse Pauline de).

C.

Chambourg (Proust de), professeur en droit.

Chambourg (madame veuve Proust de).

Choiseul - Daillecourt (le comte Maxime de), ancien préfet du Loiret.

Colas de Brouville, membre du conseil municipal.

Cordier, chanoine de l'église d'Orléans.

Cossard, prieur-curé de Saint-Donatien.

Cougniou (Philippe de), chanoine de l'église d'Orléans.

D.

D'Autroche de la Porte.

Delaplace de Montevray, président à la cour royale d'Orléans.

Demadieres (l'abbé), chanoine de Sainte - Croix et vicaire - général du diocèse d'Orléans.

Desormeaux, bibliothécaire de S. A. S. monseigneur le prince de Condé.

Dubois, chanoine et théologal de la cathédrale d'Orléans.

Duparc (l'abbé), inspecteur de l'académie.

Dupré de Saint - Maur.

E.

Emery, supérieur de Saint-Sulpice.

F.

Fougeron fils, pharmacien.

Fougeroux de Bondaroy.

G.

Garnier du Breuil.
Givès (Jacques de), avocat du roi au présidial d'Orl.
Godefroi (les héritiers de M. Louis).
Guillon, chanoine et grand-chantre de l'église d'Orl.
Guindant, médecin.

H.

Hautefeuille (l'abbé de).
Hautefeuille, ancien conseiller à la cour royale.
Henri-de-Longuève, ancien avocat du roi au présidial d'Orléans.

J.

Jousse (Daniel), conseiller au présidial d'Orléans.
Jousset, curé de l'Alleu-Saint-Mesmin.

L.

Landré-Beauvais, médecin.
Landré du Rochay.
Latour fils.
Leber, chef de bureau au ministère de la guerre.
Le Brun de Charmettes, auteur de l'Orléanide.
Lebrun-Desmarettes.
Legaingneulx, chanoine de Sainte-Croix.
Lejay de Massuère.
Loiseau aîné, chanoine de l'église d'Orléans.
Letrosne, avocat du roi au bailliage d'Orléans.

M.

Mahis (Marin Groteste de), chanoine de l'église d'Orléans.

Mareau (de), doyen de l'église d'Orléans.

Maret, ancien préfet du Loiret.

Meerman (Gerard).

Meerman (Jean).

Mercier, abbé de Saint-Léger de Soissons.

Mesmin (Florent).

Monceau (Duhamel du).

Morel, horloger.

Morogues (le baron de).

N.

Nobleville (Arnault de).

Nonneville (Tassin, vicomte de), préfet de la Loire.

P.

Paris, évêque d'Orléans.

Passac, chevalier de l'ordre royal et militaire de Saint-Louis.

Pataud, chanoine honoraire de la cathédrale d'Orléans.

Perdoulx de la Perrière.

Petit - Semonville.

Polluche (Daniel).

Pompon, avocat à Orléans.

Pothier (Robert-Joseph), professeur en droit français

en l'université d'Orléans, et conseiller au présidial de la même ville.

Poullin, doyen des avocats d'Orléans.

Prouvensal-de-Saint-Hilaire pere et fils.

R.

Raynouard, secrétaire perpétuel de l'académie française et membre de celle des inscriptions.

Reyrac (l'abbé de), prieur de Saint-Maclou d'Orl.

Riccé (le vicomte de), préfet du Loiret.

Rivet (dom), bénédictin.

Rochas (l'abbé de), ancien chanoine de la cathédrale d'Orléans.

Rochas (Henri de), ancien garde du roi et ancien capitaine de gendarmerie.

Roujoux (de).

Rouzeau-Montaut, imprimeur du roi à Orléans.

S.

Souque, ancien secrétaire-général de la préfecture du Loiret.

T.

Targe.

Trippault (Aignan).

V.

Valentini, général Prussien.

Van-Giffen (Hubert).

Vaslin des Breaux.

BIBLIOTHÉCAIRES

DE LA VILLE D'ORLÉANS.

Ceux qui conservent les ouvrages donnés aux bibliothèques publiques, et qui les font connoître par des catalogues dont la rédaction est le résultat d'un travail long et pénible, ont mérité d'être placés à la suite des bienfaiteurs de ces établissemens si utiles aux sciences et aux arts.

Nous désignerons ici ceux qui depuis la fondation de la bibliothèque publique d'Orléans ont rempli les fonctions de bibliothécaires.

Dom Philippe BILLOUET, né à Rouen en 1684, prononça ses vœux dans l'abbaye de Lyre, congrégation de Saint-Maur, le 7 février 1703.

Il enseignoit l'hébreu à ses confrères, lorsque ses supérieurs l'envoyèrent à Orléans en 1715, pour y remplir les fonctions de bibliothécaire. Il composa le catalogue, dont l'impression étoit fort avancée lorsqu'il mourut, le 2 mars 1720, âgé de trente-six ans.

Dom François MÉRY, né à Vierzon, diocèse de

Bourges, en 1675, prononça ses vœux le 4 septembre 1694, dans l'abbaye de Saint-Faron de Meaux.

Successeur de dom Billouet, il fit terminer l'impression du catalogue commencée par son prédécesseur. Il mourut le 18 octobre 1723, âgé de quarante-huit ans.

Dom Michel-Toussaint-Chrétien DUPLESSIS, né à Paris en 1689, prononça ses vœux le 8 mars 1715, dans l'abbaye de Saint-Lucien de Beauvais. Nommé bibliothécaire d'Orléans en 1723, il fut appelé par ses supérieurs, en 1726, à l'abbaye de Saint-Germain-des-prés pour travailler au *Gallia Christiana*. Il se retira, sur la fin de ses jours, à l'abbaye de Saint-Denis, où il mourut le 23 mai 1767.

Il est auteur d'une description de la ville d'Orléans, que monsieur Polluche son ami fit imprimer en 1736, après y avoir joint des notes très-intéressantes.

Dom Jean VERNINAC, son successeur en 1726, étoit né à Souillac, diocèse de Cahors, le 1er mars 1690.

Il prononça ses vœux dans l'abbaye de Saint-Augustin de Limoges le 20 octobre 1708.

La bibliothèque donnée par monsieur Prousteau ayant été augmentée par deux legs considérables, dom Verninac fit imprimer un supplément au catalogue en 1747 : il mourut l'année suivante.

Dom Louis FABRE, successeur de dom Verninac,

réunissoit toutes les qualités nécessaires à un bibliothécaire. Il fit imprimer en 1777 le catalogue des livres de la bibliothèque publique, enrichi de notes savantes qui lui ont mérité la reconnoissance de tous ceux qui cultivent les sciences, et l'honneur d'être cité parmi les premiers bibliographes de son siècle.

Il étoit né à Roujan, dans le diocèse de Béziers, le 19 mars 1710. Il prononça ses vœux dans le monastère de la Daurade à Toulouse le 25 mars 1726, et il mourut à Orléans le 11 février 1788.

Son successeur, dom BONAMOUR, mérita par son affabilité et par sa complaisance l'estime de tous ceux qui fréquentoient la bibliothèque. Il se retira dans sa famille lorsque la suppression des monastères, qui suivit de très-près sa nomination, le priva des ressources nécessaires à son existence.

L'administration du département ayant placé ses bureaux dans la maison où se trouvoit la bibliothèque publique, cet établissement n'éprouva aucun changement. Sa conservation fut confiée à M. Arnaud SEPTIER, né à Toulouse le 15 avril 1744. Il fut reçu chanoine régulier dans l'abbaye royale de Saint-Victor à Paris le 8 octobre 1763. Licencié en théologie de la faculté de Paris, on le chargea successivement d'enseigner la théologie à ses jeunes confrères, et de remplir les fonctions de bibliothécaire et celles de chambrier (office claustral qui correspondoit à celui de procureur-général dans les autres congrégations).

Pourvu du prieuré de Bucy-le-Roi dans le diocèse d'Orléans, il en prit possession le 17 novembre 1779, et il en jouit jusqu'à la loi qui le supprima. Nommé successeur de dom Bonamour, ainsi que nous l'avons annoncé au commencement de cette notice, M. Septier a fait le catalogue des livres imprimés de la bibliothèque publique, considérablement augmenté, et il a terminé son travail par le catalogue des manuscrits.

F I N.

ERRATA.

Note (a) du 13ᵉ article; au lieu d'*Ausilide*, lisez *Ausitide*.

Article 178, 2ᵉ ligne; au lieu de *S. Hannomaro*, lisez *S. Launomaro*.

Article 213; au lieu de *Jean-Matthias Legrand*, lisez *Jean-Matthieu Legrand*.

www.ingramcontent.com/pod-product-compliance
Lightning Source LLC
Chambersburg PA
CBHW070751170426
43200CB00007B/733